二十一世纪普通高等教育人才培养“十三五”系列规划教材
ERSHIYI SHIJI PUTONG GAODENG JIAOYU RENCAI PEIYANG SHISANWU XILIE GUIHUA JIAOCAI

西方经济学

主　编○肖　岚
副主编○陈巧林　闫　琴

中国·成都

图书在版编目(CIP)数据

西方经济学/肖岚主编.—成都:西南财经大学出版社,2016.12
ISBN 978-7-5504-2780-8

Ⅰ.①西… Ⅱ.①肖… Ⅲ.①西方经济学 Ⅳ.①F091.3

中国版本图书馆 CIP 数据核字(2016)第 315083 号

西方经济学

主　编:肖岚
副主编:陈巧林　闫琴

责任编辑:李晓嵩
封面设计:何东琳设计工作室
责任印制:封俊川

出版发行	西南财经大学出版社(四川省成都市光华村街 55 号)
网　　址	http://www.bookcj.com
电子邮件	bookcj@foxmail.com
邮政编码	610074
电　　话	028-87353785　87352368
照　　排	四川胜翔数码印务设计有限公司
印　　刷	郫县犀浦印刷厂
成品尺寸	185mm×260mm
印　　张	15.25
字　　数	345 千字
版　　次	2017 年 1 月第 1 版
印　　次	2017 年 1 月第 1 次印刷
印　　数	1—2000 册
书　　号	ISBN 978-7-5504-2780-8
定　　价	35.00 元

前 言

西方经济学是整个经济管理类学科的基础理论之一，是教育部规定的财经专业十门核心课程之一，主要介绍经济理论与经济政策。它既研究古老而又现代的家政管理，又研究多姿多彩的企业经营，还大胆解说政府日益加码的经济调控。它既赞美价格机制这只“看不见的手”的效率优势，也无情地剖析市场机制在资源配置上的诸多缺陷。

我们在现实生活中不可能不碰到经济问题，我们力图用经济学理论来解释现实中的经济问题，并提出解决的方案。我们希望学生通过本书的学习，能够熟练掌握经济学的一些原理，并能在实际生活中运用所学知识进行分析，提高运用理论解决现实问题的能力。

本书共十七章，第一章至第八章是微观经济学部分，第九章至第十七章是宏观经济学部分。其中，第一章由詹进伟老师编写，第二章、第三章由王丹老师编写，第四章至第八章由闫琴老师编写，第九章由陈巧林老师编写，第十六章由朱靖老师编写，其他章节由肖岚老师编写。

本书主要有以下特点：

第一，由于本书针对的对象是应用型本科的学生，因此构建了一个内容简明的理论体系，尽量采用简洁的语言来表述。

第二，本书中引入了大量与实事相关的案例，以此来引起学生的兴趣，并帮助学生运用所学知识来解释现实中的问题。

本书在编写过程中，借鉴、吸收了多种教材及著作，在此表示感谢。由于编者能力有限，书中出现纰漏甚至错误在所难免，敬请大家批评指正。

目录

第一章　导论

引导案例

据中新社报道，日本国家旅游局上海事务所所长铃木克明表示，中国赴日游客平均每人消费16万日元（约合14 000元人民币），中国已位居日本“重要旅游推广国家”之首。铃木克明是在此间举办的“中日妇女迎世博城市创意旅游经济论坛”上透露这一数据的。他称，其他国家游客人均在日消费8万日元（约合7 000元人民币），而中国游客的消费额是其他国家游客的两倍，前几年电器是中国赴日游客最喜欢购买的物品，而近年来服装、化妆品有取而代之的势头。

铃木克明说，全球金融危机没有影响中国人赴日旅游的热情，2008年赴日中国游客创纪录地达到100万人。2009年6月甲型流感病毒（H1N1）爆发，中国赴日游客与其他国家相比，下降幅度是最低的，进入7月份以后“下降势头更是趋缓”。日本2009年7月开始对中国游客开放个人旅游签证。

问题：运用有关经济学原理说明中国已居日本“重要旅游推广国家”之首的原因。

教学目的

本章介绍西方经济学的研究对象、研究方法以及简要介绍微观经济学和宏观经济学的异同。通过本章的学习，要求掌握西方经济学的基本常识和概念。

本章重难点

西方经济学的研究对象、研究方法以及微观经济学和宏观经济学的异同。

经济问题是人类社会生存的首要问题。从个人的家庭生活到企业的经营活动，再到一个地区、一个国家的发展以至整个世界的发展，无不是在不断处理各种各样经济问题中前进的，同时亦为不断出现的无数的经济问题苦恼。例如，失业、通货膨胀、经济停滞等问题经常困扰着各国政府；资金短缺、债务沉重、产品积压、利润下降等问题让公司管理者焦头烂额；虽然工资增加了，但伴随着物价的上涨，人们在高兴之余不得不调整自己的生活安排。实际上几乎每个人都自觉或不自觉地运用着经济学的方法，在各种可能的经济行为方案间进行选择。然而，由于很多人不了解经济运行规律，常常会感到被动和无可奈何。长期以来，经济学家们都在为了解和解决这些问题进行思考与探索，提出了各种各样的理论、方法和政策建议。

在西方，经济学被称为“社会科学的皇后”。经济学是来源于实际的，我们可以用一个例子来说明西方经济学的研究对象及方法。任何一个社会都拥有一定数量的人口、自然资源和其他生产所需物品。资源的数量是有限的，所能生产的各种产品也是有限的。多生产某种物品就一定要少生产另一种物品。简便起见，我们可以假定用粮食和棉花作为一定量土地资源投入生产的两种产品，利用这些资源生产出来一定量的粮食和棉花的数量比例可以有多种不同选择。例如，若全部土地都种粮食，就不能同时生产棉花；若全部土地都用于生产棉花，就不能生产粮食；若使用一部分土地种粮食，一部分土地种棉花，那么究竟是以多少土地种粮食，多少土地种棉花呢？是多生产些棉花，少生产粮食呢？还是多生产些粮食，少生产些棉花呢？这里就有个资源配置方案的选择问题。在技术水平既定的条件下，一定量资源投入能生产的棉花和粮食的可能的产量组合可用生产可能性边界来表示。所有这些可能产量的组合，都位于图 1-1 中生产可能性边界（*OAB*）围起来的范围内。

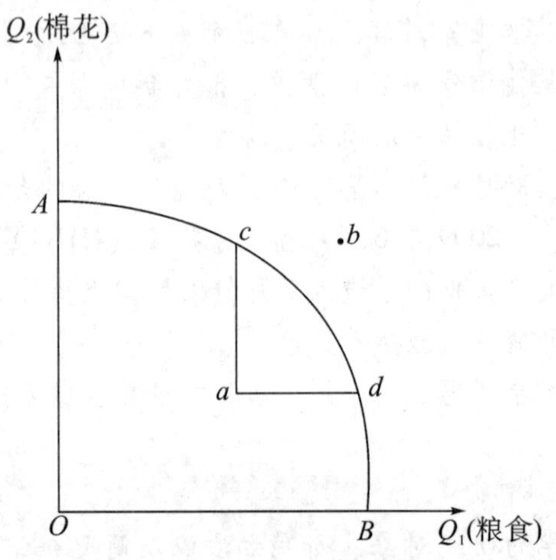

图 1-1　粮食与棉花可能性组合图

曲线 *AB* 称为生产可能性曲线，*AB* 线上的任何点都表示在现有技术条件下，投入的资源都得到充分利用时所生产的两种商品的最大可能性的数量组合。偏离曲线 *AB* 的各点有不同意义。例如，位于 *AB* 线以外的 *b* 点，是在现有技术及资源条件下无法实现的；位于 *AB* 线以内的 *a* 点，表示所投入的资源尚未充分利用。粮食与棉花的矛盾向我们提供了一系列的问题：为什么能生产的棉花与粮食是有限的？在多种方案中选择哪一种？为什么有时生产组合达不到 *AB* 线，而只能是 *a* 点？为什么现有条件达不到 *b* 点？我们就这些问题来说明经济学的研究对象与方法。

第一节　经济学的研究对象

一、稀缺性

粮食与棉花的矛盾根源在于资源的有限性，经济学的研究对象正是这种资源的有限性决定的。相对于人类社会的无穷欲望而言，经济物品或者说生产这些物品的资源总是不足的。从粮食与棉花的例子来看，粮食和棉花对于人们均是必需品。而粮食和棉花是靠有限的土地生产出来的。这就产生了稀缺性。经济学意义上的稀缺性，即有限性实际包含的意义有二：一是可提供获取的自然资源本身有限；二是人类获取这些资源的能力有限。

需要注意的是，稀缺性是相对的。这就是说，稀缺性不是指能生产多少粮食和棉花，而是相对于人类社会无限的欲望而言的。同时，也要注意稀缺性又是绝对的。从历史上看，稀缺性存在于人类社会的一切时期。无论是落后的原始社会还是发达的资本主义社会，都存在稀缺性。从现实来看，稀缺性存在于各个社会，无论是发展中国家还是发达国家都存在稀缺性。在地球上，无论是土地、矿产资源还是劳动资源，甚至像洁净的空气资源也越来越稀缺了。因此稀缺性是人类永恒的问题，只要有人类就会有稀缺性。

二、选择与资源配置

人类社会的无穷欲望有轻重缓急之分。以粮食和棉花来说，也许某一时期内人类社会更需要粮食，而在另一时期却更需要棉花。因此，在解决稀缺性问题时，人类社会就必须做出选择。所谓选择，就是如何利用既定的资源去生产经济物品，以便更好地满足人类的需求。具体来说，选择中包含以下三个问题：

第一，生产什么物品与生产多少，即在诸多的方案中选择哪一种？

第二，如何生产？生产方法实际上就是如何对各种生产要素进行组合，是多用资本，少用劳动，用资本密集型方法进行生产呢？还是少用资本，多用劳动，用劳动密集型方法进行生产呢？

第三，生产出来的产品如何分配？这也是为谁生产的问题。稀缺性是人类社会各个时期和各个社会面临的永恒问题。因此，生产什么、如何生产、为谁生产的问题，就是人类社会必须解决的基本问题。这三个问题也被称为资源配置问题。

三、资源利用

人类社会往往面临这样一个矛盾：一方面，资源是稀缺的；另一方面，稀缺的资源还得不到充分利用。因此，人类社会如何更好地利用现有的稀缺资源，使之生产出更多的物品就是经济学中所说的资源利用。

资源利用包括以下三个相关问题：

第一，为什么资源得不到充分利用，即粮食和棉花的产量达不到生产可能线上的各点。如何能使稀缺的资源得到充分的利用，就是一般所说的充分就业问题。

第二，粮食与棉花的产量为什么不能始终保持在生产可能线上，即相关资源并没有改变，但产量却时高时低。如何使粮食和棉花的产量不断增长，就是一般所说的经济波动与经济增长问题。

第三，现代社会是一个以货币为交换媒介的商品社会，货币购买力的变动对粮食与棉花的矛盾引起的各种问题的解决都影响甚大。这也就是一般所说的通货膨胀（或通货紧缩）问题。

由以上可以看出，稀缺性不仅引起了资源配置问题，而且还引起了资源利用问题。因此，许多经济学家将经济学定义为研究稀缺性资源配置和利用的科学。

四、经济制度

在不同的经济制度下，资源配置问题与资源利用问题的解决方法是不同的。当前世界上解决资源配置问题与资源利用问题的经济制度有两种。一种是市场经济制度，另一种是计划经济制度。当然，在现实中还有许多国家采用市场经济与计划经济不同程度的结合（即混合经济）来解决该问题。但是，从整体上看，市场经济比计划经济效率高，更有利于经济发展。我国同世界上绝大多数国家一样采取的是由国家宏观调控的市场经济制度。既然稀缺性问题的解决离不开具体的经济制度，那么经济学的定义应该是研究在一定制度下稀缺资源配置和利用的科学。

第二节　微观经济学与宏观经济学

在本章第一节中，我们从粮食与棉花的矛盾例子中得知，西方经济学是研究资源配置与资源利用问题的。由此出发，经济学的基本内容也就分为研究资源配置问题的微观经济学与研究资源利用问题的宏观经济学。在本节中，我们先对微观经济学与宏观经济学做一些简要的介绍，为本书内容提供一些预备性知识。

一、微观经济学

微观经济学以单个经济单位为研究对象，通过研究单个经济单位的经济行为和相应的经济变量单项数值的决定来说明价格机制如何解决社会的资源配置问题。

在这一定义中包含了这样几个内容：

第一，研究的对象是单个经济单位。单个经济单位是指组成经济的最基本单位，即居民户与厂商。在微观经济学的研究中，假设居民户与厂商经济行为的目标是实现最大化，即消费者居民户要实现满足程度最大化，生产者厂商要实现利润最大化。微观经济学就是研究居民户如何把有限的收入分配于各种物品的消费，以实现满足程度最大化，以及厂商如何把有限的资源用于各种物品的生产，以实现利润最大化。

第二，解决的问题是资源配置。资源配置，即前文所说的生产什么、如何生产和为谁生产的问题。解决资源配置问题就是要使资源配置达到最优化，微观经济学从研究单个经济单位的最大化行为入手来解决社会资源的最优配置问题。

第三，中心理论是价格理论。在市场经济中，居民户和厂商的行为要受价格的支配。价格像一只看不见的手，调节着整个社会的经济活动。通过价格的调节，社会资源的配置实现了最优化。因此，价格理论是微观经济学的中心，其他问题都是围绕这一中心问题展开的。

第四，研究方法是个量分析。个量分析研究经济变量的单项数值如何决定。例如，某种商品的价格，某种产品的产量、价格等。

二、宏观经济学

宏观经济学是指总量经济活动，即国民经济的总体活动。国民经济的总体活动是指整个国民经济或国民经济总体及其经济活动和运行状态。例如，总供给与总需求，国民经济的总值及其增长速度，国民经济中的主要比例关系，物价的总水平，劳动就业的总水平与失业率，货币发行的总规模与增长速度，进出口贸易的总规模及其变动等。一般认为，宏观经济学一词是由挪威经济家拉格纳·弗里希（Ragnar Frisch）于1933年在建立“宏观经济学”时提出的。宏观经济学的主要目标是高水平的和快速增长的产出率、低失业率和稳定的价格水平。

宏观经济学的基本内容如下：

第一，国民收入决定理论。国民收入是衡量已有经济资源利用整体情况和整个国民经济状况的基本指标。国民收入决定理论就是要从总需求和总供给的角度出发，分析国民收入决定经济变动的规律，这是宏观经济学的中心。

第二，失业与通货膨胀理论。失业与通货膨胀是各国经济中最主要的问题。宏观经济学把失业与通货膨胀和国民收入联系起来，分析其原因、联系，以便找出解决该问题的途径。

第三，中心理论是国民收入决定论。宏观经济学把国民收入作为最基本的总量，即以国民收入的决定为中心来研究资源利用问题，分析整个国民经济的运行。

第四，研究方法是总量分析。总量是能反映整个经济运行情况的经济变量。这种总量可分为两类：一类是个量的综合。例如，国民收入是组成整个经济的各个单位的收入之总和。另一类是平均量。例如，价格水平适合商品与劳务的平均价格。总量分析就是研究这些总量的决定、变动及相互关系，从而说明整体的经济状况。

三、微观经济学与宏观经济学的关系

从以上分析可以看出，微观经济学与宏观经济学在研究对象、解决的问题、中心理论和分析方法上都不相同，但两者之间又有着密切的联系。

（一）微观经济学与宏观经济学是相互补充的

经济学的目的是要实现社会经济福利的最大化。为了达到这一目的，既要实现资源的最优配置，又要实现资源的充分利用。微观经济学在假定资源已实现充分利用的前提下分析如何达到最优配置问题；宏观经济学在假定资源已实现最优化配置的前提下分析如何达到充分利用问题。因此，两者不是互相排斥而是相互补充的。两者共同组成经济学的基本原理。

（二）微观经济学与宏观经济学都是实证分析

微观经济学与宏观经济学都把社会经济制度作为既定的，不分析社会经济制度变动对经济的影响。微观经济学与宏观经济学都是把资本主义制度作为一个既定的存在，分析这一制度下的资源配置与利用问题。这种不涉及制度问题，只分析问题的方法就是实证分析。

（三）微观经济学是宏观经济学的基础

整体经济是单个经济单位的总和，总量分析建立在个量分析的基础之上。因此，微观经济学是宏观经济学的基础。宏观经济学的许多理论是建立在微观经济学理论基础上的。

四、现代西方经济学的构成

现代西方大学流行的经济学教科书的内容及体系不尽相同，但其经济理论大体上可分为两部分，即微观经济学与宏观经济学。微观经济学主要研究个体经济行为，我们可以把它理解为单个消费者、单个厂商、单个市场。市场是由消费者和厂商构成的，微观经济学就要从单个市场的构成元素开始着手。消费者有需求动机，厂商有供给动机，那么对需求和供给的研究自然是微观经济学，从而成为经济学的起点。单独考察消费者，有了消费者行为理论、效用理论；单独考察厂商，有了厂商理论、生产理论、成本理论。这样，有了消费者和厂商，市场就构成了。然而市场又有不同类型，于是又有关于不同市场类型的理论。因此整个微观经济学实际上是循着以上线索展开的。

至于宏观经济学，其真正产生时期是凯恩斯主义的确立时期。宏观经济学一直就是和政府政策紧密联系的。宏观经济政策的四大目标是充分就业、物价稳定、经济增长、国际收支平衡。充分就业就是宏观经济学中的失业理论研究；物价稳定就是通货膨胀和通货紧缩理论研究；经济增长就是各学派针对经济增长提出的模型；国际收支平衡就引出了开放条件下的宏观经济学。以上就大体构成了宏观经济学的理论框架。对于初学者来说，了解西方经济学的构成，对学好这门课起着非常重要的作用。

第三节　经济学的研究方法

经济学也同其他学科一样，都有自己的研究方法。用实证方法来分析经济问题称为实证经济学，而用规范方法来分析经济问题称为规范经济学。我们就从实证经济学与规范经济学入手来介绍经济学的研究方法。

一、实证经济学与规范经济学的定义

实证经济学企图超越或排斥一切价值判断，只研究经济本身的内在规律，并根据这些规律，分析和预测人们经济行为的效果。它要回答“是什么”的问题。规范经济学以一定的价值判断为基础，提出某些标准作为分析处理经济问题的标准、树立经济理论的前提、制定经济政策的依据，并研究如何才能符合标准。它要回答“应该是什么”的问题。为了理解这两个定义，需要做如下说明：

（一）价值判断的含义

这里的价值并不是商品的价值，而是指经济事物的社会价值，即不是指经济事物

是好或是坏的问题，而是指其对社会是具有积极意义，还是具有消极意义。价值判断属于社会伦理学范畴，具有强烈的主观性与阶级性。实证经济学为了使经济学具有客观科学性，就要避开价值判断问题；而规范经济学要判断某一具体经济事物的好坏，要从一定的价值判断出发来研究问题。是否以一定的价值判断为依据，是实证经济学与规范经济学的重要区别之一。

（二）实证经济学与规范经济学要解决的问题不同

实证经济学要解决"是什么"的问题，即要确认事实本身，研究经济本身的客观规律与内在逻辑，分析经济变量之间的关系，并用于分析与预测。规范经济学要解决"应该是什么"的问题，即要说明事物本身是好是坏、是否符合某种价值判断。这一点也就决定了实证经济学科避开了价值判断，而规范经济学必须以价值判断为基础。

二、实证分析的方法

实证分析是当代西方经济学中最重要的分析方法。运用实证分析法研究经济问题，就是要提出用于解读事实的理论论据并做出预测。这也就是形成经济理论的过程。因此，我们重点介绍如何用实证分析法得出经济理论。

（一）理论的组成

一个完整的理论包括定义、假设、假说、预测。

定义是对经济学研究的各种变量规定的明确的含义。变量是一些可以取不同数值的量。在经济分析中常用的变量有内生变量与外生变量，即通常所说的 $y=f(x)$ 公式，x 称为自变量，y 称为因变量。存量是指一定时点上存在的变量的数值。其数值大小与时间维度无关。流量是指一定时期内发生的变量的数值。其数值大小与时间维度有关。

假设是某一理论使用的条件，因为任何理论都是有条件的、相对的，所以在理论形成中假设非常重要。西方经济学家在分析问题时特别重视假设条件。有一个小故事可以说明这一点。几位在沙漠上旅行的学者讨论如何打开罐头的问题。物理学家说："给我一个聚光镜，我可以用阳光把罐头打开。"化学家说："我可以用几种化学药剂的化学反应来打开罐头。"而经济学家说："假设我有一把开罐头刀会怎样？"这说明经济学家总是从"假设"开始分析问题的，离开了假设条件，分析与结论就毫无意义。例如，需求定理是在假设消费者的收入、嗜好、人口量、社会风尚等不变的前提下来分析需求量与价格之间的关系。离开这些假设，需求定理说明的需求量与价格的反方向变动的真理就没有意义。在形成理论时，假设的某些条件往往并不现实，但没有假设就很难得出正确的结论。

假说是对两个或两个以上的经济变量之间的关系的阐述，即未经证明的理论。在理论形成中提出假说是十分重要的，这种假说往往是对某些现象的经验性概括或总结。但要经过验证才能说明假说是否能成为具有普遍意义的理论。因此，假说不是凭空产生的，它必须来源于实际。

预测是根据假说对未来进行预期。科学的预测是一种有条件性的说明，其形式一般是"如果……就会……"预测是否正确，是对假说的验证。正确的假说的作用就在于它能正确地预测未来。

（二）理论的形成

我们可以用图 1-2 来说明一种经济理论的形成过程。这就是实证分析法。

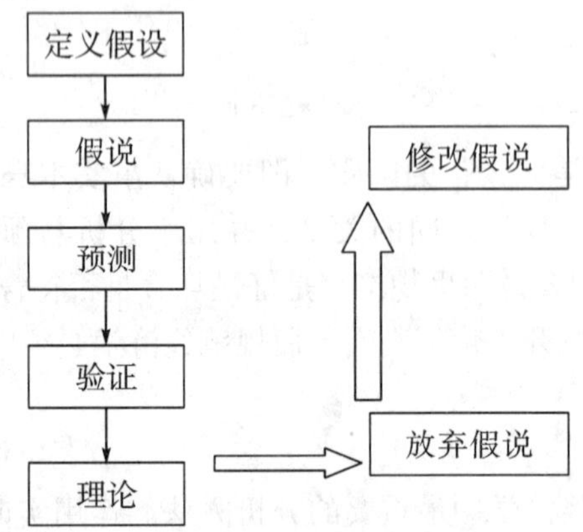

图 1-2 经济理论的形成过程

（三）理论的表述方式

运用实证分析得出的各种理论可以有不同的方法进行表述，也就是说，同样的理论内容可以用不同的方法表述。一般说来，经济理论有以下四种表述方法：

（1）口述法，即用文字表述经济理论。

（2）算数表述法，即用表格来表述经济理论。

（3）图形法，即用几何图形表述经济理论。

（4）代数表达法，即用函数关系表述经济理论。

这四种方法各有优劣，在分析经济问题时可灵活运用。

三、实证分析工具

在实证分析中涉及的分析工具是很多的，这里仅介绍如下四种实用性强、应用广泛的分析工具：

（一）均衡分析与非均衡分析

均衡是物理学中的名词，当一物体同时受到方向相反的两个外力的作用时，这两个外力力量相等时，该物体处于静止状态，这种状态就是均衡。19 世纪末的英国经济学家马歇尔把这一概念引入经济学中。均衡分析是通过分析各种经济变量之间的关系，说明均衡的实现及其变动的。均衡分析又可以分为局部均衡分析与一般均衡分析。局部均衡分析考察在其他条件不变时整个市场的均衡的建立与变动；一般均衡分析则考察各个市场之间的均衡问题。均衡分析偏重于数量分析，非均衡分析则认为经济现象及其变化的原因是多方面的、复杂的，不能单纯用有关变量之间的均衡与不均衡来加以解释，非均衡分析主张以历史的、制度的、社会的因素作为分析的基本方法。即使是量的分析，非均衡分析也不强调各种力量相等时的均衡状态，而是强调各种力量不相等时的非均衡状态。微观经济学与宏观经济学中运用的主要工具是均衡分析。

(二) 动态分析与静态分析

静态分析和动态分析的基本区别在于，前者不考虑时间因素，而后者考虑时间因素。换句话说，静态分析考察一定时期内各种变量之间的相互关系，而动态分析考察各种变量在不同时期的变动情况；静态分析研究经济现象的相对静止状态，而动态分析研究经济现象的发展变化过程。

(三) 静态均衡分析、比较静态均衡分析、动态均衡分析

均衡分析、静态分析、动态分析结合在一起产生了三种分析工具：静态均衡分析、比较静态均衡分析与动态均衡分析。静态均衡分析要说明各种经济变量达到的均衡条件；比较静态均衡分析要说明从一种均衡状态变动到另一种均衡状态的过程；动态均衡分析则要在引进时间因素的基础上说明均衡的时间变化过程。

(四) 定性与定量分析

定性分析说明经济现象的性质及内在的规定性与规律性。定量分析则是分析经济现象之间量的关系。许多经济现象是可以用某种标准来衡量的，可以表示为一定的数量，各种经济现象之间量的关系可以更为准确地反映经济运行的内在规律。因此，实证经济分析中特别注意定量分析。在经济学中，可以广泛应用数学工具，一是运用数学公式、定理来表示或推导、论证经济理论。二是根据一定的经济理论，编制数学模型，带入数据进行计算，以验证理论或进行经济预测。定量分析使经济学更能应用于实际。

四、微观经济理论与经济政策

经济学具有很强的实用性，是为现实服务的。它既包括经济理论又包括经济政策，是两者的结合。

经济理论是对各种经济问题的分析，力图寻找出经济现象本身的客观规律。经济政策是根据经济规律制定的。因此，经济理论是经济政策的基础。没有正确的经济理论就难以制定出正确的经济政策。经济政策则是经济理论的应用。从这种意义上来说，经济理论是基础，这也是经济理论受到重视的原因。

但是，从实际情况来看，也并不是先有经济理论而后有经济政策。常见的情况是先有解决某个实际问题的经济政策，而后才有为之服务并做出解释的经济理论。例如，在20世纪30年代的世界经济大危机中就是先有国家干预经济的具体政策，而后才有对这种政策进行解释的凯恩斯主义宏观经济理论。但这并不意味着否定经济理论的重要意义，只有以正确的理论为依据，政策才会完善。因此，整个政策的制定、发展和验证都离不开理论。同样，理论也只有为政策服务，并通过政策实施的结果来验证才能证明其正确性。正因为如此，我们在研究经济学时既要研究理论，也要研究政策，把两者有机结合起来。

一般来说，经济政策可以大致分为微观经济政策和宏观经济政策。前者以微观经

济学理论为基础，是从其中引申出来的；后者以宏观经济理论为基础，是从其中引申出来的。微观经济理论与微观经济政策的结合就是微观经济学，而宏观经济理论与宏观经济政策的结合就是宏观经济学。本书就是从理论与实际政策结合的角度来介绍西方经济的基本内容的。

习题

1. 请简述微观经济学与宏观经济学的异同。
2. 请简述实证经济学与规范经济学的异同。
3. 请简述如何提高资源利用率。

第二章　市场经济：需求与供给

引导案例

1967年，一场大暴雪使得芝加哥市区的交通瘫痪，外面的生活必需品难以进入。某住所附近有两家杂货店，一家杂货店的店主慈悲为怀，坚持在大雪天对店内商品不涨价，其店中的商品很快被抢购一空，但如此低的价格难以使其以高价向外界继续采购新的商品，这家杂货店很快就关门大吉了。另外一家杂货店则将所有商品的价格暂时提高到原来的两倍，同时这家杂货店的店主出高价请当地的孩子乘雪橇从外地运进当地市民需要的各种商品。涨价的杂货店因为能够支付较高的运货成本，在暴雪时期保证了对居民的基本供应，同时较高的价格也自然促使居民根据新的价格状况调整自己的需求，将自己采购的物品控制在自己能够承担的范围内。为什么这两家杂货店会有两种不同的结果？

情人节这天玫瑰花要比平常贵，商场里的衣服常常打折出售，但是米面这类商品基本不打折，这是为什么呢？

教学目的

价格分析是微观经济学分析的核心，微观经济学也被称为价格理论。在微观经济学中，任何商品的价格都是由商品的需求和供给这两个因素共同决定的。正因为如此，对需求曲线和供给曲线的初步论述，通常被当作微观经济学分析的出发点。本章通过分析需求、供给以及均衡价格相关理论，旨在让学生掌握需求供给的基本理论以及运用相关理论对现实市场变化或某些现象进行分析。

本章重难点

需求定理、需求与需求量的区别、供给定理、供给与供给量的区别、弹性的定义与分类、影响弹性的因素、需求价格弹性与总收益的关系。

第一节　需求理论

一、需求的概念

需求是指消费者在一定时期内在各种可能的价格水平下愿意而且能够购买的该商

品的数量。构成需求必须满足两个条件：其一，消费者对某种商品有购买的欲望；其二，消费者具有购买的能力。需求和欲望是不同的，你想买一辆宝马轿车，但是没有资金购买就不构成需求。

需求可以分为个人需求和市场需求，个人需求是指某个消费者对某种商品的需求，市场需求是在不同价格水平下个人需求量的总和。

二、影响需求的因素

一种商品的需求数量是由许多因素共同决定的。其中，主要的因素有该商品自身价格、消费者的收入水平、相关商品的价格、消费者的偏好、消费者对该商品的价格预期和政府政策等。

（一）商品自身价格

一般来说，一种商品的价格越高，该商品的需求量就会越小；相反，一种商品的价格越低，该商品的需求量就会越大。

（二）消费者的收入水平

对于大多数商品来说，当消费者的收入水平提高时，就会增加对商品的需求量；相反，当消费者的收入水平下降时，就会减少对商品的需求量。

（三）相关商品的价格

当一种商品本身的价格保持不变，相关的其他商品的价格发生变化时，这种商品本身的需求量也会发生变化。相关商品可以分为替代品和互补品。替代品是指那些功能相似、可以相互替代、满足人们同种需要的商品，如鸡肉和猪肉。替代品之间价格与需求呈同方向变动，如果猪肉的价格上涨了，鸡肉的需求量相应会上涨一些。互补品是指那些功能相互补充才能满足人们某种需要的商品，如眼镜片和眼镜架。在其他条件不变的前提下，眼镜架的价格不变，眼镜片的价格上涨，人们往往也会减少对眼镜架的购买，从而使得眼镜架的需求量下降。

（四）消费者的偏好

当消费者对某种商品的偏好程度增强时，该商品的需求量就会增加；相反，当消费者对某种商品的偏好程度减弱时，该商品的需求量就会减少。

（五）消费者对商品的价格预期

当消费者预期某种商品的价格在未来（下一期）会上升时，就会增加对该商品的现期需求量；当消费者预期某商品的价格在未来（下一期）会下降时，就会减少对该商品的现期需求量。

三、需求的表达方式

（一）需求函数

需求函数是表示一种商品的需求数量和影响该需求数量的各种因素之间的函数关

系。在需求函数中，影响需求数量的各个因素是自变量，需求数量是因变量。一种商品的需求数量是所有影响这种商品需求数量的因素的函数。我们假定其他因素保持不变，仅分析一种商品的价格对该商品需求量的影响，即把一种商品的需求量看成这种商品的价格的函数，于是，需求函数就可以用下式表示：

$$Q^d = f(P) \tag{2.1}$$

式中，P 为商品的价格；Q^d 为商品的需求量。

（二）需求表

需求函数 $Q^d = f(P)$ 表示一种商品的需求量和该商品的价格之间存在着一一对应的关系。这种函数关系可以分别用商品的需求表和需求曲线来表示。

商品的需求表是表示某种商品的各种价格水平和与各种价格水平相对应的该商品的需求数量之间关系的数字序列表。表 2-1 是某商品的需求表。

从表 2-1 可以清楚地看到商品价格与需求量之间的函数关系。例如，当商品价格为 1 元时，商品的需求量为 700 单位；当价格上升为 2 元时，需求量下降为 600 单位；当价格进一步上升为 3 元时，需求量下降为更少的 500 单位；等等。

表 2-1 某商品的需求表

价格—数量组合	A	B	C	D	E	F	G
价格（元）	1	2	3	4	5	6	7
需求量（单位数）	700	600	500	400	300	200	100

（三）需求曲线

商品的需求曲线是根据需求表中商品不同的价格—需求量的组合在平面坐标图上绘制的一条曲线。图 2-1 是根据表 2-1 绘制的一条需求曲线。在图 2-1 中，横轴 Q 表示商品的数量，纵轴 P 表示商品的价格。

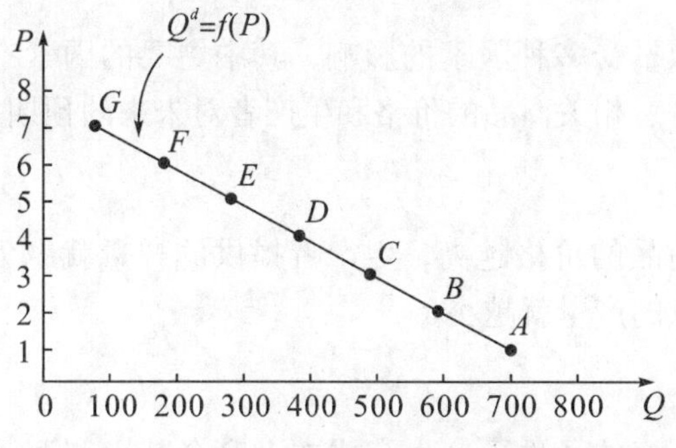

图 2-1 某商品的需求曲线

图 2-1 中的需求曲线是这样得到的：根据表 2-1 中每一个商品的价格—需求量的组合，在平面坐标图中描绘相应的各点，某商品的需求曲线点分别为 A、B、C、D、E、F、G，然后顺次连接这些点，便得到需求曲线 $Q^d = f(P)$。它表示在不同价格水平下消费者愿意且能够购买的商品数量。因此，需求曲线是以几何图形来表示商品的价格和

需求量之间的函数关系的。

图 2-1 中的需求曲线是一条直线，实际上，需求曲线可以是直线，也可以是曲线。当需求函数为线性函数时，相应的需求曲线是一条直线，直线上各点的斜率是相等的；当需求函数为非线性函数时，相应的需求曲线是一条曲线，曲线上各点的斜率是不相等的。在微观经济分析中，为了简化分析过程，在不影响结论的前提下，大多使用线性需求函数。线性需求函数的通常形式为：

$$Q^d = \alpha - \beta \cdot P \tag{2.2}$$

式中，α、β 为常数，α、$\beta>0$。该函数对应的需求曲线为一条直线。

建立在需求函数基础上的需求表和需求曲线都反映了商品的价格变动和需求量变动两者之间的关系。从表 2-1 可见，商品的需求量随着商品价格的上升而减少。相应地，在图 2-1 中的需求曲线具有一个明显的特征，它是向右下方倾斜的，即它的斜率为负值。它们都表示商品的需求量和价格之间呈反方向变动的关系。一般的需求曲线是向右下方倾斜的，但是并不是所有的需求曲线都是向右下方倾斜的，这在后面的章节会进行介绍。

第二节　供给理论

一、供给的概念

商品的供给是指生产者在一定时期内、在各种可能的价格下愿意而且能够提供出售的该种商品的数量。根据上述定义，如果生产者对某种商品只有提供出售的愿望，而没有提供出售的能力，则不能形成有效供给，也不能算是供给。供给必须要满足供给意愿和供给能力两个条件。

二、影响供给的因素

一种商品的供给数量受多种因素的影响，其中主要的因素有商品的价格、生产的成本、生产的技术水平、相关商品的价格和生产者对未来的预期等。

（一）商品的自身价格

一般说来，一种商品的价格越高，生产者提供的产量就越大；相反，一种商品的价格越低，生产者提供的产量就越小。

（二）商品的生产成本

在商品自身价格不变的条件下，生产成本上升会减少利润，从而使得商品的供给量减少；相反，生产成本下降会增加利润，从而使得商品的供给量增加。

（三）生产的技术水平

在一般的情况下，生产技术水平的提高可以降低生产成本，增加生产者的利润，生产者会提供更多的产量。

（四）相关商品的价格

在一种商品的价格不变，而其他相关商品的价格发生变化时，该商品的供给量会发生变化。例如，对于某个生产小麦和玉米的农户来说，在玉米价格不变而小麦价格上升时，该农户就可能增加小麦的耕种面积而减少玉米的耕种面积。

（五）生产者对未来的预期

如果生产者对未来的预期是乐观的，如预期商品的价格在未来会上涨，那么厂商现期会减少供给；如果生产者对未来的预期是悲观的，如预期商品的价格在未来会下降，那么厂商现期会增加供给。在理解生产者的预期的时候，要注意一定要把生产和供给区分开，因为这两个名词并不一定总是具有相同含义的。

三、供给的表示方式

（一）供给函数

一种商品的供给量是所有影响这种商品供给量的因素的函数。如果假定其他因素均不发生变化，仅考虑一种商品的价格变化对其供给量的影响，即把一种商品的供给量只看成这种商品价格的函数，则供给函数就可以表示为：

$$Q^s=f(P) \tag{2.3}$$

式中，P 为商品的价格；Q^s 为商品的供给量。

（二）供给表

供给函数 $Q^s=f(P)$ 表示一种商品的供给量和该商品价格之间存在着一一对应的关系。这种函数关系可以分别用供给表和供给曲线来表示。

商品的供给表是表示某种商品的各种价格和与各种价格相对应的该商品的供给数量之间关系的数字序列表。表 2-2 是某商品的供给表。

表 2-2　**某商品的供给表**

价格—数量组合	A	B	C	D	E
价格（元）	2	3	4	5	6
供给量（单位数）	0	200	400	600	800

表 2-2 清楚地表示了商品的价格和供给量之间的函数关系。例如，当价格为 6 元时，商品的供给量为 800 单位；当价格下降为 4 元时，商品的供给量减少为 400 单位；当价格进一步下降为 2 元时，商品的供给量减少为零。

（三）供给曲线

商品的供给曲线是根据供给表中的商品的价格—供给量组合在平面坐标图上绘制的一条曲线。图 2-2 便是根据表 2-2 绘制的一条供给曲线。图 2-2 中的横轴 Q 表示商品数量，纵轴 P 表示商品价格。在平面坐标图上，把根据供给表中商品的价格—供给量组合所得到相应的坐标点 A、B、C、D、E 连接起来的线，就是该商品的供给曲线

$Q^s=f(P)$。它表示在不同的价格水平下生产者愿意而且能够提供出售的商品数量。供给曲线是以几何图形表示商品的价格和供给量之间的函数关系。和需求曲线一样，供给曲线也是一条光滑的、连续的曲线，它是建立在商品的价格和相应的供给量的变化具有无限分割性（即连续性）的假设上的。

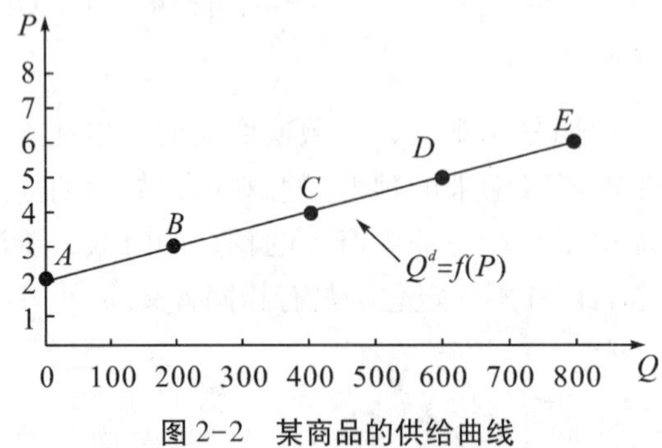

图 2-2　某商品的供给曲线

如同需求曲线一样，供给曲线可以是直线，也可以是曲线。如果供给函数是线性函数，则相应的供给曲线为直线。如果供给函数是非线性函数，则相应的供给曲线为曲线。直线型的供给曲线上的每个点的斜率是相等的，曲线型的供给曲线上的每个点的斜率则不相等。在微观经济分析中，使用较多的是线性供给函数。它的通常形式为：

$$Q^s=-\delta+\gamma P \tag{2.4}$$

式中，δ、γ 为常数，γ、$\delta>0$。

与该函数相对应的供给曲线为一条直线。

第三节　市场均衡

需求曲线说明了消费者对某种商品在每一价格下的需求量是多少，供给曲线说明了生产者对某种商品在每一价格下的供给量是多少。但是，它们都没说明这种商品本身的价格究竟是如何决定的。那么，商品的价格是如何决定的呢？微观经济学中的商品价格是指商品的均衡价格。商品的均衡价格是在商品的市场需求和市场供给这两种相反的力量的相互作用下形成的。本节将需求曲线和供给曲线结合在一起分析均衡价格的形成及其变动。

一、均衡价格的决定

一种商品的均衡价格是指该种商品的市场需求量和市场供给量相等时的价格。在均衡价格水平下的相等的供求数量被称为均衡数量。从几何意义上说，一种商品在市场上的均衡出现在该商品的市场需求曲线和市场供给曲线相交的交点上，该交点被称为均衡点。均衡点上的价格和相等的供求量分别被称为均衡价格和均衡数量。市场上需求量和供给量相等的状态，也被称为市场出清的状态。

在图 2-3 中，假定 D 曲线为市场的需求曲线，S 曲线为市场的供给曲线。需求曲

线 D 和供给曲线 S 相交于 E 点，E 点为均衡点。在均衡点 E 上，均衡价格 $\bar{P}=4$ 元，均衡数量 $\bar{Q}=400$。显然，在商品价格为 4 元时，消费者的购买量和生产者的销售量是相等的，都为 400 单位；也可以反过来说，在需求量和供给量均为 400 单位时，消费者愿意支付的最高价格和生产者愿意接受的最低价格是相等的，都为 4 元。因此，这样一种状态便是一种使买卖双方都感到满意并愿意持续下去的均衡状态。

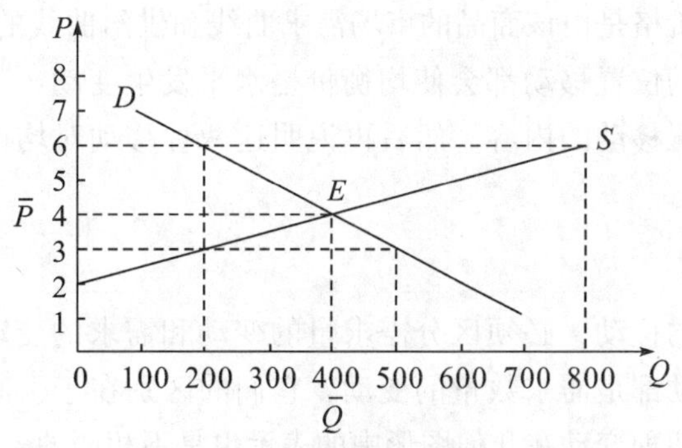

图 2-3　某商品的均衡价格

均衡价格的决定也可以用与图 2-3 相对应的表 2-3 来说明。由表 2-3 可知，商品的均衡价格为 4 元，商品的均衡数量为 400 单位。

商品的均衡价格是如何形成的呢？

商品的均衡价格表现为商品市场上需求和供给这两种相反的力量共同作用的结果，是在市场的供求力量的自发调节下形成的。当市场价格偏离均衡价格时，市场上会出现需求量和供给量不相等的非均衡的状态。一般说来，在市场机制的作用下，这种供求不相等的非均衡状态会逐步消失，实际的市场价格会自动地回复到均衡价格水平。

表 2-3　某商品均衡价格的决定

价格（元）	6	5	4	3	2
需求量（单位数）	200	300	400	500	600
供给量（单位数）	800	600	400	200	0

仍用图 2-3 或相应的表 2-3 来说明均衡价格的形成。当市场的实际价格为 6 元，高于均衡价格时，商品的需求量为 200 单位，供给量为 800 单位。出现供给量大于需求量的商品过剩或超额供给的市场状况时，一方面，会使需求者压低价格来购买商品；另一方面，又会使供给者减少商品的供给量。这样，该商品的价格必然下降，一直下降到 4 元，即均衡价格的水平。与此同时，随着价格由 6 元下降为 4 元，商品的需求量逐步由 200 单位增加为 400 单位，商品的供给量逐步由 800 单位减少为 400 单位，从而实现供求量相等的均衡数量，即 400 单位。相反地，当市场的实际价格为 3 元，低于均衡价格时，商品的需求量为 500 单位，供给量为 200 单位。面对需求量大于供给量的商品短缺或超额需求的市场状况时，一方面，迫使需求者提高价格来得到其要购买的商品量；另一方面，又使供给者增加商品的供给量。这样，该商品的价格必然上升，一直上升到 4 元，即均衡价格的水平。在价格由 3 元上升为 4 元的过程中，商品的需求量

逐步由 500 单位减少为 400 单位，商品的供给量逐步由 200 单位增加为 400 单位，最后达到供求量相等的均衡数量，即 400 单位。由此可见，当市场上的实际价格偏离均衡价格时，市场上总存在着变化的力量，最终达到市场的均衡或市场出清。

二、均衡价格的变动

一种商品的均衡价格是由该商品的市场需求曲线和供给曲线的交点决定的。因此，需求曲线或供给曲线的位置移动都会使均衡价格水平发生变动。下面将先介绍有关需求曲线和供给曲线位置移动的内容，然后再说明这两种移动对均衡价格以及均衡数量的影响。

（一）需求曲线的移动

要了解需求曲线的移动，必须区分需求量的变动和需求的变动这两个概念。需求量的变动和需求的变动都是需求数量的变动，它们的区别在于引起这两种变动的因素是不相同的，而且这两种变动在几何图形中的表示也是不相同的。

1. 关于需求量的变动

需求量的变动是指在其他条件不变时，由某商品的价格变动引起的该商品的需求数量的变动。在几何图形中，需求量的变动表现为商品的价格—需求数量组合点沿着一条既定的需求曲线的运动。在图 2-4 中，*A* 点到 *B* 点的变动就是需求量的变动。

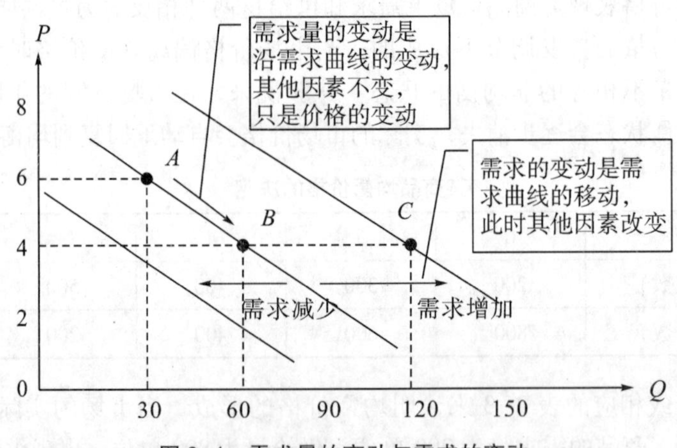

图 2-4　需求量的变动与需求的变动

2. 关于需求的变动

需求的变动是指在某商品价格不变的条件下，由其他因素变动引起的该商品的需求数量的变动。这里的其他因素变动是指消费者收入水平变动、相关商品的价格变动、消费者偏好的变化和消费者对商品的价格预期的变动等。在图 2-4 中，*B* 点到 *C* 点的变动就是需求的变动。

（二）供给曲线的移动

要了解供给曲线的移动，必须区分供给量的变动和供给的变动这两个概念。类似于以上关于需求量的变动和需求的变动的区分，供给量的变动和供给的变动都是供给数量的变动，它们的区别在于引起这两种变动的因素是不相同的，而且这两种变动在几何图形中的表示也是不相同的。

供给量的变动是指在其他条件不变时，由某商品的价格变动引起的该商品供给数量的变动。在几何图形中，这种变动表现为商品的价格—供给数量组合点的变动。

供给的变动是指在某商品价格不变的条件下，由其他因素变动引起的该商品的供给数量的变动。这里的其他因素变动可以指生产成本的变动、生产技术水平的变动、相关商品价格的变动和生产者对未来的预期的变化等。在几何图形中，供给的变动表现为供给曲线的位置发生移动。

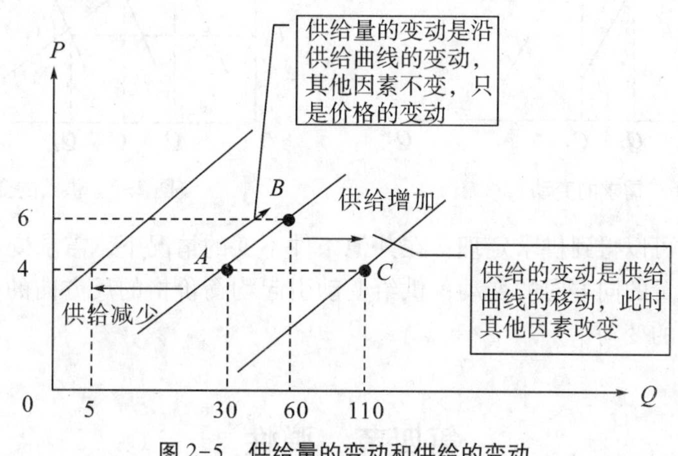

图 2-5　供给量的变动和供给的变动

在图 2-5 中，*A* 点到 *B* 点的变动是供给量的变动，*A* 点到 *C* 点的变动是供给的变动。

（三）需求的变动和供给的变动对均衡价格和均衡数量的影响

1. 需求变动的影响

在供给不变的情况下，需求增加会使需求曲线向右平移，从而使得均衡价格和均衡数量都增加；需求减少会使需求曲线向左平移，从而使得均衡价格和均衡数量都减少（如图 2-6 所示）。

在图 2-6 中，既定的供给曲线 S 和最初的需求曲线 D_1 相交于 E_1 点。在均衡点 E_1，均衡价格为 P_1，均衡数量为 Q_1。需求增加使需求曲线 D_1 向右平移至 D_2 曲线的位置，D_2 曲线与 S 曲线相交于 E_2 点。在均衡点 E_2，均衡价格上升为 P_2，均衡数量增加为 Q_2。相反，需求减少使需求曲线 D_1 向左平移至 D_3 曲线的位置，D_3 曲线与 S 曲线相交于 E_3 点。在均衡点 E_3，均衡价格下降为 P_3，均衡数量减少为 Q_3。

2. 供给变动的影响

在需求不变的情况下，供给增加会使供给曲线向右平移，从而使得均衡价格下降，均衡数量增加；供给减少会使供给曲线向左平移，从而使得均衡价格上升，均衡数量减少（如图 2-7 所示）。

在图 2-7 中，既定的需求曲线 D 和最初的供给曲线 S_1 相交于 E_1 点。在均衡点 E_1 的均衡价格和均衡数量分别为 P_1 和 Q_1。供给增加使供给曲线 S_1 向右平移至 S_2 曲线的位置，并与 D 曲线相交于 E_2 点。在均衡点 E_2，均衡价格下降为 P_2，均衡数量增加为 Q_2。相反，供给减少使供给曲线 S_1 向左平移至 S_3 曲线的位置，与 D 曲线相交于 E_3 点。在均衡点 E_3，均衡价格上升为 P_3，均衡数量减少为 Q_3。

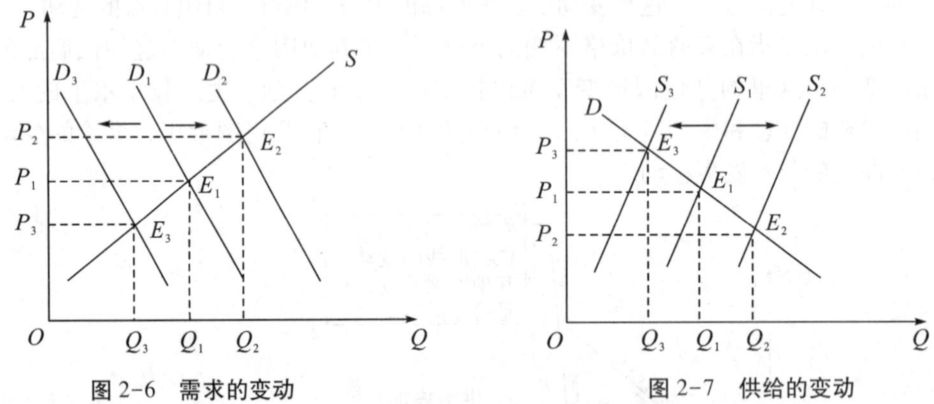

图 2-6　需求的变动　　　　图 2-7　供给的变动

综上所述，可以得到供求定理：在其他条件不变的情况下，需求变动分别引起均衡价格和均衡数量的同方向的变动；供给变动引起均衡价格的反方向的变动，引起均衡数量的同方向的变动。

第四节　弹性

一、弹性的一般含义

我们已经知道，当一种商品的价格发生变化时，这种商品的需求量会发生变化。除此之外，当消费者的收入水平或者相关商品的价格等其他因素发生变化时，这种商品的需求也会发生变化。同样地，当一种商品的价格发生变化，或者这种商品的生产成本等其他因素发生变化时，这种商品的供给量会发生变化。由此，我们会很自然地想知道，例如，当一种商品的价格下降 1%时，这种商品的需求量和供给量究竟分别会上升和下降多少呢？当消费者的收入水平上升 1%时，商品的需求量究竟增加了多少？等等。弹性概念就是专门为解决这一类问题而设立的。

弹性概念在经济学中得到了广泛的应用。一般来说，只要两个经济变量之间存在着函数关系，我们就可以用弹性来表示因变量对自变量变化的反应的敏感程度。具体来说，弹性是这样一个数字，它告诉我们，当一个经济变量发生 1%的变动时，由它引起的另一个经济变量变动的百分比。例如，弹性可以表示当一种商品的价格上升 1%时，相应的需求量和供给量的变化的百分比具体是多少。

在经济学中，弹性的一般公式为：

$$\text{弹性系数}=\frac{\text{因变量的变动比例}}{\text{自变量的变动比例}} \tag{2.5}$$

设两个经济变量之间的函数关系为 $Y=f(X)$，则弹性的一般公式还可以表示为：

$$e=\frac{\frac{\Delta Y}{Y}}{\frac{\Delta X}{X}}=\frac{\Delta Y}{\Delta X}\cdot\frac{X}{Y} \tag{2.6}$$

式中，e 为弹性系数；ΔX、ΔY 分别为变量 X、Y 的变动量。该式表示当自变量 X 变化 1%时，因变量 Y 的变化百分比。

若经济变量的变化量趋于无穷小，即当公式（2.6）中的 $\Delta X\to 0$，$\Delta Y\to 0$ 时，则弹性公式为：

$$e=\lim_{\Delta x\to 0}\frac{\frac{\Delta Y}{Y}}{\frac{\Delta X}{X}}=\frac{\frac{\mathrm{d}Y}{Y}}{\frac{\mathrm{d}X}{X}}=\frac{\mathrm{d}Y}{\mathrm{d}X}\cdot\frac{X}{Y} \tag{2.7}$$

通常将公式（2.6）称为弧弹性公式，将公式（2.7）称为点弹性公式。

需要指出的是，由弹性的定义公式可以清楚地看到，弹性是两个变量的变动比例的一个比值，因此弹性是一个具体的数字，它与自变量和因变量的单位无关。

本节将以需求的价格弹性为重点，考察与需求和供给有关的几个弹性概念。

二、需求的价格弹性

需求方面的弹性主要包括需求的价格弹性、需求的交叉价格弹性和需求的收入弹性。其中，需求的价格弹性又被简称为需求弹性。下面将详细考察需求的价格弹性。

需求的价格弹性表示在一定时期内一种商品的需求量变动对于该商品的价格变动的反应程度。或者说，需求的价格弹性表示在一定时期内当一种商品的价格变化 1%时所引起的该商品的需求量变化的百分比。其公式为：

$$\text{需求的价格弹性系数}=-\frac{\text{需求量变动率}}{\text{价格变动率}}$$

需求的价格弹性可以分为弧弹性和点弹性。

需求的价格弧弹性表示某商品需求曲线上两点之间的需求量的变动对于价格的变动的反应程度。简单地说，它表示需求曲线上两点之间的弹性。假定需求函数为 $Q=f(P)$，ΔQ 和 ΔP 分别表示需求量的变动量和价格的变动量，以 e_d 表示需求的价格弹性系数，则需求的价格弧弹性的公式为：

$$e_d=-\frac{\frac{\Delta Q}{Q}}{\frac{\Delta P}{P}}=-\frac{\Delta Q}{\Delta P}\cdot\frac{P}{Q} \tag{2.8}$$

这里需要指出的是，在通常情况下，由于商品的需求量和价格是呈反方向变动的，$\frac{\Delta Q}{\Delta P}$为负值，因此为了便于比较，就在公式（2.8）中加了一个负号，以使需求的价格弹性系数 e_d 取正值。

当需求曲线上两点之间的变化量趋于无穷小时，需求的价格弹性要用点弹性来表示。也就是说，它表示需求曲线上某一点上的需求量变动对于价格变动的反应程度。在公式（2.8）的基础上，需求的价格点弹性的公式为：

$$e_d = \lim_{\Delta x \to 0} \frac{\frac{\Delta Q}{Q}}{\frac{\Delta P}{P}} = \frac{\frac{dQ}{Q}}{\frac{dP}{P}} = \frac{dQ}{dP} \cdot \frac{P}{Q} \tag{2.9}$$

比较公式（2.8）和公式（2.9）可见，需求的价格弧弹性和点弹性的本质是相同的。它们的区别仅在于：前者表示价格变动量较大时的需求曲线上两点之间的弹性，而后者表示价格变动量无穷小时的需求曲线上某一点的弹性。

（一）需求的价格弹性：弧弹性

我们已经知道，需求的价格弹性是告诉我们，当商品的价格变动1%时，需求量的变动的百分比究竟是多少。于是，我们完全可以设想：在商品的价格变化1%的前提下，需求量的变化率可能大于1%，这时有 $e_d>1$；需求量的变化率也可能小于1%，这时有 $e_d<1$；需求量的变化率也可能恰好等于1%，这时有 $e_d=1$。进一步讲，由于 $e_d>1$ 表示需求量的变动率大于价格的变动率，即需求量对于价格变动的反应是比较敏感的，因此 $e_d>1$ 称为富有弹性；由于 $e_d<1$ 表示需求量的变动率小于价格的变动率，即需求量对于价格变动的反应欠敏感，因此 $e_d<1$ 称为缺乏弹性；而 $e_d=1$ 是一种巧合的情况，它表示需求量和价格的变动率刚好相等，因此 $e_d=1$ 称为单一弹性或单位弹性。以上这三种类型的需求的价格弧弹性分别如图2-8中的（a）、（b）和（c）所示。

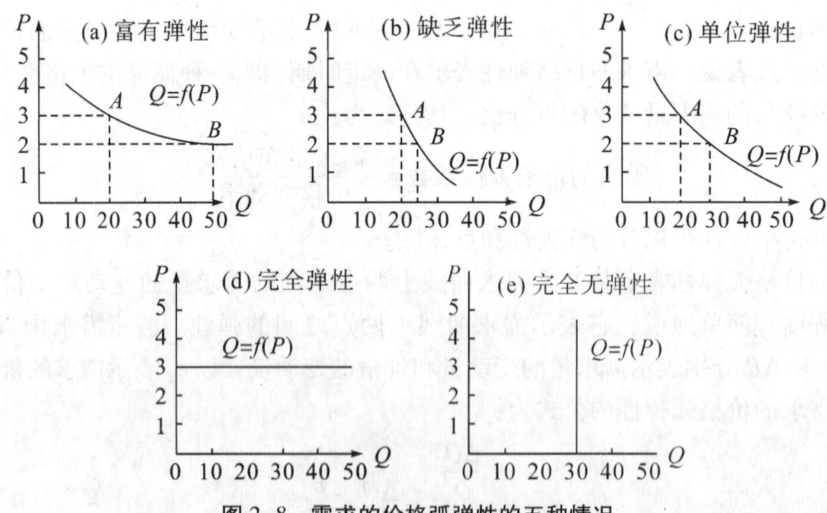

图2-8　需求的价格弧弹性的五种情况

比较图2-8（a）和图2-8（b）可以看出，就需求的价格弧弹性而言，富有弹性的需求曲线相对比较平坦，缺乏弹性的需求曲线相对比较陡峭。但是，特别需要引起注意的是，尽管在经济学中，把富有弹性的需求绘制成一条相对平坦的曲线和把缺乏弹性的需求绘制成一条相对陡峭的曲线，已成为一种习惯，这种绘制方法通常也是可行的。但是，在有些场合，这种绘制方法便会成为一种不好的甚至是错误的方法。例如，当图2-8（a）中横轴上的刻度由10、20、30、40、50改为11、12、13、14、15以后，平坦的需求曲线就是缺乏弹性的了。因此，在使用这种绘制方法时必须十分小心。关于这一点，在以后分析需求曲线的斜率和需求的价格点弹性的关系时，会进一步说明。

再看图 2-8（d）和图 2-8（e）。图 2-8（d）中的需求曲线为一条水平线。水平的需求曲线表示在既定的价格水平下（如图中的 $P=3$）需求量是无限的。从需求的价格弹性的角度看，对于水平的需求曲线来说，只要价格有一个微小的上升，就会使无穷大的需求量一下子减少为零。也就是说，相对于无穷小的价格变化率，需求量的变化率是无穷大的，即有 $e_d=\infty$，这种情况被称为完全弹性。图 2-8（e）中的需求曲线是一条垂直线。垂直的需求曲线表示相对于任何价格水平需求量都是固定不变的（如图中的 $Q=30$）。从需求的价格弹性的角度看，对于垂直的需求曲线来说，无论价格如何变化，需求量的变化量总是为零，即有 $e_d=0$，这种情况被称为完全无弹性。

（二）需求的价格弹性：点弹性

点弹性指需求曲线上某一点的弹性，适用于价格变化极为微小的条件（即价格变化→0）。点弹性的公式表示如下：

$$e_d=-\frac{\mathrm{d}Q}{\mathrm{d}P}\cdot\frac{P}{Q} \tag{2.10}$$

在图 2-9（a）中，随着需求曲线上的点的位置由最低的 A 点逐步上升到最高的 E 点的过程中，相应的点弹性由 $e_d=0$ 逐步增加到 $e_d=\infty$。在线性需求曲线的两个端点上，即需求曲线与数量轴和价格轴的交点 A 点和 E 点，分别有 $e_d=0$ 和 $e_d=\infty$。可见，向右下方倾斜的线性需求曲线上每一点的弹性都是不相等的。这一结论对于除了将要说明的两种特殊形状的线性需求曲线以外的所有线性需求曲线都是适用的。

在图 2-9（b）和图 2-9（c）中各有一条特殊形状的线性需求曲线。图 2-9（b）中一条水平的需求曲线上的每一点的点弹性均为无穷大，即 $e_d=\infty$。图 2-9（c）中的一条垂直的需求曲线上每一点的点弹性均为零，即 $e_d=0$。可见，对于线性需求曲线上每一点的点弹性都不相等的结论来说，水平的和垂直的需求曲线是两种例外。

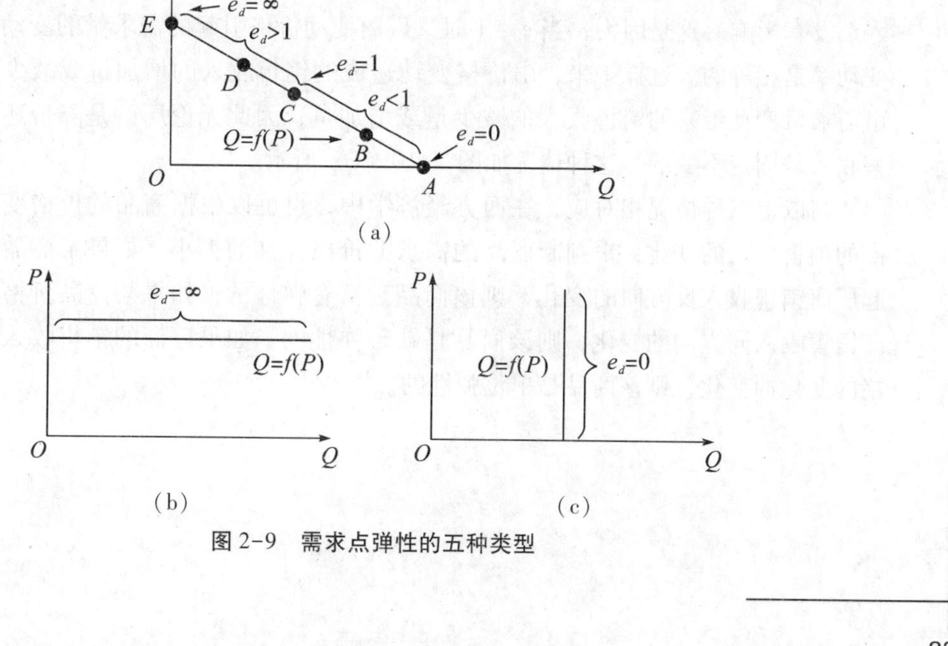

图 2-9　需求点弹性的五种类型

三、需求的价格弹性和厂商的销售收入

在实际的经济生活中会发生这样一些现象：有的厂商提高自己的产品价格，能使自己的销售收入得到提高；而有的厂商提高自己的产品价格，却反而使自己的销售收入减少了。这意味着，以降价促销来增加销售收入的做法对有的产品适用，对有的产品却不适用。如何解释这些现象呢？这便涉及商品的需求的价格弹性的大小和厂商的销售收入两者之间的相互关系。

厂商的销售收入等于商品的价格乘以商品的销售量，即厂商销售收入$=P \cdot Q$。其中，P表示商品的价格，Q表示商品的销售量，即需求量。

商品的需求的价格弹性和厂商的销售收入之间存在着密切的关系。这种关系可归纳为以下三种情况。

第一种情况：对于$e_d>1$的富有弹性的商品，降低价格会增加厂商的销售收入；相反，提高价格会减少厂商的销售收入，即厂商的销售收入与商品的价格呈反方向的变动。这是因为，当$e_d>1$时，厂商降价引起的需求量的增加率大于价格的下降率。这意味着价格下降造成的销售收入的减少量必定小于需求量增加带来的销售收入的增加量。因此，降价最终带来的销售收入是增加的；相反，在厂商提价时，最终带来的销售收入是减少的。这种情况如图2-10（a）所示。

第二种情况：对于$e_d<1$的缺乏弹性的商品，降低价格会使厂商的销售收入减少；相反，提高价格会使厂商的销售收入增加，即销售收入与商品的价格呈同方向的变动。这是因为，当$e_d<1$时，厂商降价引起的需求量的增加率小于价格的下降率。这意味着需求量增加带来的销售收入的增加量并不能全部抵消价格下降造成的销售收入的减少量。因此，降价最终使销售收入减少；相反，在厂商提价时，最终带来的销售收入是增加的。这种情况如图2-10（b）所示。

第三种情况：对于$e_d=1$的单位弹性的商品，降低价格或提高价格对厂商的销售收入都没有影响。这是因为，当$e_d=1$时，厂商变动价格引起的需求量的变动率和价格的变动率是相等的。这样一来，由价格变动造成的销售收入的增加量或减少量刚好等于由需求量变动带来的销售收入的减少量或增加量，因此无论厂商是降价还是提价，销售收入是固定不变的。这种情况如图2-10（c）所示。

与以上三种情况相对应，在西方经济学中，也可以根据商品的价格变化引起的厂商的销售收入的变化，来判断商品的需求的价格弹性的大小。如果某商品价格变化引起厂商销售收入反方向的变化，则该商品是富有弹性的；如果某商品价格变化引起厂商销售收入同方向的变化，则该商品是缺乏弹性的。如果厂商的销售收入不随商品价格的变化而变化，则该商品是单位弹性的。

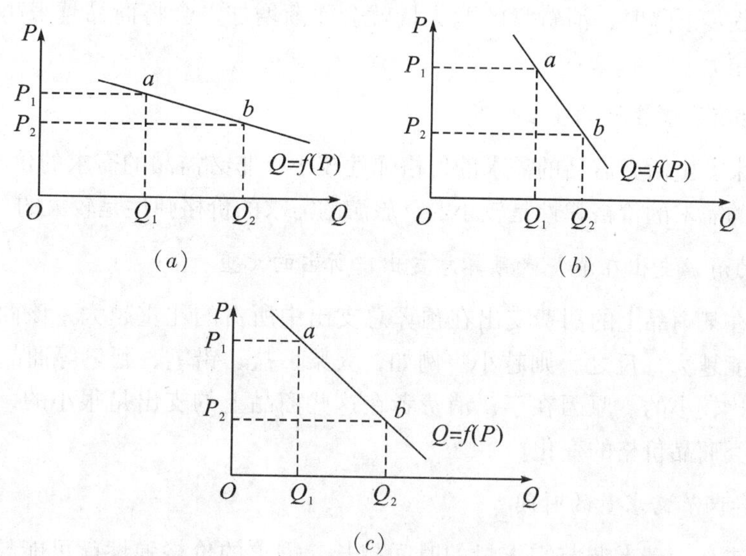

图 2-10　厂商销售收入的三种情况

将 $e_d=\infty$ 和 $e_d=0$ 的两种特殊情况考虑在内，商品的需求的价格弹性和厂商的销售收入之间的综合关系如表 2-4 表示。

表 2-4　　需求的价格弹性和销售收入

	$e_d>1$	$e_d=1$	$e_d<1$	$e_d=0$	$e_d=\infty$
降价	增加	不变	减少	同比例于价格的下降而减少	既定价格下，收益可以无限增加，因此厂商不会降价
涨价	减少	不变	增加	同比例于价格的上升而增加	收益会减少为零

四、影响需求的价格弹性的因素

影响需求的价格弹性的因素是很多的，其中主要有以下几个：

（一）商品的可替代性

一般说来，一种商品的可替代品越多，相近程度越高，则该商品的需求的价格弹性往往就越大；相反，该商品的需求的价格弹性往往就越小。例如，在水果市场，当苹果的价格上升时，消费者就会减少对苹果的需求量，增加对相近的替代品如香蕉的购买。这样，苹果的需求弹性就比较大。又如，对于食盐来说，没有很好的可替代品，因此食盐价格的变化引起的需求量的变化几乎等于零，它的需求的价格弹性是极小的。

（二）商品用途的广泛性

一般说来，一种商品的用途越是广泛，它的需求的价格弹性就可能越大；相反，一种商品的用途越是狭窄，它的需求的价格弹性就可能越小。这是因为，如果一种商品具有多种用途，当它的价格较高时，消费者只购买较少的数量用于最重要的用途上。

当它的价格逐步下降时，消费者的购买量就会逐渐增加，会将商品越来越多地用于其他的各种用途上。

(三) 商品对消费者生活的重要程度

一般说来，生活必需品的需求的价格弹性较小，非必需品的需求的价格弹性较大。例如，大米的需求的价格弹性是较小的，旅游的需求的价格弹性是较大的。

(四) 商品的消费支出在消费者预算总支出中所占的比重

消费者在某商品上的消费支出在预算总支出中所占的比重越大，该商品的需求的价格弹性可能越大；反之，则越小。例如，火柴、盐、铅笔、肥皂等商品的需求的价格弹性就是比较小的。原因在于，消费者在这些商品上的支出是很小的，消费者往往不太重视这类商品价格的变化。

(五) 消费者调节需求量的时间

一般说来，消费者调节需求量的时间越长，需求的价格弹性就可能越大。原因在于，当消费者决定减少或停止对价格上升的某种商品的购买之前，其一般需要花费时间去寻找和了解该商品的可替代品。例如，当石油价格上升时，消费者在短期内不会较大幅度地减少需求量。但设想在长期内，消费者可能找到替代品，于是石油价格上升会导致石油的需求量较大幅度地下降。

需要指出的是，一种商品需求的价格弹性的大小是各种影响因素综合作用的结果。因此，在分析一种商品的需求的价格弹性的大小时，要根据具体情况进行全面的综合分析。

五、需求的交叉价格弹性

如前所述，一种商品的需求量受多种因素的影响，相关商品的价格就是其中的一个因素。假定其他的因素都不发生变化，仅仅研究一种商品的价格变化和它的相关商品的需求量变化之间的关系，则需要运用需求的交叉价格弹性的概念。需求的交叉价格弹性也简称为需求的交叉弹性。

需求的交叉价格弹性表示在一定时期内一种商品的需求量的变动对于它的相关商品价格变动的反应程度。或者说，它表示在一定时期内当一种商品的价格变化1%时引起的另一种商品的需求量变化的百分比。它是该商品的需求量的变动率和该商品的相关商品的价格的变动率的比值。

假定商品 X 的需求量 Q_x 是它的相关商品 Y 的价格 P_y 的函数，即 $Q_x=f(P_y)$，则商品 X 的需求的交叉价格弧弹性公式为：

$$e_{XY}=\frac{\frac{\Delta Q_X}{Q_X}}{\frac{\Delta P_Y}{P_Y}}=\frac{\Delta Q_X}{\Delta P_Y}\cdot\frac{P_Y}{Q_X} \tag{2.11}$$

式中，ΔQ_X 为商品 X 的需求量的变化量；ΔP_Y 为相关商品 Y 的价格的变化量；e_{XY}

为当 Y 商品的价格发生变化时的 X 商品的需求的交叉价格弹性系数。

当 X 商品的需求量的变化量 ΔQ_X 和相关商品价格的变化量 ΔP_Y 均为无穷小时，则商品 X 的需求的交叉价格点弹性公式为：

$$e_{XY}=\lim_{\Delta P_Y\to 0}\frac{\frac{\Delta Q_X}{Q_X}}{\frac{\Delta P_Y}{P_Y}}=\frac{\mathrm{d}Q_X}{\mathrm{d}P_Y}\cdot\frac{P_Y}{Q_X} \tag{2.12}$$

（一）当 $E_{XY}>0$，说明 X 和 Y 是替代品

若两种商品之间存在着替代关系，则一种商品的价格与它的替代品的需求量之间呈同方向的变动，相应的需求的交叉价格弹性系数为正值。例如，当苹果的价格上升时，人们自然会在减少苹果的购买量的同时，增加对苹果的替代品如梨的购买量。

（二）当 $E_{XY}<0$，说明 X 和 Y 是互补品

若两种商品之间存在着互补关系，则一种商品的价格与它的互补品的需求量之间呈反方向的变动，相应的需求的交叉价格弹性系数为负值。例如，当录音机的价格上升时，人们会减少对录音机的需求量，这样作为录音机的互补品的磁带的需求量也会因此而下降。

（三）当 $E_{XY}=0$，说明 X 和 Y 相互独立，互不相关

若两种商品之间不存在相关关系，则意味着其中任何一种商品的需求量都不会因另一种商品的价格变动而发生变化，相应的需求的交叉价格弹性系数为零。

六、需求的收入弹性

需求的收入弹性表示在一定时期内某种商品的需求量的变动对消费者收入量变动的反应程度。或者说，它表示在一定时期内当消费者的收入变化1%时所引起的商品需求量变化的百分比。它是商品的需求量的变动率和消费者的收入量的变动率的比值。

假定某商品的需求量 Q 是消费者收入水平 M 的函数，即 $Q=f(M)$，则该商品的需求的收入弹性公式为：

$$e_M=\frac{\frac{\Delta Q}{Q}}{\frac{\Delta M}{M}}=\frac{\Delta Q}{\Delta M}\cdot\frac{M}{Q} \tag{2.13}$$

或

$$e_M=\lim_{\Delta M\to 0}\frac{\frac{\Delta Q}{Q}}{\frac{\Delta M}{M}}=\frac{\mathrm{d}Q}{\mathrm{d}M}\cdot\frac{M}{Q} \tag{2.14}$$

公式（2.13）和公式（2.14）分别为需求的收入弧弹性公式和点弹性公式。

根据商品的需求的收入弹性数值，可以给商品分类。首先，商品可以分为两类，

分别是正常品和劣等品。其中，正常品是指需求量与收入呈同方向变化的商品；劣等品是指需求量与收入呈反方向变化的商品。其次，还可以将正常品再进一步区分为必需品和奢侈品两类。以上的这种商品分类方法可以用需求的收入弹性来表示。具体地说，$e_M>0$ 的商品为正常品，因为 $e_M>0$ 意味着该商品的需求量与收入水平呈同方向变化；$e_M<0$ 的商品为劣等品，因为 $e_M<0$ 意味着该商品的需求量与收入水平呈反方向变化。在正常品中，$e_M<1$ 的商品为必需品，$e_M>1$ 的商品为奢侈品。当消费者的收入水平上升时，尽管消费者对必需品和奢侈品的需求量都会有所增加，但消费者对必需品的需求量的增加是有限的，或者说，是缺乏弹性的；而消费者对奢侈品的需求量的增加是较多的，或者说，是富有弹性的。

七、供给弹性

供给的价格弹性表示在一定时期内一种商品的供给量的变动对于该商品的价格的变动的反应程度。或者说，供给的价格弹性表示在一定时期内当一种商品的价格变化1%时所引起的该商品的供给量变化的百分比。它是商品的供给量变动率与价格变动率之比。

与需求的价格弹性一样，供给的价格弹性也分为弧弹性和点弹性。

供给的价格弧弹性表示某商品供给曲线上两点之间的弹性。供给的价格点弹性表示某商品供给曲线上某一点的弹性。假定供给函数为 $Q=f(P)$，以 e_s 表示供给的价格弹性系数，则供给的价格弧弹性的公式为：

$$e_s=\frac{\frac{\Delta Q}{Q}}{\frac{\Delta P}{P}}=\frac{\Delta Q}{\Delta P}\cdot\frac{P}{Q} \tag{2.15}$$

供给的价格点弹性的公式为：

$$e_s=\frac{\frac{\mathrm{d}Q}{Q}}{\frac{\mathrm{d}P}{P}}=\frac{\mathrm{d}Q}{\mathrm{d}P}\cdot\frac{P}{Q} \tag{2.16}$$

在通常情况下，商品的供给量和商品的价格是呈同方向变动的，供给量的变化量和价格的变化量的符号是相同的。

供给的价格弹性根据 e_s 值的大小可以分为五个类型。$e_s>1$ 表示富有弹性；$e_s<1$ 表示缺乏弹性；$e_s=1$ 表示单一弹性或单位弹性；$e_s=\infty$ 表示完全弹性；$e_s=0$ 表示完全无弹性。

供给的价格弹性的计算方法和需求的价格弹性是类似的。给定具体的供给函数，则可以根据要求，由公式（2.15）求出供给的价格弧弹性，或由中点公式求出供给的价格弧弹性。供给的价格弧弹性的中点公式为：

$$e_s=\frac{\Delta Q}{\Delta P}\cdot\frac{\frac{P_1+P_2}{2}}{\frac{Q_1+Q_2}{2}} \tag{2.17}$$

供给的价格点弹性可以直接用公式（2.16）求出。

在影响供给的价格弹性的众多因素中，时间因素是一个很重要的因素。当商品的价格发生变化时，厂商对产量的调整需要一定的时间。在很短的时间内，厂商若要根据商品的涨价及时地增加产量，或者根据商品的降价及时地缩减产量，都存在不同程度的困难，相应地，供给弹性是比较小的。但是，在较长的时间内，生产规模的扩大与缩小甚至转产，都是可以实现的，供给量可以对价格变动做出较为充分的反应，供给的价格弹性也就比较大了。

除此之外，在其他条件不变时，生产成本随产量变化而变化的情况和产品的生产周期的长短，也是影响供给的价格弹性的两个重要因素。就生产成本来说，如果产量增加只引起边际成本轻微的提高，则意味着厂商的供给曲线比较平坦，供给的价格弹性可能是比较大的；相反，如果产量增加引起边际成本较大的提高，则意味着厂商的供给曲线比较陡峭，供给的价格弹性可能是比较小的。就产品的生产周期来说，在一定的时期内，对于生产周期较短的产品，厂商可以根据市场价格的变化及时地调整产量，供给的价格弹性相应就比较大；相反，生产周期较长的产品的供给的价格弹性往往就比较小。

习题

1. 已知需求函数 $Q_d=14-3P$，供给函数 $Q_s=2+P$。

（1）求该商品的均衡价格以及均衡时的 e_d、e_s。

（2）此时如果厂商调整价格，对其收益有何影响？

（3）如果供给增加为 $Q_s=5+P$，均衡价格和数量如何变化？

2. 需求曲线向下倾斜，表示当一种商品价格（　　）时，需求量（　　）。

A. 上升，增加　　B. 下降，减少

C. 下降，不变　　D. 下降，增加

3. 消费者收入增加一般会导致（　　）。

A. 需求量沿着需求曲线减少　　B. 需求曲线左移

C. 个人减少他所消费的所有商品的数量　　D. 需求曲线右移

4. 互补品价格下降一般会导致（　　）。

A. 需求量沿着需求曲线减少　　B. 需求曲线左移

C. 个人减少他所消费的所有商品的数量　　D. 需求曲线右移

5. 供给曲线向上倾斜，表示当一种商品价格（　　）时，它的供给量（　　）。

A. 上升，增加　　B. 上升，减少

C. 下降，不变　　　　D. 下降，增加

6. 当一种投入生产的要素价格下降时，一般会导致（　　）。

A. 供给量沿着供给曲线减少　　　　B. 供给曲线左移

C. 供给曲线右移　　　　D. 厂商减少提供的数量

7. 技术进步一般会导致（　　）。

A. 供给曲线右移　　　　B. 供给曲线左移

C. 供给量沿着供给曲线增加　　　　D. 以上都不对

8. 在均衡价格下，（　　）。

A. 需求量超过供给量

B. 消费者和厂商都认为价格合理

C. 供给量超过需求量

D. 供给量等于需求量

9. 在均衡价格下，（　　）。

A. 价格趋于下降　　　　B. 供给量超过需求量

C. 价格趋于上升　　　　D. 价格不发生变动

10. 如果一种商品的需求价格弹性是2，当价格由1美元上升至1.02美元时会导致需求量（　　）。

A. 上升4%　　　　B. 上升2%

C. 下降4%　　　　D. 下降2%

11. 如果一个企业降低其商品的价格之后，发现其收入下降，则（　　）。

A. 商品需求缺乏价格弹性　　　　B. 商品需求富于弹性

C. 商品需求具有单位价格弹性　　　　D. 商品需求曲线向下倾斜

12. 当出租车租金上涨后，人们对公共汽车服务的（　　）。

A. 需求增加　　　　B. 需求减少

C. 需求不变　　　　D. 需求先增后减

13. 若某商品的消费量随着消费收入的增加而减少，则该商品是（　　）。

A. 替代品　　　　B. 互补品

C. 正常品　　　　D. 低档品

14. 下列说法正确的是（　　）。

A. 需求的变动与需求量的变动均是由一种原因引起的

B. 需求的变动由价格以外的其他因素的变动引起，而需求量的变动由价格的变动引起

C. 需求量的变动是由一种因素引起的，需求的变动是由两种及两种以上的因素引起的

D. 需求的变动和需求量的变动是由两种相反的力量变动引起的

15. 鸡蛋的供给量增加是指供给量由于（　　）。

A. 鸡蛋的需求量增加而引起的增加

B. 人们对鸡蛋的偏好而引起的增加

C. 鸡蛋的价格提高而引起的增加

D. 消费者收入的增加而引起的增加

16. 在一条供给曲线上，价格与供给量的组合从 A 点移到 B 点表示（　　）。

A. 供给的变动　　　　B. 收入的变动

C. 供给量的变动　　　　D. 该商品的价格下降

17. 假设某商品的需求曲线为 $Q=3-9P$，该商品的市场均衡价格为 4，那么当需求曲线变为 $Q=5-9P$ 后，均衡价格将（　　）。

A. 大于 4 元　　　　B. 小于 4 元

C. 等于 4 元　　　　D. 无法确定

第三章　消费者行为理论

引导案例

美国总统罗斯福第三次连任总统后，曾有记者问他有何感想，总统一言不发，只是拿出一块三明治面包让记者吃，这位记者不明白总统的用意，又不方便问，只好吃了。接着总统拿出第二块，记者还是勉强吃了。紧接着总统拿出第三块，记者赶紧婉言谢绝。这时罗斯福总统微微一笑："现在你知道我第三次连任总统的滋味了吧。"

教学目的

本章通过分析效用的相关理论，旨在让学生掌握效用论的基本理论以及运用相关理论对现实生活中的现象进行分析。

本章重难点

边际效用、边际效用递减规律、无差异曲线、预算线、消费者均衡。

第一节　基数效用论

一、效用的含义

效用是指商品满足人的欲望的能力评价，或者说，效用是指消费者在消费商品时所感受到的满足程度。一种商品对消费者是否具有效用，取决于消费者是否有消费这种商品的欲望以及这种商品是否具有满足消费者欲望的能力。效用这一概念与人的欲望是联系在一起的，它是消费者对商品满足自己欲望的能力的一种主观心理评价。经济学上对效用的研究可以分为两种方法：基数效用论和序数效用论。本节我们先来介绍基数效用论。

基数和序数这两个术语来自数学。基数是指 1，2，3……基数是可以加总求和的。例如，基数 3 加 9 等于 12，并且 12 是 3 的 4 倍，等等。

核心观点：效用是可以计量并可以加总求和的。效用可以用 1，2，3，4，5，6……衡量。表示效用大小的计量单位被称为效用单位（Utility Unit）。

在 19 世纪末 20 世纪初期，西方经济学家普遍使用基数效用的概念。基数效用论者认为，效用如同长度、重量等概念一样，可以具体衡量并加总求和，具体的效用量之间的比较是有意义的。表示效用大小的计量单位被称为效用单位。例如，对某一个人来说，吃一顿丰盛的晚餐和看一场高水平的足球比赛的效用分别为 5 效用单位和 10 效用单位，则可以说这两种消费的效用之和为 15 效用单位，并且后者的效用是前者的效用的 2 倍。

二、边际效用分析法

基数效用论者除了提出效用可以用基数衡量的假定以外，还提出了边际效用递减规律的假定。

（一）边际效用递减规律

基数效用论者将效用区分为总效用（Total Utility，TU）和边际效用（Marginal Utility，MU）。总效用是指消费者在一定时间内从一定数量的商品的消费中所得到的效用量的总和。边际效用是指消费者在一定时间内增加一单位商品的消费所得到的效用量的增量。假定消费者对一种商品的消费数量为 Q，则总效用函数为：

$$TU=f(q) \tag{3.1}$$

边际效用函数为：

$$MU=\frac{\Delta TU(Q)}{\Delta Q} \tag{3.2}$$

当商品的增加量趋于无穷小，即 $\Delta Q\to 0$ 时有：

$$MU=\lim_{\Delta Q\to 0}\frac{\Delta TU(Q)}{\Delta Q}=\frac{\mathrm{d}TU(Q)}{\mathrm{d}Q} \tag{3.3}$$

利用某商品的效用表（见表 3-1），可以进一步说明边际效用递减规律，理解总效用和边际效用之间的关系。从表 3-1 中可见，当商品的消费量由 0 增加为 1 时，总效用由 0 效用单位增加为 10 效用单位，总效用的增量（即边际效用）为 10 效用单位（10-0=10）。依此类推，当商品的消费量增加为 6 时，总效用达最大值，为 30 效用单位，而边际效用已递减为 0。此时，消费者对该商品的消费已达到饱和点。当商品的消费量再增加为 7 时，边际效用会进一步递减为负值，即-2 效用单位，总效用便下降为 28 效用单位了。

表 3-1　　某商品的效用表

货币的边际效用 $\lambda=2$

商品数量（1）	总效用（2）	边际效用（3）	价格（4）
1	10	10	5
2	18	8	4
3	24	6	3
4	28	4	2
5	30	2	1
6	30	0	0
7	28	-2	

根据表 3-1 绘制的总效用和边际效用曲线如图 3-1 所示。

图 3-1 中的横轴表示商品的数量，纵轴表示效用量，*TU* 曲线和 *MU* 曲线分别为总效用曲线和边际效用曲线。

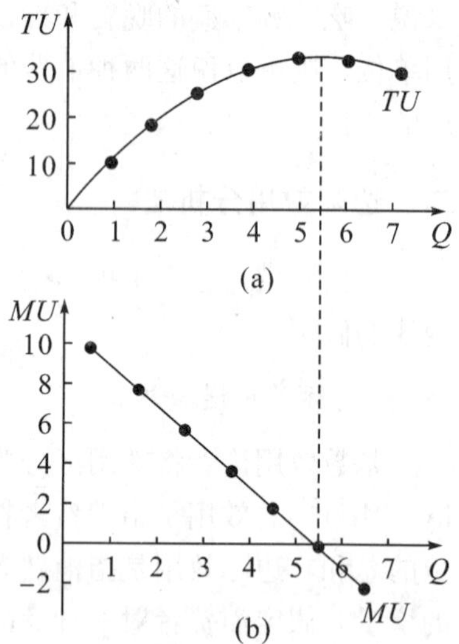

图 3-1　某商品的效用曲线

在图 3-1 中，*MU* 曲线是向右下方倾斜的，反映了边际效用递减规律；相应地，*TU* 曲线是以递减的速率先上升后下降的。当边际效用为正值时，总效用曲线呈上升趋势；当边际效用递减为零时，总效用曲线达最高点；当边际效用继续递减为负值时，总效用曲线呈下降趋势。从数学意义上讲，如果效用曲线是连续的，则每一消费量上的边际效用值就是总效用曲线上相应的点的斜率。

边际效用递减规律的内容是：在一定时间内，在其他商品的消费数量保持不变的条件下，随着消费者对某种商品消费量的增加，消费者从该商品连续增加的每一消费单位中得到的效用增量（即边际效用）是递减的。例如，在一个人饥饿的时候，吃第一个包子给他带来的效用是很大的，随着这个人所吃的包子数量的连续增加，虽然总效用是不断增加的，但每一个包子给他带来的效用增量（即边际效用）却是递减的。当他完全吃饱的时候，包子的总效用达到最大值，而边际效用却降为零。如果他还继续吃包子，就会感到不适，这意味着包子的边际效用进一步降为负值，总效用也开始下降。具体地，可以进一步用表 3-1 中的第（1）栏、第（2）栏和第（3）栏来说明。例如，这个人吃第一个包子时，他评价第一个包子带给自己的效用为 10，即第一个包子的边际效用为 10。当他吃第二个包子时，他对第二个包子的效用的评价下降为 8，即第二个包子的边际效用为 8。但这时他吃 2 个包子的总效用为 18（即 10+8=18）。类似地，当他吃第三个包子时，他对第三个包子的效用的评价进一步下降为 6，即第三个包子的边际效用为 6，而此时吃三个包子的总效用为 24（即 10+8+6=24）……依此类推，直至他吃第六个包子时，边际效用递减为零，总效用达最大值 30，而到吃第七个包子时，边际效用递减为-2，总效用开始下降为 28（即 30-2=28）。

（二）关于货币的边际效用

基数效用论者认为，货币如同商品一样，也具有效用。消费者用货币购买商品，就是用货币的效用去交换商品的效用。商品的边际效用递减规律对于货币也同样适用。对于一个消费者来说，随着货币收入量的不断增加，货币的边际效用是递减的。这就是说，随着某消费者货币收入的逐步增加，每增加一元钱给该消费者带来的边际效用是越来越小的。

但是，在分析消费者行为时，基数效用论者又通常假定货币的边际效用是不变的。据基数效用论者的解释，在一般情况下，消费者的收入是给定的，而且单位商品的价格只占消费者总货币收入量中的很小部分，因此当消费者对某种商品的购买量发生很小的变化时，支出的货币的边际效用的变化是非常小的。对于这种微小的货币的边际效用的变化，可以忽略不计。这样，货币的边际效用便是一个不变的常数。

（三）消费者均衡

消费者均衡是研究单个消费者如何把有限的货币收入分配在各种商品的购买中以获得最大的效用。也可以说，消费者均衡是研究单个消费者在既定收入下实现效用最大化的均衡条件。这里的均衡是指消费者实现最大效用时既不想再增加、也不想再减少任何商品购买数量的一种相对静止的状态。

基数效用论者认为，消费者实现效用最大化的均衡条件是：如果消费者的货币收入水平是固定的，市场上各种商品的价格是已知的，那么消费者应该使自己购买的各种商品的边际效用与价格之比相等。或者说，消费者应该使自己花费在各种商品购买上的最后一元钱所带来的边际效用相等。

假定消费者用既定的收入 I 购买 n 种商品；P_1，P_2，…，P_n 分别为这 n 种商品的既定价格；λ 为不变的货币的边际效用；X_1，X_2，…，X_n 分别表示这 n 种商品的数量；MU_1，MU_2，…，MU_n 分别表示这 n 种商品的边际效用。上述的消费者效用最大化的均衡条件可以用公式表示为：

$$P_1X_1+P_2X_2+\cdots+P_nX_n=I \tag{3.4}$$

$$\frac{MU_1}{P_1}=\frac{MU_2}{P_2}=\cdots=\frac{MU_n}{P_n}=\lambda \tag{3.5}$$

公式（3.4）是限制条件；公式（3.5）是在限制条件下消费者实现效用最大化的均衡条件。公式（3.5）表示消费者应选择最优的商品组合，使得自己花费在各种商品上的最后一元钱带来的边际效用相等，并且等于货币的边际效用。

三、消费者剩余

消费者剩余是消费者在购买一定数量的某种商品时愿意支付的最高总价格和实际支付的总价格之间的差额。

消费者剩余可以用几何图形来表示（见图3-2）。简单地说，消费者剩余可以用消费者需求曲线以下、市场价格线以上的面积来表示，如图3-2中的阴影部分面积所示。消费者剩余是消费者的主观心理评价，它反映消费者通过购买和消费商品所感受到的状态的改善。因此，消费者剩余通常被用来度量和分析社会福利问题。

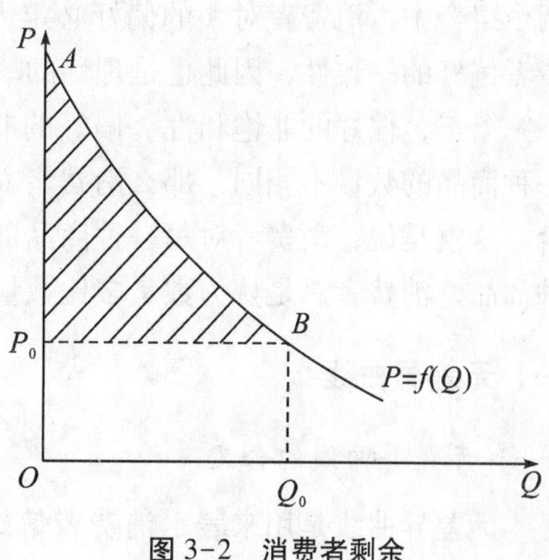

图3-2 消费者剩余

第二节 序数效用论

序数效用论者用无差异曲线分析方法来考察消费者行为，并在此基础上推导出消费者的需求曲线，深入地阐述需求曲线的经济含义。

在介绍序数效用论之前，我们需要先介绍偏好的假定。

序数效用论者认为，商品给消费者带来的效用大小应用顺序或等级来表示。为此，序数效用论者提出了消费者偏好的概念。所谓偏好，就是爱好或喜欢的意思。序数效用论者认为，对于各种不同的商品组合，消费者的偏好程度是有差别的，正是这种偏好程度的差别，反映了消费者对这些不同的商品组合的效用水平的评价。具体地讲，给定 A、B 两个商品组合，如果某消费者对 A 商品组合的偏好程度大于 B 商品组合，那也就是说，这个消费者认为 A 组合的效用水平大于 B 组合，或者说，A 组合给该消费者带来的满足程度大于 B 组合。

序数效用论者提出了关于消费者偏好的三个基本的假定：

第一，偏好的完全性。偏好的完全性指消费者总是可以比较和排列所给出的不同商品组合。换言之，对于任何两个商品组合 A 和 B，消费者总是可以做出，而且也仅仅只能做出以下三种判断中的一种：对 A 的偏好大于对 B 的偏好；对 B 的偏好大于对 A 的偏好；对 A 和 B 的偏好相同（即 A 和 B 是无差异的）。偏好的完全性的假定保证了消费者对于偏好的表达方式是完备的，消费者总是可以把自己的偏好评价准确地表达出来。

第二，偏好的可传递性。偏好的可传递性指对于任何三个商品组合 A、B 和 C，如果消费者对 A 的偏好大于对 B 的偏好，对 B 的偏好大于对 C 的偏好，那么在 A 和 C 这两个组合中，消费者对 A 的偏好必定大于对 C 的偏好。偏好的可传递性假定保证了消费者偏好的一致性，因此也是理性的。

第三，偏好的非饱和性。偏好的非饱和性指如果两个商品组合的区别仅在于其中一种商品的数量不相同，那么消费者总是偏好于含有这种商品数量较多的那个商品组合。这就是说，消费者对每一种商品的消费都没有达到饱和点；或者说，对于任何一种商品，消费者总是认为数量多比数量少好。

一、无差异曲线

（一）无差异曲线的含义

无差异曲线是用来表示消费者偏好相同的两种商品的所有组合的。或者说，无差异曲线是表示能够给消费者带来相同的效用水平或满足程度的两种商品的所有组合的。

在图 3-3 中，A 和 B 两种商品组合不同，A 组合购买 1 单位 X_1 和 5 单位 X_2，B 组合购买 5 单位 X_1 和 1 单位 X_2，但是两个组合的效用是相同的，在同一条无差异曲线上。

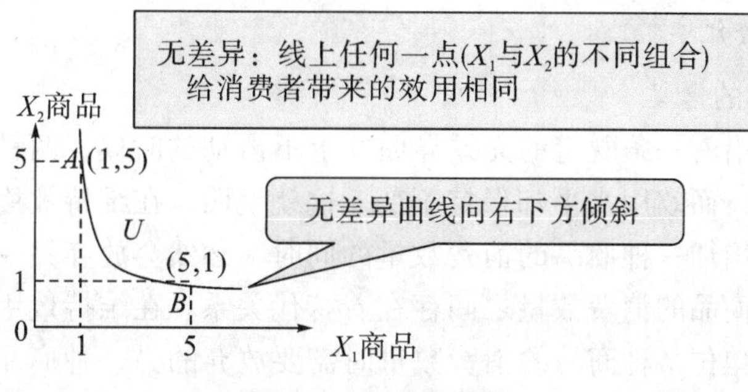

图 3-3　无差异曲线

在此，我们进一步引入效用函数的概念。效用函数表示某一商品组合给消费者带来的效用水平。假定消费者只消费两种商品，则效用函数为：

$$U=f(X_1,X_2) \tag{3.6}$$

公式（3.6）中，X_1和X_2分别为两种商品的数量；U为效用水平。在此基础上，可以将商品数量扩大到很多，与无差异曲线相对应的效用函数为：

$$U=f(X_1,X_2,X_3,\cdots,X_n) \tag{3.7}$$

（二）无差异曲线的特征

（1）无差异曲线是一条向右下方倾斜的曲线，其斜率为负值。

（2）在同一坐标平面图上的任何两条无差异曲线不会相交。这可以用图 3-4 来说明，两条无差异曲线相交于a点，这种画法是错误的。其理由在于：根据无差异曲线的定义，由无差异曲线l_1可得a、b两点的效用水平是相等的，由无差异曲线l_2可得a、c两点的效用水平是相等的。于是，根据偏好可传递性的假定，必定有b和c这两点的效用水平是相等的。但是，观察和比较图 3-4 中b和c这两点的商品组合，可以发现c组合中的每一种商品的数量都多于b组合，于是根据偏好的非饱和性假定，必定有c点的效用水平大于b点的效用水平。这样一来，矛盾产生了：该消费者在认为b点和c点无差异的同时，又认为c点要优于b点，这就违背了偏好的完全性假定。由此证明：对于任何一个消费者来说，两条无差异曲线不会相交，因此图中的画法是错误的。

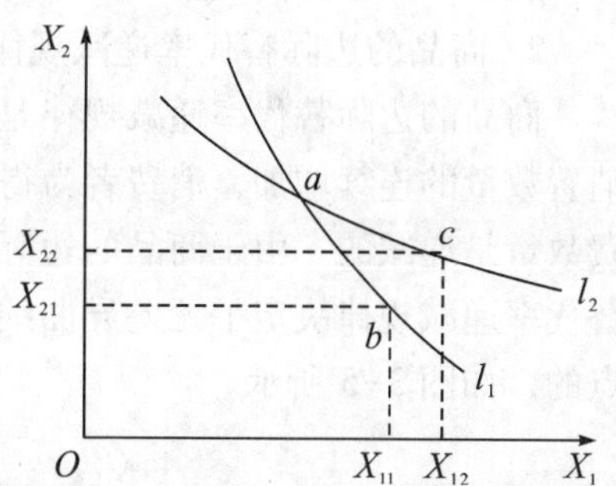

图 3-4　违反偏好假定的无差异曲线

（3）在同一平面上，可以有无数条无差异曲线，代表不同的效用水平，离原点越远的曲线上的点效用越大。

（4）无差异曲线是凸向原点的。这就是说，无差异曲线不仅向右下方倾斜，即无差异曲线的斜率为负值，而且无差异曲线是以凸向原点的形状向右下方倾斜的，即无差异曲线的斜率的绝对值是递减的。为什么无差异曲线具有凸向原点的特征呢？这取决于商品的边际替代率递减规律。

（三）商品的边际替代率

1. 边际替代率的含义

当一个消费者沿着一条既定的无差异曲线上下滑动的时候，两种商品的数量组合会不断地发生变化，而效用水平却保持不变。这就说明，在维持效用水平不变的前提条件下，消费者在增加一种商品的消费数量的同时，必然会放弃另一种商品的一部分消费数量，即两种商品的消费数量之间存在着替代关系。在维持效用水平不变的前提下，消费者增加一单位某种商品的消费数量时需要放弃的另一种商品的消费数量被称为商品的边际替代率（*MRS*）。商品 1 对商品 2 的边际替代率的定义公式为：

$$MRS_{12}=-\frac{\Delta X_2}{\Delta X_1} \tag{3.8}$$

公式（3.8）中，ΔX_1 和 ΔX_2 分别为商品 1 和商品 2 的变化量。由于 ΔX_1 是增加量，ΔX_2 是减少量，两者的符号肯定是相反的。因此，为了使 MRS_{12} 的计算结果是正值，以便于比较，就在公式中加了一个负号。

当商品数量的变化趋于无穷小时，则商品的边际替代率公式为：

$$MRS_{12}=\lim_{\Delta x_1\to 0}-\frac{\Delta X_2}{\Delta X_1}=-\frac{dX_2}{dX_1} \tag{3.9}$$

显然，无差异曲线上某一点的边际替代率就是无差异曲线在该点的斜率的绝对值。

2. 商品的边际替代率递减规律

商品的边际替代率递减规律是指在维持效用水平不变的前提下，随着一种商品的消费数量的连续增加，消费者为得到每一单位的这种商品需要放弃的另一种商品的消费数量是递减的。由于商品的边际替代率就是无差异曲线的斜率的绝对值，因此边际替代率递减规律决定了无差异曲线的斜率的绝对值是递减的，即无差异曲线是凸向原点的，如图 3-5 所示。

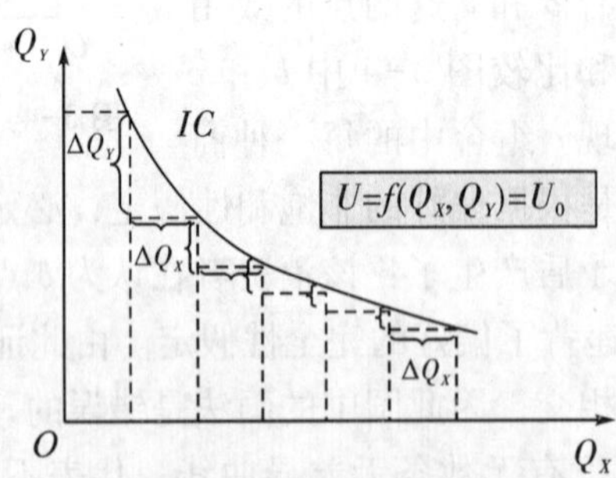

图 3-5 商品替代率递减的图示

（四）无差异曲线的特殊形状

无差异曲线的形状表明在维持效用水平不变的前提下一种商品对另一种商品的替代程度。由边际替代率递减规律决定的无差异曲线的形状是凸向原点的，这是无差异曲线的一般形状。下面，我们介绍两种极端的情况。

1. 完全替代品情况

完全替代品指两种商品之间的替代比例是固定不变的情况。因此，在完全替代的情况下，两商品之间的边际替代率 MRS_{12} 就是一个常数，相应的无差异曲线是一条斜率不变的直线。例如，在某消费者看来，一杯牛奶和一杯咖啡是无差异的，两者总是能以 1∶1 的比例相互替代，相应的无差异曲线如图 3-6（a）所示。

2. 完全互补品情况

完全互补品指两种商品必须按固定不变的比例同时被使用的情况。因此，在完全互补的情况下，相应的无差异曲线为直角形状。例如，一副眼镜架必须和两片眼镜片配合时，才能构成一副可供使用的眼镜，相应的无差异曲线如图 3-6（b）所示。图 3-6（b）中水平部分的无差异曲线部分表示，对于一副眼镜架而言，只需要两片眼镜片即可，任何超量的眼镜片都是多余的。换言之，消费者不会放弃任何一副眼镜架去换取额外的眼镜片，因此相应的 $MRS_{12}=0$。

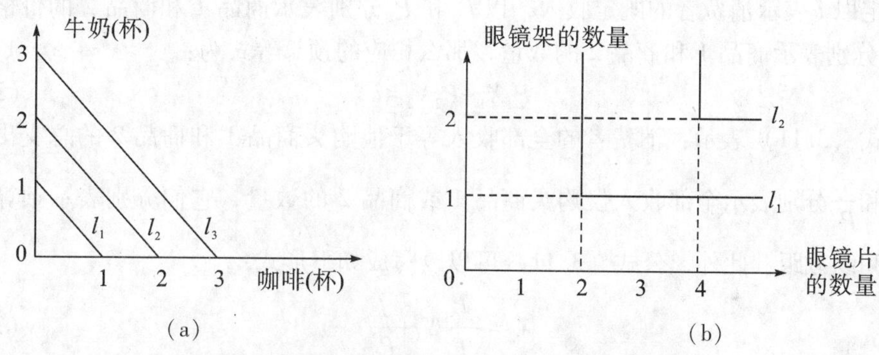

图 3-6　完全替代品和完全互补品的无差异曲线

二、预算线

（一）预算线的含义

预算线又称为预算约束线、消费可能线和价格线。预算线表示在消费者的收入和商品的价格给定的条件下，消费者的全部收入所能购买到的两种商品的各种组合。假定某消费者的一笔收入为 120 元，全部用来购买商品 1 和商品 2，其中商品 1 的价格 $P_1=4$ 元，商品 2 的价格 $P_2=3$ 元。那么，全部收入都用来购买商品 1 可得 30 单位，全部收入用来购买商品 2 可得 40 单位。由此做出的预算线为图 3-7 中的线段 AB。

图 3-7 中预算线的横截距 OB 和纵截距 OA 分别表示全部收入用来购买商品 1 和商品 2 的数量。预算线的斜率是两商品的价格之比的相反数，即 $-\frac{P_1}{P_2}$。预算线的斜率可以写为：

$$-\frac{OA}{OB}=-\frac{\frac{120}{P_2}}{\frac{120}{P_1}}=-\frac{P_1}{P_2} \tag{3.10}$$

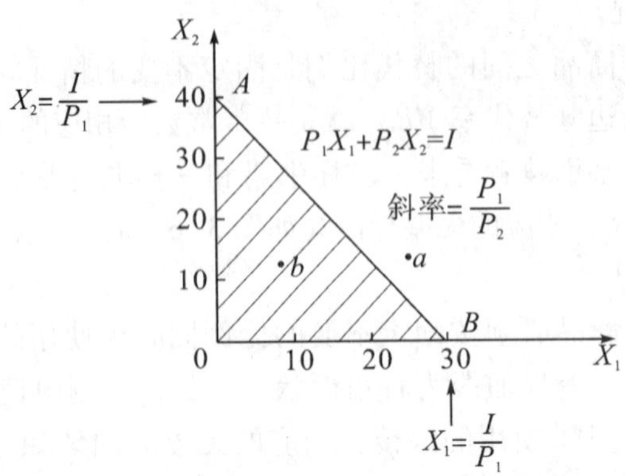

图 3-7　预算线

下面，我们由以上的具体举例转向对预算线的一般分析。

假定以 I 表示消费者的既定收入，以 P_1 和 P_2 分别表示商品 1 和商品 2 的价格，以 X_1 和 X_2 分别表示商品 1 和商品 2 的数量，那么相应的预算等式为：

$$P_1X_1+P_2X_2=I \tag{3.11}$$

公式（3.11）表示：消费者的全部收入等于他购买商品 1 和商品 2 的总支出。可以用 $\frac{I}{P_1}$ 和 $\frac{I}{P_2}$ 分别表示全部收入仅购买商品 1 或商品 2 的数量，它们分别表示预算线的横截距和纵截距。此外，公式（3.11）可以改写成如下形式：

$$X_2=-\frac{P_1}{P_2}X_1+\frac{I}{P_2} \tag{3.12}$$

公式（3.12）的预算线方程告诉我们，预算线的斜率为 $-\frac{P_1}{P_2}$，纵截距为 $\frac{I}{P_2}$。

除此之外，从图 3-7 中还可以看到，预算线 AB 把平面坐标图划分为三个区域：预算线 AB 以外的区域中的任何一点，如 a 点，表示消费者利用全部收入都不可能实现的商品购买的组合点；预算线 AB 以内的区域中的任何一点，如 b 点，表示消费者的全部收入在购买该点的商品组合以后还有剩余；唯有预算线 AB 上的任何一点，才是消费者的全部收入刚好花完所能购买到的商品组合点。图 3-7 中的阴影部分的区域（包括直角三角形的三条边）被称为消费者的预算可行集或预算空间。

（二）预算线的变动

预算线的变动可以归纳为以下四种情况。

第一种情况：两种商品的价格 P_1 和 P_2 不变，消费者的收入 I 发生变化。这时相应的预算线的位置会发生平移。其理由是，P_1 和 P_2 不变，意味着预算线的斜率 $-\frac{P_1}{P_2}$ 保持不变。于是，I 的变化只能使得预算线的横截距、纵截距发生变化，如图 3-8（a）所示。

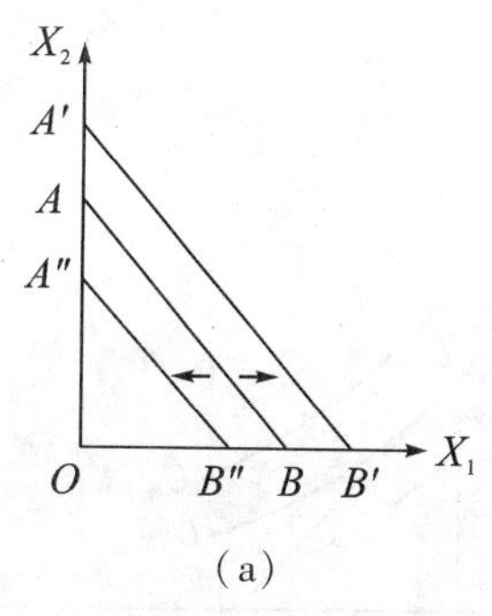

(a)

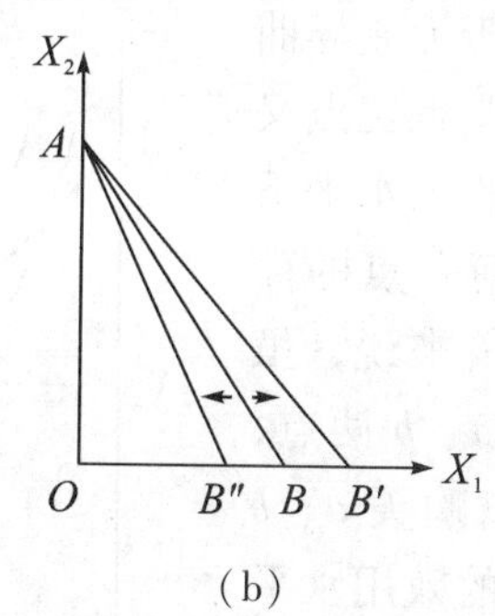

(b)

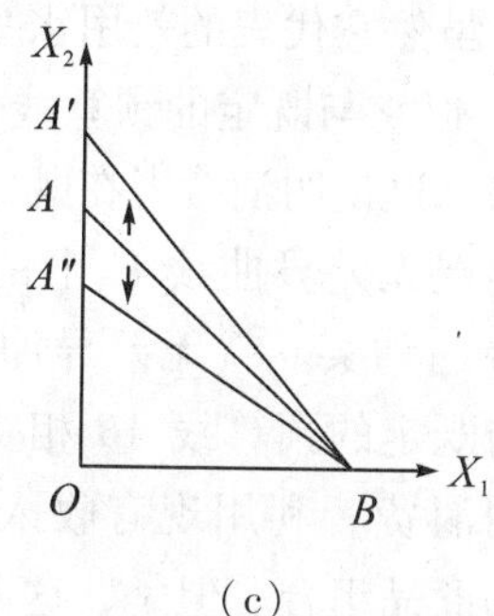

(c)

图 3-8 预算线的变动

第二种情况：消费者的收入 I 不变，两种商品的价格 P_1 和 P_2 同比例、同方向发生变化。这时相应预算线的位置也会发生平移。其理由是 P_1 和 P_2 同比例、同方向的变化并不影响预算线的斜率 $-\frac{P_1}{P_2}$，而只能使预算线的横截距、纵截距发生变化，如图 3-8(a)所示。

第三种情况：当消费者的收入 I 不变，商品 1 的价格 P_1 发生变化，而商品 2 的价格 P_2 保持不变。这时预算线的斜率 $-\frac{P_1}{P_2}$ 会发生变化，预算线的横截距 $\frac{I}{P_1}$ 也会发生变化，但是预算线的纵截距 $\frac{I}{P_2}$ 保持不变，如图 3-8（b）所示。

第四种情况：消费者的收入 I 与两种商品的价格 P_1 和 P_2 都同比例、同方向发生变化。这时预算线不发生变化。其理由是此时预算线的斜率 $-\frac{P_1}{P_2}$ 以及预算线的横截距和纵截距都不会发生变化。它表示消费者的全部收入用来购买任何一种商品的数量都未发生变化。

三、消费者的均衡

在已知消费者的偏好和预算线约束的前提下，就可以分析消费者对最优商品组合的选择。具体的做法是把前面考察过的消费者的无差异曲线和预算线结合在一起，来分析消费者追求效用最大化的购买选择行为。

消费者的最优购买行为必须满足两个条件：第一，最优的商品购买组合必须是消费者最偏好的商品组合。也就是说，最优的商品购买组合必须是能够给消费者带来最大效用的商品组合。第二，最优的商品购买组合必须位于给定的预算线上。

下面，我们利用图 3-9 来具体说明消费者的最优购买行为。

图 3-9 中有一条预算线 AB 和三条无差异曲线 U_1、U_2、U_3，只有预算线 AB 和无差异曲线 U_2 的相切点 E，才是消费者在给定的预算约束下能够获得最大效用的均衡点。在均衡点 E 处，相应的最优购买组合为（X_1^*，X_2^*）。

为什么唯有 E 点才是消费者效用最大化的均衡点呢？这是因为，就无差异曲线 U_3

来说，虽然它代表的效用水平高于无差异曲线 U_2，但它与既定的预算线 AB 既无交点又无切点。这说明消费者在既定的收入水平下无法实现无差异曲线 U_3 上的任何一点的商品组合的购买。就无差异曲线 U_1 来说，虽然它与既定的预算线 AB 相交于 a、b 两点，这表明消费者利用现有收入可以购买 a、b 两点的商品组合。但是，这两点的效用水平低于无差异曲线 U_2，因此，理性的消费者不会用全部收入去购买无差异曲线 U_1 上 a、b 两点的商品组合。事实上，就 a 点和 b 点来说，若消费者能改变购买组合，选择 AB 线段上位于 a 点右边或 b 点左边的任何一点的商品组合，则都可以达到比 U_1 更高的无差异曲线，以获得比 a 点和 b 点更大的效用水平。这种沿着 AB 线段由 a 点往右和由 b 点往左的运动，最后必定在 E 点达到均衡。显然，只有当既定的预算线 AB 和无差异曲线 U_2 相切于 E 点时，消费者才在既定的预算约束条件下获得最大的满足。因此，E 点就是消费者实现效用最大化的均衡点。

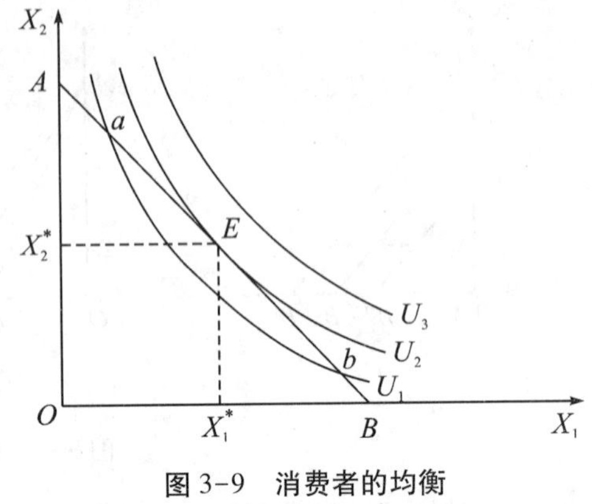

图 3-9　消费者的均衡

最后，需要找出消费者效用最大化的均衡条件。在切点 E，无差异曲线和预算线两者的斜率是相等的。我们已经知道，无差异曲线的斜率的绝对值就是商品的边际替代率 MRS_{12}，预算线的斜率的绝对值可以用两商品的价格之比 $\frac{P_1}{P_2}$ 来表示。

由此，在均衡点 E 有：

$$MRS_{12}=\frac{P_1}{P_2} \tag{3.13}$$

这就是消费者效用最大化的均衡条件。它表示在一定的预算约束下，为了实现最大的效用，消费者应该选择最优的商品组合，使得两商品的边际替代率等于两商品的价格之比。也可以这样理解，在消费者的均衡点上，消费者愿意用一单位的某种商品去交换的另一种商品的数量（即 MRS_{12}），应该等于该消费者能够在市场上用一单位的这种商品去交换得到的另一种商品的数量（即 $\frac{P_1}{P_2}$）。

第三节　需求曲线的推导

一、价格—消费曲线

在其他条件均保持不变时，一种商品价格的变化会使消费者效用最大化的均衡点的位置发生移动，并由此可以得到价格—消费曲线。价格—消费曲线是在消费者的偏好、收入以及其他商品价格不变的条件下，与某一种商品的不同价格水平相联系的消费者效用最大化的均衡点的轨迹。具体以图 3-10 来说明价格—消费曲线的形成。

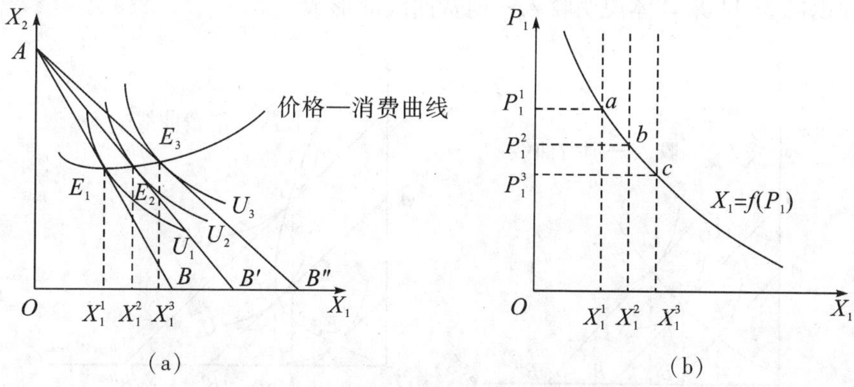

图 3-10 价格—消费曲线和消费者的需求曲线

在图 3-10（a）中，假定商品 1 的初始价格为 P_1^1，相应的预算线为 AB，它与无差异曲线 U_1 相切于效用最大化的均衡点 E_1。如果商品 1 的价格由 P_1^1 下降为 P_1^2，相应的预算线由 AB 移至 AB'，于是 AB' 与另一种水平较高的无差异曲线 U_2 相切于均衡点 E_2。如果商品 1 的价格再由 P_1^2 继续下降为 P_1^3，相应的预算线由 AB' 移至 AB''，于是 AB'' 与另一条水平更高的无差异曲线 U_3 相切于均衡点 E_3……不难发现，随着商品 1 的价格的不断变化，可以找到无数个如 E_1、E_2 和 E_3 那样的均衡点，它们的轨迹就是价格—消费曲线。

二、消费需求曲线

由消费者的价格—消费曲线可以推导出消费者的需求曲线。

分析图 3-10（a）中价格—消费曲线上的三个均衡点 E_1、E_2 和 E_3，可以看出，在每一个均衡点上，都存在着商品 1 的价格与商品 1 的需求量之间一一对应的关系。根据商品 1 的价格和需求量之间的这种对应关系，把每一个 P_1 数值和相应的均衡点上的 X_1 数值绘制在商品的价格—数量坐标图上，便可以得到单个消费者的需求曲线。这便是图 3-10（b）中的需求曲线 $X_1=f(P_1)$。在图 3-10（b）中，横轴表示商品 1 的数量 X_1，纵轴表示商品 1 的价格 P_1。图 3-10（b）中需求曲线 $X_1=f(P_1)$ 上的 a、b、c 点分别和图 3-10（a）中的价格—消费曲线上的均衡点 E_1、E_2、E_3 相对应。

至此，我们介绍了序数效用论者如何从对消费者经济行为的分析中推导消费者的需求曲线。由图 3-10 可见，序数效用论者推导的需求曲线一般是向右下方倾斜的，它表示商品的价格和需求量呈反方向变化。尤其是，需求曲线上与每一价格水平相对应的商品需求量都是可以给消费者带来最大效用的均衡数量。

三、收入—消费曲线

在其他条件不变而仅有消费者的收入水平发生变化时，也会改变消费者效用最大化的均衡量的位置，并由此可以得到收入—消费曲线。收入—消费曲线是在消费者的偏好和商品的价格不变的条件下，与消费者的不同收入水平相联系的消费者效用最大化的均衡点的轨迹。

下面以图 3-11 来具体说明收入—消费曲线的形成。

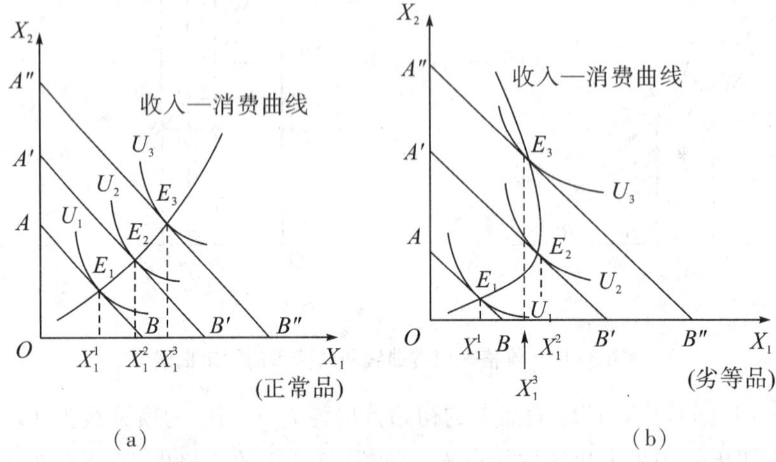

图 3-11　收入—消费曲线

在图 3-11（a）中，随着收入水平的不断增加，预算线由 AB 移至 $A'B'$，再移至 $A''B''$，于是，形成了三个不同收入水平下的消费者效用最大化的均衡点 E_1、E_2 和 E_3。如果收入水平的变化是连续的，则可以得到无数个这样的均衡点的轨迹，这便是图 3-11(a) 中的收入—消费曲线。图 3-11（a）中的收入—消费曲线是向右上方倾斜的，它表示随着收入水平的增加，消费者对商品 1 和商品 2 的需求量都是上升的，因此图 3-11（a）中的两种商品都是正常品。

在图 3-11（b）中，采用与图 3-11（a）中相类似的方法，随着收入水平的连续增加，描绘出了另一条收入—消费曲线。但是图 3-11（b）中的收入—消费曲线是向后弯曲的，它表示随着收入水平的增加，消费者对商品 1 的需求量开始是增加的，但当收入上升到一定水平之后，消费者对商品 1 的需求量反而减少了。这说明，在一定的收入水平上，商品 1 由正常品变成了劣等品。我们可以在日常经济生活中找到这样的例子。例如，对某些消费者来说，在收入水平较低时，土豆是正常品；而在收入水平较高时，土豆就有可能成为劣等品。因为在人们变得较富裕的时候，人们可能会减少对土豆的消费量，而增加对肉类与其他食物的消费量。

四、恩格尔曲线

由消费者的收入—消费曲线可以推导出消费者的恩格尔曲线。

恩格尔曲线表示消费者在每一收入水平下对某商品的需求量。与恩格尔曲线相对应的函数关系为 $X=f(I)$。其中，I 为收入水平；X 为某种商品的需求量。图 3-11 中的收入—消费曲线反映了消费者的收入水平和商品的需求量之间存在着一一对应的关系。以商品 1 为例，当收入水平为 I_1 时，商品 1 的需求量为 X_1^1；当收入水平增加为 I_2 时，商品 1 的需求量增加为 X_1^2；当收入水平再增加为 I_3 时，商品 1 的需求量变动为 X_1^3……把这种一一对应的收入和需求量的组合描绘在相应的平面坐标图中，便可以得到相应的恩格尔曲线，如图 3-12 所示。

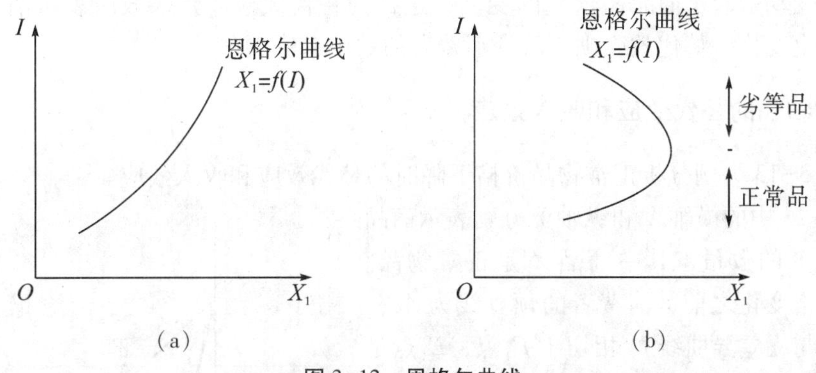

图 3-12　恩格尔曲线

图 3-12（a）和图 3-11（a）是相对应的，图中的商品 1 是正常品，商品 1 的需求量 X_1 随着收入水平 I 的上升而增加。图 3-12（b）和图 3-11（b）是相对应的，在一定的收入水平上，图中的商品 1 由正常品转变为劣等品。或者说，在较低的收入水平范围，商品 1 的需求量与收入水平呈同方向的变动；在较高的收入水平范围，商品 1 的需求量与收入水平呈反方向的变动。

第四节　替代效应和收入效应

一种商品价格的变化会引起该商品的需求量的变化，这种变化可以被分解为替代效应和收入效应两个部分。

一、替代效应和收入效应的含义

当一种商品的价格发生变化时，会对消费者产生两种影响：一是使消费者的实际收入水平发生变化。在这里，实际收入水平的变化被定义为效用水平的变化。二是使商品的相对价格发生变化。这两种变化都会改变消费者对该种商品的需求量。

例如，在消费者购买商品 X 和商品 Y 两种商品的情况下，当商品 X 的价格下降时，一方面，对于消费者来说，虽然货币收入不变，但是现有的货币收入的购买力增强了，也就是说实际收入水平提高了，实际收入水平的提高会使消费者改变对这两种商品的购买量，从而达到更高的效用水平，这就是收入效应；另一方面，商品 X 的价格下降，使得商品 X 相对于价格不变的商品 Y 来说，比以前便宜了。商品相对于价格的这种变化，会使消费者增加对商品 X 的购买而减少对商品 Y 的购买，这就是替代效应。显然，替代效应不考虑实际收入水平变动的影响，因此替代效应不改变消费者的效用水平。当然，也可以同样地分析商品 X 的价格提高时的替代效应和收入效应，结果是相反的。

综上所述，一种商品的价格变动引起的该商品需求量变动的总效应可以被分解为替代效应和收入效应两个部分，即总效应=替代效应+收入效应。其中，由商品的价格变动引起了实际收入水平的变动，进而由实际收入水平的变动引起了商品需求量的变动，这称为收入效应。由商品的价格变动引起了商品相对价格的变动，进而由商品的相对价格变动引起了商品需求量的变动，这称为替代效应。收入效应表示消费者的效用水平发生变化，替代效应则不改变消费者的效用水平。

二、正常物品的替代效应和收入效应

以图 3-13 为例分析正常物品价格下降时的替代效应和收入效应。

图 3-13 中的横轴 X 和纵轴 Y 分别表示商品 X 和商品 Y 的数量，其中商品 X 是正常物品。在商品价格变化之前，消费者的预算线为 AB_1，该预算线与无差异曲线 U_1 相切于 E_1 点，E_1 点是消费者效用最大化的一个均衡点。在 E_1 均衡点上，相应的商品 X 的需求量为 X_1。现假定商品 X 的价格 P_x 下降使预算线的位置由 AB_1 移至 AB。新的预算线 AB 与另一条代表更高效用水平的无差异曲线 U_2 相切于 E_2 点，E_2 点是商品 X 的价格下降以后的消费者的效用最大化的均衡点。在均衡点 E_2 上，相应的商品 X 的需求量为 X_2。比较 E_1、E_2 两个均衡点，商品 X 的需求量的增加量为 X_1X_2，这便是商品 X 的价格 P_x 下降所引起的总效应。这个总效应可以被分解为替代效应和收入效应两个部分。

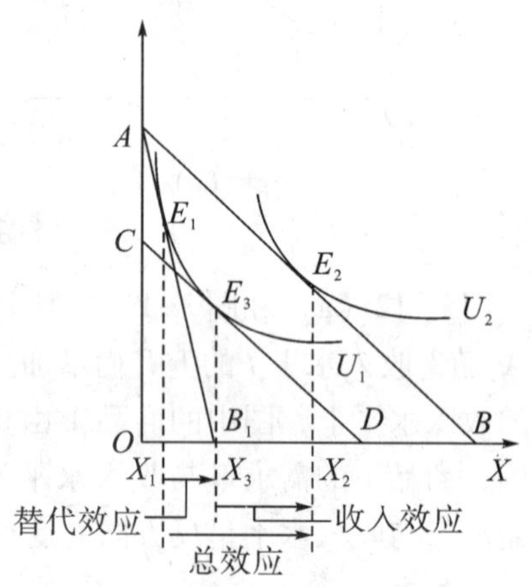

图 3-13　正常品的替代效应和收入效应

首先，我们来分析替代效应。

在图 3-13 中，由于商品 X 的价格 P_x 下降，消费者的效用水平提高了，消费者的新的均衡点 E_2 不是在原来的无差异曲线 U_1 上而是在更高的无差异曲线 U_2 上。为了得到替代效应，必须剔除实际收入水平变化的影响，使消费者回到原来的无差异曲线 U_1 上去。要做到这一点，需要利用补偿预算线这一分析工具。

什么是补偿预算线？当商品的价格发生变化引起消费者的实际收入水平发生变化时，补偿预算线是用来表示以假设的货币收入的增减来维持消费者的实际收入水平不变的一种分析工具。具体地说，在商品的价格下降引起消费者的实际收入水平提高时，假设可以取走消费者的一部分货币收入，以使消费者的实际收入维持原有的水平，则补偿预算线在此就可以用来表示使消费者的货币收入下降到只能维持原有的无差异曲线的效用水平（即原有的实际收入水平）这一情况。相反，在商品的价格上升引起消费者的实际收入水平下降时，假设可以对消费者的损失给予一定的货币收入补偿，以使消费者的实际收入维持原有的水平，则补偿预算线在此就可以用来表示使消费者的货币收入提高到得以维持原有的无差异曲线的效用水平（即原有的实际收入水平）这一情况。

在图 3-13 中，为了剔除实际收入水平变化的影响，使消费者能够回到原有的无差异曲线 U_1 上去。其具体的做法是：作一条平行于预算线 AB 且与无差异曲线 U_1 相切的补偿预算线 CD。这种做法的含义是：补偿预算线 CD 与无差异曲线 U_1 相切，表示假设的货币收入的减少（预算线的位置由 AB 向左平移到 CD）刚好能使消费者回到原有的效用水平。补偿预算线 CD 与预算线 AB 平行，则这两条预算线的斜率相同，表示商品 X 的价格和商品 Y 的价格的一个相同的比值$\frac{P_x}{P_y}$，而且这个商品的相对价格$\frac{P_x}{P_y}$是商品 X 的价格 P_x变化以后的相对价格。补偿预算线 CD 与无差异曲线 U_1相切于均衡点 E_3，与原来的均衡点 E_1相比，需求量的增加量为 X_1X_3，这个增加量就是在剔除了实际收入水平变化影响以后的替代效应。

进一步地，就预算线 AB_1和补偿预算线 CD 而言，它们分别与无差异曲线 U_1相切于 E_1、E_3两点，但斜率却是不相等的。预算线 AB_1的斜率绝对值大于补偿预算线 CD，由此可以推知，预算线 AB_1表示的商品的相对价格$\frac{P_x}{P_y}$大于补偿预算线 CD 表示的商品的相对价格。显然，这是由于 P_x下降，P_y不变引起的。在这种情况下，当预算线由 AB_1移至 CD 时，随着商品的相对价格$\frac{P_x}{P_y}$变小，消费者为了维持原有的效用水平，其消费必然会沿着既定的无差异曲线 U，由 E_1点下滑到 E_3点，增加对商品 X 的购买而减少对商品 Y 的购买，即用商品 X 去替代商品 Y。于是，由 E_1点到 E_3点的商品 X 的需求量的增加量为 X_1X_3，便是 P_x下降的替代效应。它显然归因于商品相对价格的变化，它不改变消费者的效用水平。在这里，P_x下降所引起的需求量的增加量 X_1X_3是一个正值，即替代效应的符号为正。也就是说，正常物品的替代效应与价格成反方向的变动。

其次，我们来分析收入效应。

收入效应是总效应的另一个组成部分，把补偿预算线 CD 再推回到 AB 的位置上去，于是消费者的效用最大化的均衡点就会由无差异曲线 U_1上的 E_3点回到无差异曲线 U_2上的 E_2点，相应的需求量的变化量 X_3X_2就是收入效应。这是因为，在上面分析替代效应时，是为了剔除实际收入水平的影响，才将预算线 AB 移到补偿预算线 CD 的位置。因此，当预算线由 CD 的位置再回到 AB 的位置时，相应的需求量的增加量 X_3X_2必然就是收入效应。收入效应显然归因于商品 X 的价格变化所引起的实际收入水平的变化，它改变了消费者的效用水平。

收入效应 X_3X_2是一个正值。这是因为，当 P_x下降使得消费者的实际收入水平提高时，消费者必定会增加对正常物品商品 X 的购买。也就是说，正常物品的收入效应与价格呈反方向的变动。

综上所述，对于正常物品来说，替代效应与价格呈反方向的变动，收入效应也与价格呈反方向的变动，在它们的共同作用下，总效应必定与价格呈反方向的变动。正因为如此，正常物品的需求曲线是向右下方倾斜的。

三、低档物品的替代效应和收入效应

商品可以分为正常物品和低档物品两大类。正常物品和低档物品的区别在于正常物品的需求量与消费者的收入水平呈同方向的变动，即正常物品的需求量随着消费者收入水平的提高而增加，随着消费者收入水平的下降而减少。低档物品的需求量与消费者的收入水平呈反方向的变动，即低档物品的需求量随着消费者收入水平的提高而减少，随着消费者收入水平的下降而增加。

首先，我们分析低档品的替代效应。

在图 3-14 中，商品 X 是低档品，商品 X 的价格 P_x 下降，消费者的效用水平提高了，消费者的新的均衡点 E_2 不是在原来的无差异曲线 U_1 上而是在更高的无差异曲线 U_2 上。补偿预算线 CD 与无差异曲线 U_1 相切于均衡点 E_3，与原来的均衡点 E_1 相比，需求量的增加量为 X_1X_3，这就是替代效应。由 E_1 点下滑到 E_3 点，增加对商品 X 的购买而减少对商品 Y 的购买，即用商品 X 去替代商品 Y。低档品的替代效应与价格也呈反方向的变动。

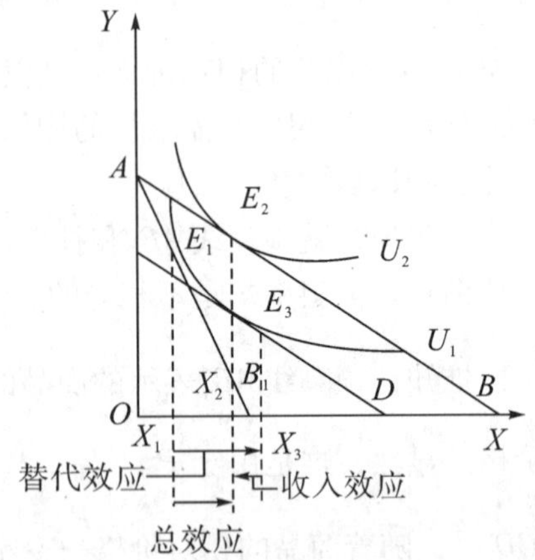

图 3-14　低档品的替代效应和收入效应

其次，我们分析低档品的收入效应。

在图 3-14 中，把补偿预算线 CD 再推回到 AB 的位置上去，消费者效用最大化的均衡点就会由无差异曲线 U_1 上 E_3 点回到无差异曲线 U_2 上的 E_2 点，相应的需求量的减少量 X_2X_3 就是收入效应。

低档品的收入效应 X_2X_3 是一个负值，也就是说低档品的收入效应与价格呈反方向的变动，即当 P_x 下降使得消费者的实际收入水平提高时，消费者必定会减少对低档物品商品 X 的购买。

综上所述，对于低档物品来说，替代效应与价格呈反方向的变动，收入效应与价格呈同方向的变动。在大多数的场合，收入效应的作用小于替代效应的作用，因此总效应与价格呈反方向的变动，相应的需求曲线是向右下方倾斜的。

但是某些低档物品的收入效应的作用会大于替代效应的作用，于是就会出现违反需求曲线向右下方倾斜的现象，这类物品就是吉芬物品。

四、吉芬物品的替代效应和收入效应

英国人吉芬于 19 世纪发现，1845 年爱尔兰发生灾荒，土豆价格上升，但是土豆需求量却反而增加了。这一现象在当时被称为“吉芬难题”。这类需求量与价格呈同方向变动的特殊商品以后也因此被称为吉芬物品。

吉芬物品是一种特殊的低档物品，吉芬物品的替代效应与价格呈反方向的变动，收入效应则与价格呈同方向的变动。吉芬物品的特殊性就在于：它的收入效应的作用很大，以至于超过了替代效应的作用，从而使得总效应与价格呈同方向的变动。

这也就是吉芬物品的需求曲线呈现出向右上方倾斜的特殊形状的原因。

在图 3-15 中，低档品降价，E_1 到 E_3，b_1 到 b_3 是低档品的替代效应，替代效应和价格呈反方向变动。

E_3 到 E_2，b_3 到 b_2 是低档品的收入效应，收入效应和价格呈同方向变动，并且收入效应大于替代效应。这就导致总效应 E_1 到 E_2，b_1 到 b_2，总效应使得需求量减少，总效应和价格呈反方向变动。

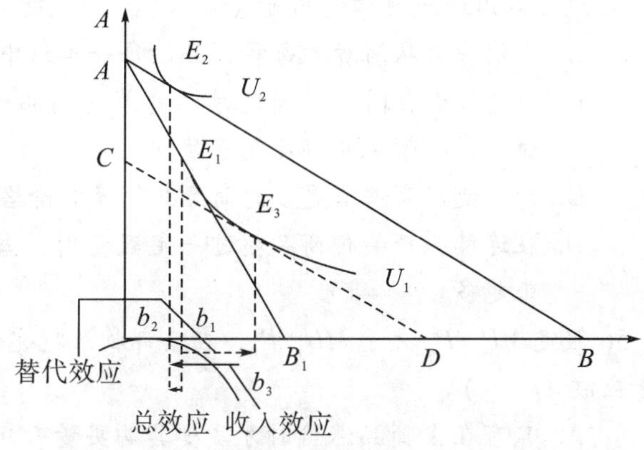

图 3-15 吉芬物品的替代效应和收入效应

运用以上分析的结论就可以解释"吉芬难题"了。在19世纪中叶的爱尔兰，购买土豆的消费支出在大多数的贫困家庭的收入中占一个较大的比例，于是土豆价格的上升导致贫困家庭实际收入水平大幅度下降。在这种情况下，变得更穷的人们不得不大量地增加对劣等物品土豆的购买，这样形成的收入效应是很大的，它超过了替代效应，造成了土豆的需求量随着土豆价格的上升而增加的特殊现象。

现将本节分析正常物品、低档物品和吉芬物品的替代效应和收入效应所得到的结论罗列在表 3-2 中。

表 3-2 商品价格变化所引起的替代效应和收入效应

商品类别	替代效应与价格的关系	收入效应与价格的关系	总效应与价格的关系	需求曲线的形状
正常物品	反方向变化	反方向变化	反方向变化	向右下方倾斜
低档物品	反方向变化	同方向变化	反方向变化	向右下方倾斜
吉芬物品	反方向变化	同方向变化	同方向变化	向右上方倾斜

习题

一、单项选择

1. 消费者购买每单位物品支付的价格一定等于（　　）。

A. 消费者从消费第一单位的这种物品中获得的边际效用

B. 消费者从消费这种物品中获得的总效用

C. 消费者从平均每单位物品的消费中获得的效用

D. 消费者从消费最后一单位物品中获得的边际效用

2. 消费者剩余是消费者的（　　）。

A. 实际所得　　B. 主观感受

C. 没有购买的部分　　D. 消费剩余部分

3. 需求曲线可以从（　　）导出。

A. 价格—消费曲线　　B. 收入—消费曲线

C. 无差异曲线　　D. 预算线

4. 边际效用递减规律说的是（　　）。

A. 当消费者从消费的每种商品的每一单位中获得的效用相等时总效用最大

B. 当消费者在同一时间连续消费某种商品超过一定数量时，每多消费的一单位该商品带来的满足越来越少

C. 为了使厂商供给更多的商品必须降低价格

D. 在连续生产某种商品超过一定数量时，每生产一单位该商品耗费的资源越来越多

5. 假定 MU_x/P_x 大于 MU_y/P_y，在全部收入花完的情况下，为了使效用最大化，消费者应该（　　）。

A. 只有在 X 商品涨价时才减少其购买量

B. 只有在 Y 商品涨价时才增加其购买量

C. 增加 Y 商品的购买量，减少 X 商品的购买量

D. 增加 X 商品的购买量，减少 Y 商品的购买量

二、判断题

1. 如果边际效用递减，则总效用也必然减少。（　　）

2. 理性的消费者应该在某商品的边际效用开始递减时停止购买该种商品。（　　）

3. 预算线总能与某一条无差异曲线相切并在切点上达到消费者均衡。（　　）

4. 在画某一条特定的消费预算线时，假定货币收入和两种商品的价格既定。（　　）

5. 货币收入不变，一种商品价格上升，另一种商品价格下降将使新的预算线与原来的预算线相交。（　　）

6. 在同一条无差异曲线上，越靠左上方的点代表的效用水平越高。（　　）

7. 在同一无差异曲线图上，不同的无差异曲线不可能相交。（　　）

8. 理性的消费者会尽可能达到其收入水平允许的最高水平的无差异曲线。（　　）

9. 无差异曲线分析假定效用可以用数字加以衡量。（　　）

10. 边际效用理论和无差异曲线分析都与需求规律一致。（　　）

11. 消费者的收入水平越高，其预算线的斜率越大。（　　）

三、计算题

1. 已知某消费者每年用于商品 1 和商品 2 的收入为 540 元，两商品的价格分别为 $P_1=20$，$P_2=30$，该消费者的效用函数为 $U=3X_1X_2^2$。那么，该消费者每年购买商品的数量各为多少？他每年从中获得的总效用是多少？

第四章　生产者行为理论

引导案例

木桶理论

经济学家厉以宁曾以“木桶理论”来阐述经济学问题。这一理论认为，木桶的盛水量取决于最短板的长度，这在非均衡经济学里称为“短边决定原则”。它告诉我们，“木桶”想多盛“水”的方法有二：一是生产要素替代，锯长补短；二是拆桶重装，进行资产重组。事实上，一个人乃至一个集体所取得的成绩或成就也常常取决于其“短边”。

新华社曾连续播发了长篇报道，介绍天津构建和谐社会的经验。报道说，自20世纪90年代以来，天津的经济连续十多年保持了均衡、持续、快速增长。不求短时期的热闹，及时提升、弥补可能影响经济社会整体发展水平的“短板”，保证城市和谐前进，这是天津的能量以令人惊奇的方式释放的核心因素。

这里涉及了一个“木桶理论”：一个水桶能容纳多少水，取决于最短的那块木板。要想得到最大容量，得到满桶的水，就必须把所有木板的长度都提升到与最长的那块一样。

社会好比一个木桶，要达到和谐稳定，必须把“短板”及时提升、弥补起来。和谐社会这个“木桶”，是由民主法治、公平正义、诚信友爱、充满活力、安定有序、人与自然和谐相处等“木板”组合而成的，每块“木板”都有它的对立物，如不诚不信、混乱无序、缺章少法等。抓紧解决对立物之间的矛盾，即各种社会矛盾的过程，就是构建和谐社会的过程。

教学目的

通过本章的学习，理解厂商目标，掌握生产函数，了解生产者行为，掌握厂商如何以最小的成本获得最大的产量，如何实现要素最佳组合，实现利润最大化。

本章重难点

短期与长期分析的区别；短期生产理论中各种产量变动的规律和相互关系、边际产量递减规律、短期生产三阶段；长期生产理论中的等产量线、等成本线、边际技术替代率递减规律、生产者均衡条件。

第一节 生产与生产函数

生产者又称厂商或企业，是指市场上商品或劳务的供给者，是购买或雇用生产要素并将之组织起来生产和销售物品与劳务的经济组织。厂商从组织形式上可以划分为单人业主制（个人独资经营）、合伙制（两个或两个以上的人同意共同分担企业经营责任）、公司制（企业以经营者和所有者相分离的形式存在），这三种企业组织形式的比较分析如表 4-1 所示。

表 4-1 三种企业组织形式的比较

企业类型	优点	缺点
个人独资企业	容易建立； 决策过程简单； 只缴纳个人所得税不缴纳企业所得税	决策不受约束； 所有者承担无限责任； 企业随所有者的死亡而结束
合伙制企业	容易建立； 决策多样化； 合伙人退出仍可存在； 只缴纳个人所得税不缴纳企业所得税	形成统一意见困难； 所有者承担无限责任； 合伙人退出引起资本短缺
公司制企业	所有者承担有限责任； 筹资容易； 管理不受所有者能力限制； 永远存在	管理体系复杂、决策缓慢； 要缴纳企业所得税和个人所得税

分析生产者行为理论时，我们假定生产者是具有完全理性的经济人，一般总是假定厂商的目标是利润最大化。

一、生产与生产要素

企业的生产是对各种生产要素进行组合以制成产品的行为，在生产中要投入各种生产要素以生产出产品，因此生产也就是把投入（Input）转化为产出（Output）的过程。因此，生产过程一方面通过要素需求与要素市场相连，另一方面通过产品供给与产品市场相连。

生产要素，即厂商为生产物质产品或提供劳务所需投入的各种经济资源。这些经济资源从物质形态上可以千差万别，但它们可以归类为四种基本形式，即劳动、资本、土地、企业家才能。劳动是指人类在生产过程中提供的体力劳动和脑力劳动的总和。劳动力是劳动者劳动的能力。在经济学中，劳动和劳动力一般不进行严格的区分。土地是农业社会的核心要素，不仅包括土地本身，还包括地下和地上的一切自然资源，是自然界中本来就存在的，如森林、水、各类矿藏等。资本是工业社会的核心要素，是指用于生产过程中的一切资本品。资本可以表现为实物形态和货币形态。资本的实物形态又称为资本品或投资品，如厂房、机器设备、原材料等。资本的货币形态通常称为货币资本。显然，实物资本的获得离不开货币资本。还有一种资本形态称为人力资本，指的是体现在劳动者身上的体力、文化、技术状态等。在生产理论中所使用的资本概念主要是指实物资本。企业家才能是指企业家的管理和组织生产活动工作，包括生产能力、管理能力、组织能力、创新能力。

生产是这四种生产要素合作的过程，产品则是这四种生产要素共同努力的结果。企业家以厂商利润最大化为经营企业的目标，来组织生产活动，企业家的不同会使企业的利润有很大差别，因此经济学家特别强调企业家才能对生产的作用，认为把劳动、资本、土地等生产要素合理配置起来，生产出最多、最好的产品的关键因素就是企业家才能。同时，通过生产要素的综合运用，厂商可以生产各种实物产品，如房屋、食品、机器、日用品等；也可以提供各种无形产品，即劳务，如医疗服务、金融服务、旅游服务等。

二、生产函数

对于特定的生产技术，把投入转化为产出的过程表现为生产过程中生产要素的投入量与产出量之间的数量关系，这种数量关系可以用函数表示。因此，生产函数表示在技术水平不变的情况下，一定时期内厂商在生产过程中使用的各种要素的数量与它们所能生产的最大产量之间的关系。简单地说，生产函数就是一定技术条件下投入与产出之间的关系。

关于生产函数，应注意以下三点：

第一，生产函数说明某一时期投入的生产要素量和产出量之间的关系，是流量，以特定的时期来考察。

第二，生产函数取决于一定的技术水平。如果技术水平变化了，生产函数将随之变化。

第三，要生产一定数量的产品，生产要素投入量的比例通常是可以变动的，因为各种生产要素之间存在一定的替代性。

如果用 Q 表示所能生产的最大产量，投入的生产要素分别是劳动（L）、资本（K）、土地（N）、企业家才能（T）。那么，生产函数可用公式表示为：

$$Q=f(L, K, N, T) \tag{4.1}$$

在实际分析要素与产量之间的关系时，一般认为土地总量是固定的，而企业家才能又难以估算，因此生产函数可表示为：

$$Q=f(L, K) \tag{4.2}$$

这一生产函数表明：在一定的技术条件下，厂商若想生产出某种产品的产量 Q，需要投入一定量的劳动与资本的组合。同样，生产函数还可以表明：在劳动与资本的数量为已知时，根据生产函数可以推算出企业可能达到的最大产量。例如，生产函数可能描述的是一家具有特定厂房面积和特定装配工人的企业每年生产的电脑的台数；或者，生产函数可能描述的是一个具有特定数目的农机和工人的农机场可以收获的麦子的总量。

要说明的是，由于生产函数表示的是投入要素与最大产出之间的相互关系，表明投入要素的使用是有效率的。在对生产者行为进行分析时，我们假定所有厂商都知道相应产品的生产函数，因此其总能达到技术上高效率的产量。这是因为：一方面，以盈利为目的的厂商总在寻求达到最大产量的途径；另一方面，做不到这点的厂商难免在竞争中被淘汰。

三、常见的生产函数

（一）里昂惕夫生产函数

里昂惕夫生产函数也叫固定投入比例的生产函数，是指在每一个产量水平上任何一对要素投入量之间的比例都是固定的生产函数。假定生产过程中只使用劳动和资本两种要素，则固定投入比例生产函数的通常形式为：

$$Q=\text{Minimum}\ (L/u\ ,\ K/v) \tag{4.3}$$

其中，Q 表示一种产品的产量，L、K 分别为劳动和资本投入量，常数 u 和 v 分别为固定的劳动和资本生产技术系数，分别表示生产一单位产品所需要的固定的劳动和资本投入量。此生产函数表示，产量取决于（L/u ，K/v）中较小的一个，即使其中的一个比例数量较大，也不会提高产量。

（二）柯布—道格拉斯生产函数

著名的柯布—道格拉斯生产函数（也称 $C-D$ 函数）是线性齐次生产函数。1928 年，美国数学家柯布（Cobb）和经济学家道格拉斯（Douglas）根据 1899—1922 年美国制造业中的资本和劳动这两种生产要素对产量的影响，得出了这一时期美国的生产函数。其形式为：

$$Q=AL^{\alpha}K^{1-\alpha} \tag{4.4}$$

式中，A 代表技术水平，L 和 K 分别代表劳动和资本，α 为系数，并且 $0<\alpha<1$。在这里，α 值约为 0.75，说明美国在这一期间的总产量中，劳动所得的相对份额为 75%，资本所得的相对份额为 25%。

柯布—道格拉斯生产函数的一般表达式为：

$$Q=f\ (L,\ K)\ =AL^{\alpha}K^{\beta} \tag{4.5}$$

式中，Q 代表产量，L 和 K 分别代表劳动和资本投入量，A、α、β 为三个正的参数，并且 $0<\alpha$、$\beta<1$ 。

这是一种很有用的生产函数：

第一，该生产函数是一个指数函数形式，这类函数在数学上较易处理。

第二，函数中的参数 A、α、β 具有明显的经济含义，A 可以看成一个技术系数，A 的数值越大，既定投入数量所能生产的产量也越大；α 和 β 分别代表增加 1%的劳动和资本时产量增加的百分比，反映了在生产过程中劳动和资本的重要性。

第三，α、β 可以用来判断规模报酬。若 $\alpha+\beta=1$，规模报酬不变；若 $\alpha+\beta<1$，规模报酬递减；若 $\alpha+\beta>1$，规模报酬递增。

四、短期与长期生产函数

微观经济学中的生产理论可以分为短期生产理论和长期生产理论。这里的短期和长期不是指一个具体的时间跨度，而是指企业能否来得及调整全部生产要素（或生产规模）。所谓短期，是指厂商来不及调整全部的生产要素的数量，至少有一种生产要素的数量是固定不变的，生产只能在原有条件下进行的时间周期。所谓长期，是指生产者来得及调整全部生产要素的数量，所有生产要素数量都可以改变的时期。例如，某商品的市场需求由于某种原因突然扩大，在短期内，厂商可以通过让工人加班加点等提高现有设备使用强度的方式来增加产量以满足市场需求；在长期内，厂商则要增加设备，扩大生产规模，以满足增长了的市场需求。

短期与长期是一个相对的概念，不同行业差异甚大。例如，钢铁、造船工业等，所需资本、设备数量多，技术要求高，变动生产规模不容易，数年时间可能只算一个短期；而食品加工业和普通服务业等，所需资本、设备数量少，技术要求低，变动生产规模比较容易，数月时间可算是长期。

在经济学中，根据企业能否调整全部生产要素的数量，可以将生产函数分为短期生产函数与长期生产函数。

短期生产函数是指在短期内，假设资本数量不变，只有劳动可随产量变化的生产函数。也就是说，在短期内，企业的生产要素分为可变投入和固定投入。其中，可变投入是指短期内数量随产量变化而变化的投入，如原材料、劳动等；固定投入是指短期内不随产量变化而变化的投入，如厂房、机器设备等。在经济分析中，通常假定企业只投入劳动和资本这两种生产要素，并且资本的投入量固定不变，用 $\bar{K}$ 表示；劳动可随产量变化，用 L 表示，则短期生产函数可以写成：

$$Q=f(L,\bar{K}) \tag{4.6}$$

短期生产函数还可以简写为：

$$Q=f(L) \tag{4.7}$$

长期生产函数是指在长期内，劳动和资本都可变的生产函数。长期是指一个足够长的时期，企业能够调整所有的生产要素投入，因而只有可变投入，没有固定投入。长期生产函数可表示为：

$$Q=f(L,\ K) \tag{4.8}$$

第二节　一种可变生产要素的生产函数（短期生产函数）

作为理性经济人，厂商都是追求利润最大化的，都希望以最小的成本获得最大的利润，那么如何在技术水平既定的情况下，以最优的生产要素组合获得最大的产量呢？在分析要素投入和产量之间的关系时，我们从简单的一种可变投入的短期生产函数开始，研究在资本固定、劳动可变时的短期生产问题。

一、总产量、平均产量和边际产量

假定厂商在生产某产品时，只使用资本 K 和劳动 L 两种投入，劳动的投入量可变，但资本的投入量不变，则短期生产函数可以写成 $Q=f(L)$。

劳动总产量（TP_L）是指一定数量的生产要素可以生产出来的最大产量；或指在资本不变的条件下，一定的劳动投入量可以生产出来的最大产量。其用公式表示为：

$$TP_L=f(L) \tag{4.9}$$

劳动的平均产量（AP_L），即总产量与劳动投入量之比，是指平均每一单位生产要素投入的产出量。其用公式表示为：

$$AP_L=TP_L/L \tag{4.10}$$

劳动的边际产量（MP_L）是指增加一单位可变要素劳动投入量带来的产量的增加量。其用公式表示为：

$$MP_L=\Delta TP_L/\Delta L \tag{4.11}$$

当劳动的增加量趋于无穷小，即 $\Delta L\to 0$ 时，有：

$$MP_L=\lim_{\Delta L\to 0}\Delta TP_L/\Delta L=\mathrm{d}TP_L/\mathrm{d}L \tag{4.12}$$

表 4-2 是一种可变生产要素（劳动）的短期生产函数的产量表。

表 4-2　一种可变生产要素（劳动）的短期生产函数的产量表

劳动投入量（L）	总产量 TP_L	平均产量 AP_L	边际产量 MP_L
0	0	—	—
1	2	2	2
2	12	6	10
3	24	8	12
4	48	12	24
5	60	12	12
6	66	11	6
7	70	10	4
8	70	8.75	0
9	63	7	-7

根据表 4-2，可以画出劳动的总产量、平均产量、边际产量的曲线图，如图 4-1 所示。

在图 4-1 中，横轴代表劳动投入量，纵轴代表各种产量。从图 4-1 中可以看出：

第一，在资本量不变的情况下，随着劳动投入量的增加，总产量曲线 TP_L、平均产量曲线 AP_L、边际产量曲线 MP_L 都呈现出先升后降的特征。

第二，A 点为总产量曲线的拐点，对应于边际产量递增与递减的转折点（D 点），此时 $L=4$。

第三，B 点为总产量曲线的切点，对应于边际产量与平均产量相交的点，即平均产量的最大点（E 点），此时 $L=5$。

第四，C 点为总产量曲线的最大点，对应于边际产量为零的点，即边际产量与横轴的交点（F 点），此时 $L=8$。

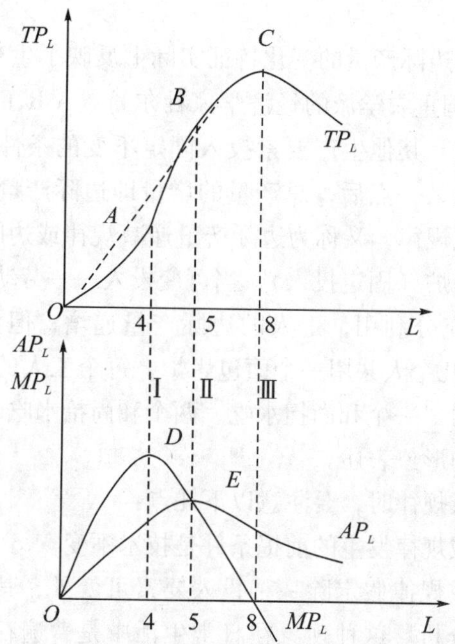

图 4-1　总产量、平均产量与边际产量曲线

根据分析可以得出总产量、平均产量、边际产量之间的关系有如下的特点：

第一，总产量曲线与平均产量曲线之间的关系。由于 $AP_L=TP_L/L$，连接 TP 曲线上任意一点与坐标原点的直线，其斜率表示该点的 AP_L 值。因此，随着劳动投入量的增加，直线的斜率也随之增加，当直线与 TP_L 曲线相切时，斜率最大，随后又逐渐减小。在图 4-1 中，当 $L=5$ 时，在总产量曲线上 B 点处有一条过坐标原点的直线与之相切，其对应地在 AP_L 曲线上的 E 点代表的平均产量达到最大值。

第二，总产量曲线与边际产量曲线之间的关系。由于 $MP_L=\mathrm{d}TP_L/\mathrm{d}L$，因此 TP_L 曲线上任意一点的切线的斜率就是与该点相对应的 MP_L 值。当 TP_L 曲线随劳动量的增加而以递增的速度增加时，其斜率为正，MP_L 曲线相应上升，直到 MP_L 曲线的斜率在拐点 A 达到最大值。过 A 点以后，当 TP_L 曲线随劳动量的增加而以递减的速度增加时，MP_L 曲线随 TP_L 曲线斜率递减而下降。TP_L 曲线在 C 点达到最大值，其斜率为零，MP_L 曲线在 F 点与横轴相交。过 C 点后，由于劳动投入量的增加使得总产量减少，TP_L 曲线的斜率为负，因此 MP_L 值也变为负值，其曲线在横坐标的下方。

第三，平均产量曲线与边际产量曲线之间的关系。在图 4-1 中，MP_L 曲线与 AP_L 曲线相交于平均产量曲线的最高点 E。在 B 点，连接该点与原点的直线正好相切于 TP_L 曲线，从而其斜率等于该点切线的斜率。因此，$AP_L=MP_L$。而在 E 点之前，平均产量上升，边际产量大于平均产量；在 E 点之后，平均产量开始下降，边际产量小于平均产量。因此，AP_L曲线与MP_L曲线必然相交于AP_L曲线的最高点E。由于边际产量的变动比平均产量的变动更敏感，因此在图4-1中，无论是上升还是下降，边际产量曲线都比平均产量曲线的变动要大。

二、边际报酬递减规律

总产量、平均产量和边际产量的变化特征实际上反映了生产要素的报酬递减规律，这一规律是由18世纪法国重农学派的经济学家杜尔哥（A.R.J.Turgot）最早提出来的。这一规律是指在技术不变、其他生产要素投入固定不变的条件下，随着一种生产要素数量的不断增加，在达到某一点后，总产量的增量即边际产量是递减的。这一经济现象称为生产要素报酬递减规律，又称为边际产量递减规律或边际收益递减规律。例如，一个面包房有2个面包烤炉（固定投入），当可变投入——劳动从一个工人增加到两个工人时，面包烤炉得到充分利用，工人的边际产量递增，但如果工人的数量增加到3个、4个甚至更多时，几个人共用一个面包烤炉，每个工人的边际产量自然会出现递减，甚至为负数。所谓的“一个和尚担水吃，两个和尚抬水吃，三个和尚没水吃”，正是对边际报酬递减规律的形象表述。

在理解边际报酬递减规律时，要注意以下几点：

第一，边际报酬递减规律发生的前提条件是技术不变。

第二，边际报酬递减规律假定除一种投入要素可变外，其余投入要素均不变。这一规律适用于短期生产分析。这种现象在日常生活中是普遍存在的。在农业中，当土地等生产要素不变时，不断增加施肥量，最终导致边际产量减少；在工业中，当厂房、机器设备等生产要素不变时，不断增加劳动力，最终导致边际产量减少。

第三，边际报酬递减规律只存在于技术系数可变的生产函数中。对于技术系数固定的生产函数，由于各种生产要素不可相互替代，其组合的比例是不可改变的，因此当改变其中一种生产要素的投入量时，边际产量突变为零，不存在依次递减的趋势。

第四，边际报酬递减发生在可变要素投入增加到一定程度以后。这就是说边际报酬经历一个递增、不变和递减过程，最终要递减。

边际报酬递减规律存在的原因是：随着可变要素投入量的增加，可变要素投入量与固定要素投入量之间的比例在发生变化。在可变要素投入量增加的最初阶段，相对于固定要素来说，可变要素投入过少。因此，随着可变要素投入量的增加，其边际产量递增。当可变要素与固定要素的配合比例恰当时，边际产量达到最大。如果再继续增加可变要素投入量，由于其他要素的数量是固定的，可变要素就相对过多，于是边际产量就必然递减。或者说，边际报酬递减是因为对于任何一种产品的生产来说，可变要素投入量与不变要素投入量之间都存在一个最佳的组合比例。

在19世纪，英国经济学家马尔萨斯正是由于没有考虑长期的技术进步，错误地估计了人口增加可能带来的后果。边际报酬递减规律也给我们提出了一个问题：既然可变要素投入的增加到最后反而会引起总产量的减少，那么对厂商来说就非常有必要了解可变要素的最优投入量。这就涉及对生产三阶段和生产要素合理投入区域的分析。

三、一种可变生产要素的合理投入

根据图 4-1 中短期生产的总产量曲线、平均产量曲线和边际产量曲线之间的关系，可以把可变生产要素的投入划分为三个区域，分别称为生产的第一阶段（Ⅰ）、第二阶段（Ⅱ）和第三阶段（Ⅲ）。在这三个阶段中，增加可变投入带来的产量的变化是不同的，因此理性的企业必须进行合理选择。在此，我们引入了生产弹性的概念。

生产弹性是指由于变动要素投入每增加一个百分数引起产量增加的百分数。其用公式表示为：

$$E=\frac{\frac{\Delta TP}{TP}}{\frac{\Delta L}{L}}=\frac{\frac{\Delta TP}{L}}{\frac{TP}{L}}=\frac{MP}{AP} \tag{4.13}$$

根据生产弹性的概念和具体数值，我们可以很容易地把生产的三个阶段进一步划分为平均收益递增阶段、平均收益递减阶段和负边际收益阶段。图 4-1 显示了产量的三个区域。

生产的第一阶段（生产弹性 $E>1$，平均收益递增阶段）。在图 4-1 中，该阶段是指劳动投入量从零增加到 5 的区域。在此区域，劳动的平均产量一直在增加，而边际产量大于平均产量，表明每增加一个单位的可变投入都可以提高平均产量，即增加可变劳动量投入可使固定资本要素得到充分利用。因此，追求利润最大化的生产者不会将生产停留在这一阶段的任何产量上，否则意味着固定要素的浪费。

生产的第二阶段（生产弹性 $0\leqslant E\leqslant 1$，平均收益递减阶段）。随着劳动量从 5 增加到 8，平均产量从最高点开始减少，边际产量小于平均产量呈下降趋势但大于零。因此，增加可变投入仍可增加总产量，并在劳动量增加到 8 时达到最大。企业将选择在这一阶段进行生产，但具体应使可变要素的投入停留在该阶段的哪一点，需要结合更多的条件（如生产要素的价格、产品的价格等）才能确定。

生产的第三阶段（生产弹性 $E<0$，负边际收益阶段）。当劳动量增加到 8 以后，由于劳动的边际产量为负值，总产量将随劳动投入的增加而减少，这时每减少一个单位的可变投入就可以提高总产量。显然，理性的生产者也不会将生产停留在这一阶段的任何产量上，否则的话将意味着变动资源的浪费。

由此可见，任何理性的生产者既不会将生产停留在第一阶段，也不会将生产扩张到第三阶段，因此生产的第二阶段是生产者进行短期生产的合理决策区间。在生产的第二阶段，生产者可以得到由第一阶段增加可变要素投入带来的全部好处，又可以避免将可变要素投入增加到第三阶段而带来的不利影响。

第三节　两种可变生产要素的生产函数

在长期内，所有的生产要素的投入量都是可变的。那么对于一个生产者来说，在利用多种生产要素生产一种产品时，就应该实现生产要素的最佳配置。长期生产理论主要分析这样一个问题：生产者按照什么原则来选择最佳生产要素的配置，从而实现既定成本下产量最大，或既定产量下成本最小。为了简化分析，我们通常以具有代表性的劳动和资本这两种生产要素均可变动情况下的生产函数来探讨长期生产中可变生产要素的投入组合和产量之间的关系。

一、等产量线

在研究消费者行为理论时，我们引入了无差异曲线这一重要概念。与此极为类似，本章将运用一个同等重要的分析工具——等产量线来研究生产者的生产行为。所谓等产量线，是表示在技术水平不变的条件下，生产同一产量的两种生产要素投入量的所有不同组合的轨迹。例如，给定某生产函数，其产品产量取决于劳动 L 和资本 K 两种生产要素，并且要素之间可以相互替代。按照 A、B、C、D 四种不同的组合方式可以带来相同的产量 Q_1，如表 4-3 所示。

表 4-3　　两种可变要素投入带来等产量 Q_1 的各种组合

组合方式	劳动（L）	资本（K）	产量
A	1	5	Q_1
B	2	3	Q_1
C	3	2	Q_1
D	4	1.5	Q_1

根据表 4-3 中的数值可以在平面坐标上描绘出一条如图 4-2 所示的等产量线 Q_1，Q_1上的每一点都表示了生产同等产量可供选择的两种生产要素 L 和 K 的投入组合。

根据给定的生产函数，理论上可以在同一坐标图上画出无数条等产量线，每一条等产量线代表不同的产量水平。等产量线距离原点越远，代表的产量水平越高。图 4-2 中的三条等产量线中，$Q_3>Q_2>Q_1$。

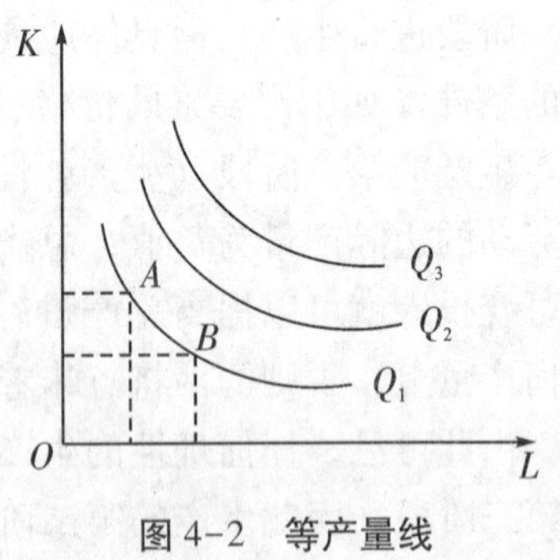

图 4-2　等产量线

等产量线又称为生产无差异曲线，从图形上看，其与无差异曲线非常相似，主要的区别在于：等产量线代表了两种可变生产要素的不同组合和一定量的产出之间的技术关系，表明生产要素不同组合生产的产量是相同的、无差异的，每一条等产量线对应着一个特定的产出量是客观的；而无差异曲线则代表了两种商品的不同组合给消费者带来的主观效用的评价，即这些不同商品组合带给消费者的满足程度是相同的、无差异的，但是无法像等产量线一样用数字度量。

等产量线具有如下特点：

第一，等产量线是一条向右下方倾斜的线，其斜率为负。这是因为要使产量维持不变，减少一种要素投入量的同时，必须增加另一种要素的投入量。如果等产量线斜率为正，表明资本和劳动同时增加或减少才可以维持总产量不变。这意味着其中一种生产要素的投入量达到饱和状态，再增加这一要素的投入量，其边际产量反而为负值，这时为了保持总产量不变，只有增加另一种要素的投入量。例如，化肥的过多使用会使农产品产量减少，只有增加劳动才能弥补由此造成的损失。

第二，在同一平面图上有无数条等产量线，同一条等产量线代表同样的产量，不同的等产量线代表不同的产量，离原点越远的等产量线代表的产量越高；反之则越低。在 图4-2中，等产量线 Q_3在 Q_2的右上方，因而 Q_3上的产量大于 Q_2上的产量。

第三，在同一平面图上，任意两条等产量线不能相交。由于每一条等产量线都对应着一个特定的产量，假如两条等产量线相交，那么意味着用交点表示的生产要素的组合可以生产出两个不同的产量，这与我们对生产函数在技术上富有效率（最大产量）的假定相矛盾。

第四，等产量线是一条凸向原点的线，其原因在于我们即将介绍的生产要素边际技术替代率递减。

按照投入要素之间能够相互替代的程度，可以把等产量线划分为以下三种类型：

（一）生产要素之间完全不能替代

假定生产中只使用劳动和资本两种生产要素，劳动和资本的生产技术系数是固定的，即生产必须按照 L 和 K 之间固定比例进行，当一种生产要素的数量不能变动时，另一种生产要素的数量再多，也不能增加产量。对于一个固定投入比例生产函数（里昂惕夫生产函数）来说，当产量发生变化时，各要素的投入量将以相同的比例发生变化，从而各要素的投入量之间的比例维持不变。例如，生产自行车时，在投入要素车架和车轮之间是完全不能替代的。这种等产量线的形状是一条直角线，如图4-3（a）所示。完全不能替代的投入要素之间的比例是固定的。例如，车架与车轮之间的比例为1∶2。又如，一辆电车只需一个司机，一个司机两辆电车或者两个司机一辆电车都只能造成资源的闲置而不能增加更多客运量。

（二）生产要素之间完全可以替代

当两种生产要素之间存在完全替代关系时，生产函数为线性生产函数：$Q=aL+bK$，其斜率固定为$-a/b$，即减少 b 个单位的劳动 L，必须增加 a 个单位的资本 K，该类生产函数的等产量线为一条直线，如图4-3（b）所示。

完全替代的例子在现实生活中也可以找到。例如，银行兑付存款可以完全由人工操作也可以用自动取款机来完成。又如，在发电厂中，如果发电厂的锅炉燃料既可全部用煤气又可全部用石油（当然也可以部分用煤气、部分用石油），我们就称这两种投入要素是完全可以替代的。

（三）生产要素之间的替代是不完全的

在生产中，设备能够代替劳力，但设备不可能替代所有的劳力，就属于生产要素之间的替代是不完全的情况。例如，煤炭公司不能只有工人没有机器，也不能只有机器没有工人，但是如果没有传送带，煤也可以靠人力来运，在运煤这个工序中，人力与资本是可以相互替代的。这种等产量线的形状一般为向原点凸出的曲线，如图 4-3（c）所示。之所以会出现这种形状，是因为对不能完全替代的投入要素来说，它们的等产量线的斜率一般随着投入要素的量的增加而递减。

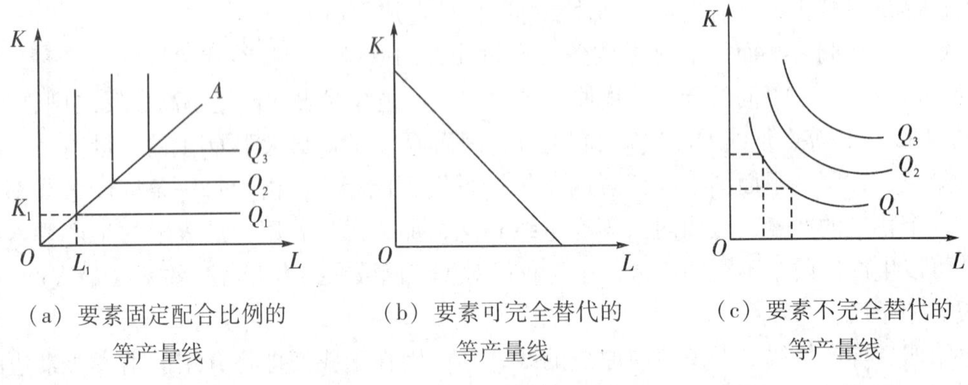

（a）要素固定配合比例的等产量线

（b）要素可完全替代的等产量线

（c）要素不完全替代的等产量线

图 4-3　等产量线的三种类型

二、边际技术替代率

我们在分析消费者行为时指出，当两种商品可以相互替代时，消费者常常增加一种商品的消费同时减少另一种商品的消费来保持既有的效用水平。同样，如果两种生产要素能够彼此替换，企业就可以考虑多用自己相对富裕的生产要素，而少用自己比较稀缺的生产要素。

当两种投入要素都可以变化时，生产中往往会出现用一种投入要素替代另一种投入要素的情况。在技术不变的条件下，为维持同等的产量水平，放弃一定数量的某种投入要素而必须增加的另一种投入要素的数量，被称为边际技术替代率（Marginal Rate of Technical Substitution，MRTS）。例如，劳动和资本在一定程度上是可以相互替代的，如果用 ΔL 表示劳动投入增加量，ΔK 表示资本投入减少量，用 $MRTS_{LK}$ 表示以劳动代替资本的边际技术替代率，那么有：

$$MRTS_{LK}=-\frac{\Delta K}{\Delta L} \tag{4.14}$$

在图 4-2 中，将要素组合由 A 点移动到 B 点，劳动 L 增加了 1 个单位，资本 K 减少了 2 个单位，即 $\Delta L=1$，$\Delta K=-2$（负号表示减少），产量保持不变，表明劳动 L 增加带来的产量正好弥补由于资本 K 的减少损失的产量，则此处的边际技术替代率 $MRTS_{LK}=-(-2)/1=2$。需要注意的是，边际技术替代率总是正数，这纯粹是为了分析和表述上的方便，并没有更深的含义。

在两种生产要素只能部分替代的情况下，如果不断地增加一种生产要素以替代另一种生产要素，那么在产量保持不变的条件下，一单位这种生产要素所能代替的另一种生产要素的数量将不断减少，这一规律被称为边际技术替代率递减规律。造成边际技术替代率递减的主要原因在于：第一，任何一种产品的生产技术都要求各种要素投入之间的适当比例，这也就意味着要素之间的替代是有限的。在劳动投入量很少和资本投入量很多的情况下，减少一些资本投入量可以很容易通过增加劳动投入量来弥补，以维持原有的产量水平。但是，在劳动投入量增加到相当多的数量和资本投入量减少到相当少的数量的情况下，再用劳动去替代资本就是很困难的了。第二，要素存在边际报酬递减规律。

假设产出保持不变，劳动投入的增加意味着资本投入的减少。劳动投入的增加将使总产量增加，增加量等于新增劳动的边际产出乘以劳动增加量（$MP_L \cdot \Delta L$）；相反，资本投入的减少则会使总产量下降，减少量等于资本的边际产出乘以该资本的减少量（$MP_K \cdot \Delta K$）。由于处在同一条等产量线上，总产量不变，其改变量为 0，因而有：

$$MP_L \cdot \Delta K + MP_K \cdot \Delta K = 0 \tag{4.15}$$

从而有：

$$MRTS_{LK} - \frac{\Delta K}{\Delta L} = \frac{MP_L}{MP_K} \tag{4.16}$$

边际技术替代率等于两要素的边际产量之比。根据边际报酬递减规律，随着劳动投入的连续增加，其边际产量 MP_L 不断下降；而伴随着资本投入量的减少，其边际产量 MP_K 却不断上升。因此，根据公式（4.16）可知，$MRTS_{LK}$ 不断递减。

当劳动投入的变化量 ΔL 趋近于 0 时，有：

$$MRTS_{LK} = \frac{\Delta K}{\Delta L} = \lim_{\Delta L \to 0} \frac{\Delta K}{\Delta L} = -\frac{dK}{dL} = -\frac{MP_L}{MP_K} \tag{4.17}$$

这意味着，从几何意义上看，等产量线上任意一点的边际技术替代率是过该点对等产量线所做切线的斜率的绝对值。由于边际技术替代率递减，因此等产量线斜率的绝对值越来越小，反映在图 4-2 上，就是等产量线凸向原点。

三、等成本线

等产量线上的任何一点都代表生产一定产量的两种要素组合，但不同的要素组合却有着不同的生产成本。例如，雇佣工人，需要支付工人工资；到银行贷款，需要支付银行的利息；办工厂，需要租用土地，而这需支付地租；等等。在要素市场中，厂商对生产要素的购买支付构成了厂商的生产成本。成本问题是追求利润最大化的厂商必须考虑的一个经济问题。

等成本线是指在生产者成本与生产要素价格既定的条件下，生产者所能购买到的两种生产要素的各种数量组合的轨迹。它实际上就是厂商的成本预算或成本约束。等成本线表明了厂商进行生产的限制，即其购买的生产要素所花的钱不能大于或小于总成本。大于总成本是无法实现的，小于总成本则无法实现产量最大化。

为简单起见，我们仍假定厂商只使用劳动 L 和资本 K 这两种生产要素，其中要素市场上给定的劳动的价格（即工资率）为 w，给定的资本的价格（即利息率）为 r，厂商的既定成本支出为 C，则等成本方程为：

$$C = w \cdot L + r \cdot K \tag{4.18}$$

该方程可改写为：

$$K=\frac{C}{r}-\frac{w}{r}\cdot L \tag{4.19}$$

根据以上的公式，可以得到等成本线，如图4-4所示。在图4-4中，等成本线在纵轴的截距是C/r，表示厂商把全部成本支出都用来购买资本时所能购买的数量；在横轴的截距是C/w，表示厂商把全部成本支出都用来购买劳动时所能购买的数量。连接这两点的线段就是等成本线。$-w/r$是两种生产要素的价格之比的负值，等于等成本线的斜率。等成本线以内区域中的任何一点（如A点），表示既定的全部成本都用来购买该点的劳动和资本的组合以后还有剩余。等成本线以外的区域中的任何一点（如B点），表示用既定的全部成本不足以购买该点的劳动和资本的组合。唯有等成本线上的任何一点，才表示用既定的全部成本刚好能购买到的劳动和资本的组合。

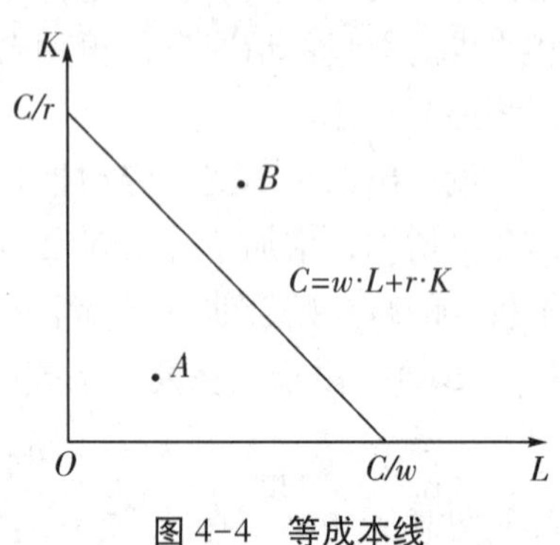

图4-4　等成本线

在图4-4中，等成本线上的任何一点，都是在企业成本与生产要素价格既定条件下能购买的劳动与资本的最大数量的组合。因此，只要成本和要素价格发生变动，都会使等成本线发生变化，从而进行移动。等成本线的移动主要有以下几种情况：

第一，当成本保持不变时，两种要素价格同比例变动，引起等成本线平行移动，如图4-5（a）所示。当两种要素价格同比例增加时，等成本线会向左下方平行移动，意味着劳动和资本投入减少。

第二，当成本保持不变，只有一种要素价格变化时，等成本线会发生旋转，如图4-5（b）所示。例如，当总成本和资本的价格既定不变，劳动的价格上升，则厂商把全部成本用来购买劳动时所能购买的数量减少，等成本线向左下方旋转，由K_1L_1变为K_1L_2。

第三，当两要素价格保持不变，只有成本发生变化时，等成本线会平移，如图4-5（c）所示。如果总成本增加，则等成本线向右上方平移，由原来的C_2移动到C_3；相反，当成本减少时，等成本线则由C_2移动到C_1。

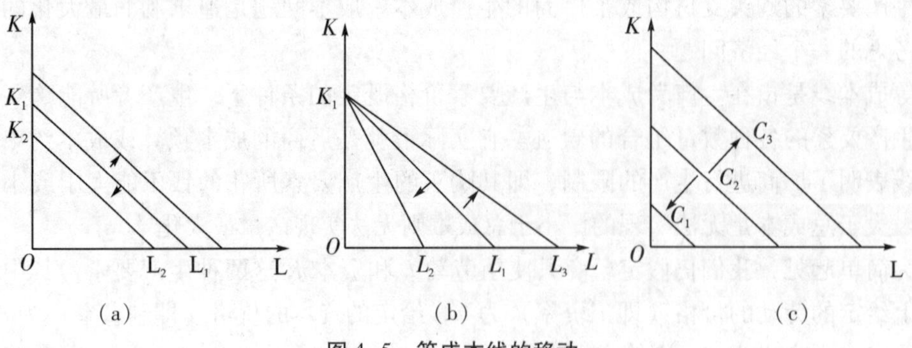

图4-5　等成本线的移动

四、生产要素的最优投入组合（生产者均衡）

在长期生产中，所有生产要素的投入数量都是可以改变的。任何一个理性的生产者都会选择一个最优的生产要素组合以实现利润最大化目标。企业在决定生产要素的投入时，会遇到两种情况：一种是目标产量已定，企业面临的问题是如何组织要素投入以使生产该既定产量花费的成本最小，我们称之为最小成本原则；另一种情况则是企业的成本既定，任务是组织要素投入，在既定成本下得到最大的产量，我们称之为最大产量原则。下面我们将等产量线和等成本线结合起来分析生产要素的最优组合。

（一）最大产量原则下生产要素的最优投入组合

由于前提条件是成本既定，图 4-6 中只有一条代表既定成本水平的等成本线，同时可以画出不同要素组合的等产量线，理论上讲，在同一直角坐标系中可以有无数条不同的等产量线。尽管等成本线可以和许多等产量线相交，但只能和一条等产量线相切。在图 4-6 中，给出了代表三种不同产量水平的等产量线 Q_1、Q_2、Q_3，等成本线和 Q_2 相切于 E 点，和 Q_1 相交于 A 点、B 点，和 Q_3 既不相交也不相切。

从图 4-6 中可以看出，E 点表示生产者实现了生产者均衡，即要素投入分别为 L_E 和 K_E，产出量为 Q_2。其原因在于，虽然 Q_3 具有较高的产出水平，但按照目前的成本水平，不可能生产出 Q_3 的产量水平。A 点、B 点的要素组合虽然可以由既定的成本提供出来，但生产的产量 Q_1 显然低于产量 Q_2，因此不符合经济原则。沿着等成本线由 A 点、B 点移向 E 点，生产者可以在不改变成本的情况下增加产量，既是可能的，又是最经济的，显然在 E 点实现了成本约束情况下的生产者均衡。

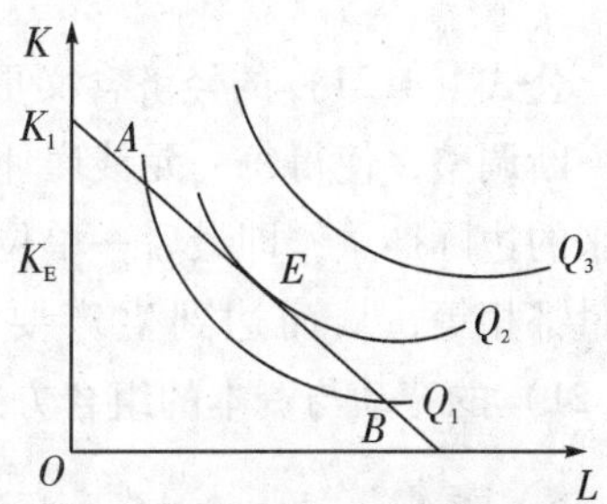

图 4-6　成本既定下的产量最大

（二）最小成本原则下生产要素的最优投入组合

接下来分析产量既定下的成本最小的情形。如图 4-7 所示，C_1、C_2、C_3 代表三条不同的等成本线，由于产量既定，因此只有一条等产量线。同样，在一定产量约束下的等产量线可以和许多等成本线相交，但只能和一条等成本线相切。图 4-7 中等产量线和等成本线 C_2 相切于 E 点。显然，E 点即为产量约束条件下的生产者均衡点，其理由和成本约束条件下的生产者均衡完全相同，只有选择 E 点进行生产，生产者才可能实现既定产量水平下的最小成本。其他的任何选择，不是增加了成本，如图中的 A 点、B 点，就是无法生产出所要求的产品产量，如图中 C_1 表示的成本水平。

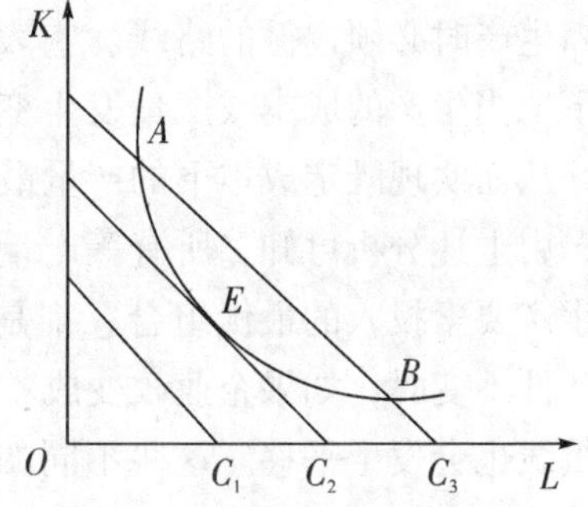

图 4-7　产量既定下的成本最小

根据上述分析，无论是成本约束条件下的生产者均衡，还是产量约束条件下的生产者均衡，在几何图形表示上都是等成本线与等产量线相切的切点，此时的要素组合即为最优组合，表明生产者按此要素组合进行生产，实现了产量既定时的最小成本，或成本既定时的产量最大，即实现了生产的最大利润。与消费者均衡点一样，在其他条件不发生变化的情况下，生产者将始终保持这种状态进行生产。

由于要素投入的最优组合在几何图形上表现为等产量线与等成本线的切点，这就要求等产量线的切线的斜率等于等成本线的斜率。从前面的分析中可知，等产量线的斜率是两种生产要素的边际技术替代率，而等成本线的斜率是两种生产要素的价格之比的负数值。因此，生产者均衡的条件用公式表示为：

$$MRTS_{LK}=-\frac{MP_L}{MP_K}=-\frac{w}{r} \tag{4.20}$$

公式（4.20）说明，在最优投入组合点上，各生产要素的边际产量之比等于它们的价格之比。进一步整理公式（4.20），得到：

$$\frac{MP_L}{w}=\frac{MP_K}{r} \tag{4.21}$$

公式（4.21）的经济含义更直观，它意味着厂商可以通过对两种生产要素投入量的不断调整，使得每一元钱雇佣的劳动所带来的边际产量等于每一元钱租入的资本所带来的边际产量，即最后一单位的成本支出不论用来购买哪种生产要素所获得的边际产量都相等，从而达到生产要素的最优组合，实现生产者均衡。任何不满足公式（4.21）的劳动与资本的组合方式都不是最佳的，可以通过要素的重新组合来增加产量（或减少成本）。假设 $MP_L=16$，$MP_K=10$，$w=r=4$，则：$\frac{MP_L}{w}=\frac{16}{4}>\frac{MP_K}{r}=\frac{10}{4}$。这时每一元钱雇佣的劳动所带来的边际产量大于每一元钱租入的资本所带来的边际产量，厂商用劳动代替资本是有利可图的。厂商将继续这个替代过程，直到在边际报酬递减规律作用下（MP_L下降，MP_K上升）使公式（4.21）成立为止。

五、生产扩展线

生产扩展线代表着不同产量水平下的最低长期总成本，是厂商在长期的扩张或者收缩生产时必须遵循的路线。它表示在生产要素价格、生产技术和其他条件不变的情况下，当生产的成本或产量发生变化时，厂商必然会沿着扩展线来选择最优的生产组合，从而实现既定成本下的产量最大化或既定产量下的成本最小化。

由上述分析可知，所有等产量线和等成本线的切点都代表一定产量或成本条件下的生产要素投入的最优组合，都是生产的均衡点。在生产要素的价格、生产技术和其他条件不变时，如果企业改变成本，等成本线就会发生平移；如果企业改变产量，等产量线也会发生平移。这些不同的等产量线将与不同的等成本线相切，形成一系列不同的生产均衡点，这些生产均衡点的轨迹就是生产扩展线（Expansion Path），如图 4-8 所示。

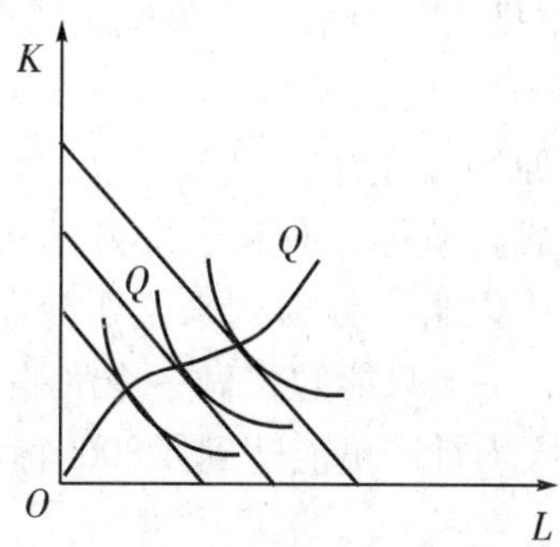

图 4-8　生产扩展线

第四节　规模报酬

我们在第三节分别讨论了一种可变要素的短期生产函数和两种可变要素按不同比例变动的长期生产函数。此外，企业在生产的长期规划中需要考虑的另一个与生产要素投入密切相关的问题是：如果所有的生产要素的投入量等比例增加，总产量将如何变化？这就是规模报酬问题。

一、规模报酬的含义

所谓规模报酬，是指在其他条件不变的情况下，企业内部各种生产要素按等比例变化带来的产量变化，即规模报酬分析的是厂商的生产规模变化与引起的产量变化之间的关系。由于企业只有在长期中才可能变动全部生产要素，进而变动生产规模，因此规模报酬分析属于长期生产理论问题。理解这一概念时，要注意以下三点：

第一，规模报酬发生作用的条件是以技术不变为前提的。

第二，在生产中使用的两种可变投入要素是按同比例增加的，并且不考虑技术系数变化的影响以及由于生产组织规模的调整对产量的影响。

第三，两种生产要素增加引起的产量或收益变动情况，就如同边际收益递减规律发生作用一样，也有规模报酬递增、规模报酬不变、规模报酬递减三个阶段。

二、规模报酬的类型及原因分析

上述的规模报酬的三种情况也可以用数学方法进行表述。假设生产函数为 $Q=f(L,K)$，劳动与资本投入量同时增加到 h 倍（即 L 和 K 均乘以系数 h），若产量随之增长 λ 倍，那么生产函数进一步可写为：

$$\lambda Q=f(hL,hK) \tag{4.22}$$

这样通过系数 λ 和 h 之间的比较，可以得到以下三种关系：

第一，如果 $h>\lambda$，表示产量增加的速度超过要素增加的速度，那么生产函数为规模报酬递增。例如，当劳动和资本分别投入为 2 单位时，产出为 100 个单位，但生产

200 单位产量所需的劳动和资本投入分别小于 4 单位。产出是原来的 2 倍，投入却不到原来的 2 倍。

产生规模报酬递增的主要原因在于生产规模的扩大会使得劳动分工更为专业化，有利于利用更先进的技术、机器设备等，有利于资源的集约化使用，从而提高生产效率。亚当·斯密在《国富论》中以大头针为例来说明专业化分工如何产生规模报酬递增。一个未受到专业训练的人，一天只能勉强做一个大头针，但如果将生产分为 18 个工序，每人只承担一个工序，人均日产量能达到 4 800 个大头针，专业化带来的规模报酬递增现象是十分显著的。

规模报酬递增的一个典型例子是汽车制造业，一般来说，汽车生产企业的生产规模越大，其生产成本往往越低，因而越具有竞争优势。20 世纪初期的美国福特汽车公司由于引入流水线生产，因此可以进行大规模的专业流程分工。在 1908 年，需要 12.5 小时才能生产一辆 T 型汽车，到了 1925 年每 10 秒就可以生产一辆 T 型汽车。1925 年，福特汽车公司 T 型汽车的销售量超过了 1 500 万辆，而每辆汽车的价格却降到了其最初的 1/10。

第二，如果 $h=\lambda$，表示产量增加的速度等于要素增加的速度，那么生产函数为规模报酬不变。例如，当劳动和资本分别投入为 2 单位时，产出为 100 个单位；当劳动和资本分别投入为 4 单位时，产出为 200 个单位。产出与投入增加相同的倍数。

出现这种情况的主要原因在于：企业可以对现有的生产能力进行复制。如果所有的要素投入都翻倍，企业就可以建造两座同样的工厂，使产量翻倍。中国传统社会中的许多家庭手工业作坊一般都具有规模报酬不变的特征，每增加一名家庭成员，就相应地增加一个简单手工工具，产出则是按照相应比例增加。

第三，如果 $h<\lambda$，表示产量增加的速度小于要素增加的速度，那么生产函数为规模报酬递减。例如，当劳动和资本分别投入为 2 单位时，产出为 100 个单位；当劳动和资本分别投入为 4 单位时，产出却低于 200 个单位。投入是原来的两倍，但是产出却不及原来的两倍。规模报酬递减一般出现在企业的生产规模过于庞大时。这时，专业化分工的好处已充分利用，同时也会产生信息传递缺乏效率、部门林立导致摩擦增多、管理者和生产者缺少必要的交流等问题。这些问题都会降低生产要素的生产率，使产出的增长率落后于投入的增长率。

在柯布—道格拉斯生产函数 $Q=f(L,K)=AL^{\alpha}K^{\beta}$ 中，如果 $\alpha+\beta>1$，则为生产的规模报酬递增；如果 $\alpha+\beta=1$ 时，则为规模报酬不变；如果 $\alpha+\beta<1$ 时，则为规模报酬递减。

一般来讲，企业的规模扩张会呈现规模报酬递减的规律，即企业规模扩张的开始阶段会出现规模报酬递增，然后经历规模报酬不变，最后达到规模报酬递减阶段。最优规模应该在生产达到一定规模后产生，但并不一定是最大规模。因此，投入—产出的规模报酬的三种情况并不是相互独立、相互隔离的，而是贯穿企业整个生产过程中有内在联系的三个阶段。

习题

1. 解释以下关键术语：

生产函数　边际报酬递减规律　等产量线　边际技术替代率　等成本线　规模报酬

2. 一个企业主在考虑再雇佣一个工人时，在劳动的边际产量和平均产量中他更关注哪一个？

3. 画图说明短期生产函数 $Q=f(L)$ 的 TP_L 曲线、AP_L 曲线和 MP_L 曲线的特征及其相互之间的关系。

4. 短期生产的三个阶段是如何划分的？为什么厂商的理性决策应在第二阶段？

5. 分别画图说明：厂商在既定成本条件下是如何实现最大产量的最优要素组合的；厂商在既定产量条件下是如何实现最小成本的最优要素组合的。

6. 某企业生产一种产品，劳动为唯一可变要素，固定成本既定。短期生产函数为 $Q=-0.1L^3+6L^2+12L$。求：

(1) 劳动的平均产量函数和边际产量函数。

(2) 企业雇用工人的合理范围是多少？

(3) 若已知劳动的价格为 $W=480$，产品的价格为 40，那么企业生产多少产品才能使利润达到最大？

7. 已知生产函数为 $Q=f(L,K)=KL-0.5L^2-0.32K^2$，$Q$ 表示产量，K 表示资本，L 表示劳动。令 $K=10$。求：

(1) 劳动的平均产量函数和边际产量函数。

(2) 当总产量、平均产量达到最大值时，厂商需雇用的劳动。

第五章　成本与收益理论

引导案例

上大学值吗?

2013 年高考期间，有网友总结了历年“高考账单”的变化，称备考成本在 30 年间涨幅超过 8 万倍。一时间，“高价备战高考值不值”，乃至“上大学到底值不值”成为热议的焦点。

在居民的收入支出中，教育支出的占比越来越高。假如一个孩子上大学四年的会计成本是上大学的学费、书费和生活费，按照现行价格标准，一个普通家庭培养一个大学生的这三项费用之和是 8 万元。孩子如果不上大学，会找份工作，按照现行劳动力价格标准假设是 16 万元。孩子上大学经济学概念的成本是 24 万元。这还没算上在未进大学校门前，家长为了让孩子接受最好的教育花费的从小学到中学的择校费用。

上大学的成本如此之高，为什么家长还选择让孩子上大学？因为这种选择符合经济学理论，即收益的最大化原则。我们抽象计算一下孩子上大学与不上大学一生的成本与收益。假如孩子不上大学，18 岁就工作，工作到 60 岁，共 42 年，平均每年收入是 4 万元，共 168 万元。假如孩子上大学，22 岁工作，工作到 60 岁，共 38 年，平均每年收入是 10 万元，共 380 万元，减去上大学的经济学成本 24 万元，还剩下 356 万元。与不上大学的收入相比，上大学多得到的收入是 188 万元。这还没考虑学历高带来的名誉、地位等其他效应。为什么家长舍得在子女教育上投入，这就在情理之中了。这里说的“选择”是有两个前提的，一是在能考上大学的前提下，二是我们说的只是一般情况。

对一些特殊的人而言，情况就不是这样了。例如，一个有足球天赋的青年，如果在高中毕业后去踢足球，每年可收入 200 万元。这样，他上大学的机会成本就是 800 万元。这远远高于一个大学生一生的收入。这就是把机会成本作为上大学的代价。因此，从理性经济人角度来看，有这种天赋的青年，即使学校提供全额奖学金也不会去上大学。当你了解机会成本后就知道为什么有些年轻人不上大学的原因了。可见机会成本这个概念在我们日常生活决策中是十分重要的。

教学目的

通过本章的学习，掌握产量变动与成本变动的相互关系，并从中认识各种成本的变动规律及相互关系，熟悉各种成本概念、曲线的形状；要能够理解机会成本在厂商和个人经营管理决策过程中的运用；掌握厂商实现利润最大化的条件的基本原理与运用。

本章重难点

机会成本、短期边际成本、7种短期成本间的关系、长期平均成本、边际收益以及利润最大化的条件。

第一节 成本的测度

成本是经济学最基本的概念之一，它通常是以货币支出来衡量从事某项经济活动所必须支付的代价。厂商的生产成本又称生产费用，是指厂商在生产过程中为生产产品而支付的一切费用的总和。实际上，成本就是购买各种生产要素所支付的货币。由于生产要素包括劳动、资本、土地和企业家才能，因此成本相应包括工资、利息、地租和正常利润。其中，正常利润是企业家才能的报酬，它包括在成本当中。

有关成本的概念，站在不同的立场，从不同的角度出发，都会得出具有独特意义的成本概念。因此，在展开对成本如何测度的分析之前，有必要首先了解各种成本的概念。

一、机会成本

由于出发点不同，经济学家和会计学家对成本的看法大不相同。会计学家按照税法和企业会计准则的要求，把已发生的与厂商有关的一切经济活动的实际支出、费用等计入成本，以客观公正地反映厂商的财务状况和经营成果。我们把这种财会意义上的成本称为会计成本。

经济学家认为，在经济学分析中，仅仅从会计成本的角度理解成本概念是不够的。因为经济学是要研究一个社会如何对稀缺性资源进行合理配置的问题，使用会计成本的概念并不能判断资源是否已达到最优配置。由于经济资源的稀缺性决定了一个社会的经济物品在一定时期内是一个定量，也就是说，当生产要素被用于一种产品生产时，其就不可能再被用来生产其他产品，即失去了这种资源可能用于其他产品生产所能获得收益的机会。当资源稀缺且这种资源具有可供选择的多种用途时，就需要考虑机会成本，即经济资源因用于特定用途而放弃的、在其他可供替代的使用机会中能够取得的最高收益。因此，经济学家非常重视机会成本。例如，某农民有1万元钱可用于养猪、养鸡、养鸭三个用途，如果他选择养猪，就不能养鸡或养鸭。假定养猪、养鸡、养鸭的收益分别为9万元、7万元、8万元，那么养猪的机会成本就是放弃养鸡或养鸭中的最高收益8万元，养鸡或养鸭的机会成本则是9万元。因此，当我们选择了某种资源的用途时，也就意味着放弃了从这些用途中可能得到的其他最大收益的机会，这个机会就构成了我们选择这种用途的成本。

在理解机会成本时，应该注意以下几个问题：

第一，机会成本不同于实际成本，它不是做出某项选择时实际支付的费用或损失，而是一种观念上的成本或损失。

第二，机会成本是做出一种选择时放弃的其他若干种可能的选择中最好的一种。

二、显性成本与隐性成本

厂商的生产成本可分为显性成本和隐性成本两部分。

显性成本是指厂商为生产一定数量的产品而购买生产要素的实际支出，包括原料的支出、工人的工资、租金以及贷款的利息等，是可以从会计账簿上查到的成本，也称会计成本。由于显性成本涉及厂商对与之有经济往来的企业或个人的直接支付，因而显性成本包含在会计成本之中。

隐性成本是指厂商在生产过程中或经营活动中使用了自有资源，应该支付给自己的但实际没有支付的报酬。由于是自有要素，因此厂商不需为使用它们而发生任何实际支出，但这并不意味着自有要素的使用就没有成本。事实上，如果企业不使用自己的生产要素，而是把它们出租或出售给其他企业，就能获得一定收益，这种收益构成了厂商使用自有要素的机会成本，即隐性成本。例如，厂商把自己的建筑物作为厂房设备而无需支付房租，对于会计人员来说，厂商的办公成本为零。但经济学家认为如果厂商租用其他人的厂房需要支付租金，那么厂商使用自有的房屋时，也应考虑这笔租金，所不同的是此时厂商是向自己支付租金。

从机会成本的角度看，隐性成本必须按照厂商自有生产要素在其他最佳用途中所能得到的收入来支付，否则厂商就会把自有生产要素转移到其他用途上，以获得更多的报酬。

显性成本和隐性成本之间的区别说明了经济学家和会计学家分析经营活动的角度不同。经济学家关心研究厂商如何做出生产和定价决策，因此当他们衡量成本时就包括了隐性成本。会计学家关注流入和流出厂商的货币，结果他们只衡量显性成本，而忽略了隐性成本。在经济学分析中，生产成本应该是显性成本和隐性成本的总和，而会计成本只包括前者。经济学中的成本概念与会计学上的成本概念之间的关系，可以用下列公式表示：

会计成本＝显性成本

经济成本（或机会成本）＝显性成本+隐性成本＝会计成本+隐性成本

那么，是不是厂商所有的耗费都要列入机会成本呢？实际上，并不是厂商所花费的所有成本都要列入机会成本中，只有那些与厂商决策有关的成本才列入机会成本中，一些与厂商决策无关的成本则不列入。沉没成本不列入厂商的机会成本。沉没成本也叫旁置成本，是指由于过去的决策已经发生了的，而且不能由现在或将来的任何决策改变的成本。沉没成本是一种历史成本，对现有决策而言是不可控成本，会很大程度上影响人们的行为方式与决策。从这个意义上说，在投资决策时应排除沉没成本的干扰，即投资决策时应去除已经花费而无法补偿的成本。例如，你花了5元钱买了1个苹果，后来发现苹果有点坏了，但为了不浪费，你还是吃掉了苹果。这样你不但损失了5元钱，还吃了1个有点坏的苹果。其实，这5元钱就是沉没成本，是无论你怎么做都无法收回的成本。在处理沉没成本时，我们最容易犯的错误就是对于沉没成本过分眷恋，结果造成更大的亏损。

三、会计利润、经济利润和正常利润

显性成本、隐性成本的区别导致了厂商的会计利润、经济利润和正常利润的区别。

会计利润是指厂商的总收益减去所有的显性成本或者会计成本以后的余额。其公式表示为：

会计利润=总收益-会计成本=总收益-显性成本

经济利润也称超额利润，等于总收入减去总成本的差额。在经济学分析中提到的利润，是指厂商获得的所有收益中扣除土地、劳动、资本等所有生产要素的全部机会成本之后的剩余。在会计利润的计算中，没有考虑隐性成本，也就是厂商使用早已占用的既非购买也非租用的生产要素进行生产而导致的机会成本。隐性成本在会计记录中体现不出来，但经济学分析中必须考虑这部分成本。除了经济利润，经济学中还有一种利润——正常利润，即厂商对自己所提供的企业家才能的报酬的支付，是成本的一个组成部分。

经济利润=总收益-经济成本

=总收益-(显性成本+隐性成本)

=总收益-(会计成本+隐性成本)

=总收益-(会计成本+正常利润)

由表5-1可以看出，会计利润和经济利润并不相同。在正常情况下，隐成本大于0，因此会计利润大于经济利润。

表5-1　会计利润与经济利润的区别

会计师的算法		经济学家的算法	
项　目	金额（元）	项　目	金额（元）
销售收益 原材料费用 水电费 工资 银行利息	300 000 130 000 10 000 50 000 10 000	销售收益 原材料费用 水电费 工资 银行利息	300 000 130 000 10 000 50 000 10 000
		隐含租金 隐含利息 隐含工资	50 000 10 000 40 000
会计成本	200 000	经济成本	300 000
会计利润	100 000	经济利润	0

经济利润可以为正，或者为负，或者为零。在西方经济学中，经济利润是资源配置和重新配置的信号。当某一行业存在正的经济利润，意味着这个行业内企业的总收益超过了机会成本，有超额利润，生产资源的所有者就会把资源从其他行业转移到这个行业。因为他们在该行业可能获得的收益超过了该资源的其他用途。正的经济利润是资源进入某一行业的信号；反之，如果一个行业的经济利润为负，生产资源将会从

该行业退出，即负的经济利润是资源从某一行业撤出的信号。只有经济利润为零时，厂商才没有进入某一行业或退出某一行业的动机。

需要注意的是，如果某厂商的经济利润为零，并不意味着没有赚钱（从会计角度看），而是该厂商使用的全部生产要素，无论是在公开市场中购买的，还是自有的，都得到了市场的最好报酬，即厂商获得了正常利润。

四、成本函数

成本函数是成本理论的重点，反映了产出与生产成本之间的数量变化关系。具体来说，成本函数是指生产各种水平的产出量所需要的最小成本。如果用 C 表示生产成本，用 Q 表示产量，那么成本函数可以表示为一个自变量为产量的函数式，即

$$C=\Phi(Q)$$

与生产函数一样，成本函数也分为短期成本函数和长期成本函数，短期与长期同样是以生产要素能否全部调整为依据的。在短期内，有些生产要素投入是固定不变的，因此厂商的短期成本可分为固定成本和可变成本。在长期内，所有的生产要素投入量都是可以调整的，因此不存在固定成本。

短期成本分析和长期成本分析对企业来说，都是非常重要的。当一个企业还未建立之前，投资者要对自己的投资能力以及市场对产品的需求程度进行投入产出分析，确定最佳生产规模，以实现利润最大化。这时所有的生产要素都是可以调整的，因此投资者此时进行的成本分析属于长期成本分析。当企业的厂房、设备等固定资产购置以后，即生产规模一旦确定，厂商就只能根据现有生产能力、产品市场以及生产要素市场的价格变化来确定每日每月或每个季度的实际产量，以实现利润最大化。此时，企业只能调整可变生产要素，其进行的成本分析属于短期成本分析。如果企业在经过一段时间生产以后，发现自己的企业规模不适度而要调整生产规模时，企业又面临着长期成本分析。

第二节　短期成本函数

在短期内，企业受固定要素（厂房、设备等）的限制，生产能力基本确定，因此主要任务是利用现有生产能力组织生产，从而创造利润。这就要求企业了解其产品成本与产量之间的关系。

一、短期成本类型

我们知道，在短期内，企业至少有一种投入要素是固定不变的，因此短期中的成本相应地分为总成本、固定成本、可变成本、平均（总）成本、平均固定成本、平均可变成本和边际成本。其也可以进一步分为短期总量成本和短期单位成本两大类型。

（一）短期总量成本：总成本、固定成本和可变成本

固定成本（Total Fixed Cost，TFC）有时也称为固定开销或沉淀成本，是指厂商在

短期内无法改变的那些固定投入带来的成本，主要包括厂房和办公室的租金、固定资产的折旧费、长期工作人员的薪金、债务的利息支付、企业的各种保险费等。固定成本不随产量的变化而变化，即使企业停产、产出为零也必须支付这些开支，只有当企业完全倒闭时才不再发生。因此，固定成本是一个常数，即在短期内固定成本与产量的变化没有关系，其成本曲线为一水平线。固定成本可表示为：

$$TFC=r\bar{K} \tag{5.1}$$

式中，r 是给定的资本价格，$\bar{K}$ 表示资本是不变投入要素，两者的乘积为常数。

与固定成本相反，可变成本（Total Variable Cost，TVC）是厂商在短期内为生产一定量的产量对可变要素付出的总成本，如厂商对原料、燃料、辅助材料和普通工人工资的支付。由于厂商在短期内总是要根据产量的变化来调整可变要素投入量，因此可变成本曲线 TVC 是产量的函数，从原点出发，向右上方倾斜，表明可变成本随产量的变动而同方向变动；当产量为零时，可变成本也为零。可变成本函数可表示为：

$$TVC=w\cdot L(Q) \tag{5.2}$$

式中，w 是劳动的价格，$L(Q)$ 表示每一产量水平 Q 相对应的可变要素劳动的投入量 L，可变成本函数是产量 Q 的函数。

固定成本与可变成本之和就是企业生产的总成本（Total Cost，TC）。总成本是厂商在短期内为生产一定量的产品对全部生产要素所付出的总成本。

$$TC=TFC+TVC=r\bar{K}+w\cdot L(Q) \tag{5.3}$$

由公式（5.3）可见，和可变成本函数一样，总成本函数也是产量的函数，两者变化的方向与幅度完全一致，区别只是总成本函数多了一项常数（固定成本）。

（二）短期单位成本：平均（总）成本、平均固定成本、平均可变成本和边际成本

和生产理论中除了分析总产量的变化，还需分析平均产量、边际产量一样，在成本理论中也一样需要分析研究平均成本和边际成本的变化规律。平均成本和边际成本都是最重要的成本概念之一，如果将总成本分别与产量相除和求一阶导数，即可得到平均成本和边际成本。由于在短期生产中存在三个总成本，因此也就有三个平均成本和一个边际成本。

平均固定成本（AFC）是指厂商在短期内平均每单位产量所消耗的不变成本，等于固定成本除以总产量。其变动规律是：一直下降，产量越大，平均固定成本越小，下降幅度是先快后慢。其公式表示为：

$$AFC=TFC/Q \tag{5.4}$$

平均变动成本（AVC）是指厂商在短期内平均每生产一单位产量所消耗的可变成本。其公式表示为：

$$AVC=TVC/Q \tag{5.5}$$

平均总成本（ATC）是指厂商在短期内平均每生产一单位产量所消耗的全部成本。其公式表示为：

$$ATC=TC/Q=AFC+AVC \tag{5.6}$$

边际成本（MC）是指厂商在短期内增加或减少一单位产量所带来的总成本的变化

量。由于固定成本不随企业产出水平变化而变化（$\Delta FC=0$），因此短期边际成本也可以说是每增加或减少一单位产量所引起的可变成本的变化量。其公式表示为：

$$MC=\Delta TC/\Delta Q=(\Delta VC+\Delta FC)/\Delta Q=\Delta VC/\Delta Q \text{ 或 } MC=\mathrm{d}TC/\mathrm{d}Q \quad (5.7)$$

边际成本告诉企业要增加多少成本才能增加一单位的产出。边际成本是成本理论中非常重要的一个概念，同边际收益一起决定了企业最优生产经营规模的大小。一般来说，产品的生产要经历巨大的固定成本投入，等达到一定的生产规模后，再生产额外一单位产品的成本是极低的，如各类服装厂、制药厂，其在达到一定规模后，再生产一件衣服、一片药的成本是非常低的，即此时的边际成本很低。但是，并不是所有的产品的边际成本都很低。例如，一架波音 747 飞机在其乘客数量还没有达到其最高限量（假设 300 人）时，额外增加一名乘客的成本是非常低的，无非就是多一份空中快餐而已。但是，如果说有 301 人要同时乘坐这架飞机，就得更换成更大的飞机，如空中客车 A380 飞机，这样第 301 名乘客的边际成本等于空中客车 A380 飞机与原先的波音 474 飞机的造价之差。又如，2016 年全面"二胎"政策正式落地，然而在规划"二胎"的时候，除去衣食费用、时间成本、心理负担和其他经济支出，仅因家庭人口增加引发的置业成本和孩子未来的教育成本，就成为"准二胎"家庭面临的最大难题。

二、短期成本曲线及其之间的相互关系

为了分析上述各类短期成本的变动规律及其相互关系，我们假定某产品短期的生产成本如表 5-2 所示。当可变生产要素劳动由 0 单位增加到 1 单位时，带来产量由 0 单位增加到 4 单位，即 $\Delta Q=4$；固定成本 $FC=25$ 元，不随产量变动而变动；可变成本 VC 随产量变动而变动，由 0 增加到 25 单位，$\Delta VC=25$ 元；总成本为总固定成本与总可变成本之和，为 50 单位，$\Delta TC=25$ 元；平均固定成本为总固定成本除以总产量，即 $AFC=FC/Q=25\div4=6.25$ 元；平均可变成本为总可变成本除以总产量，即 $AVC=VC/Q=25\div4=6.25$ 元；平均总成本为平均固定成本与平均可变成本之和，或总成本除以总产量，即 $AC=TC/Q=50\div4=12.50$ 元，或者 $AC=AFC+AVC=6.25+6.25=12.50$ 元。短期边际成本为总成本的增加量除以总产量的增加量，即 $MC=\Delta TC/\Delta Q=25\div4=6.25$ 元。依此类推，可以计算出其他数据。

表 5-2　　某产品短期成本表

	劳动（工人数/天）	产量（件/天）	总固定成本（TFC）（元/天）	总可变成本（TVC）（元/天）	总成本（TC）（元/天）	边际成本（MC）（元/每增加一件）	平均固定成本（AFC）（元/件）	平均可变成本（AVC）（元/件）	平均总成本（ATC）（元/件）
a	0	0	25	0	25		—	—	—
						…… 6.25			
b	1	4	25	25	50		6.25	6.25	12.50
						…… 4.17			
c	2	10	25	50	75		2.50	5.00	7.50
						…… 8.33			
d	3	13	25	75	100		1.92	5.77	7.69
						…… 12.50			
e	4	15	25	100	125		1.67	6.77	8.33
						…… 25.00			
f	5	16	25	125	150		1.56	7.81	9.38

根据表5-2可绘图得到短期各种成本曲线图，如图5-1所示。以下我们结合图形来说明各种短期成本之间的相互关系。

（一）*TC*、*TFC*、*TVC*之间的关系

图5-1（a）显示的是总成本曲线、可变成本曲线、固定成本曲线。由于固定成本是不随产量变化而变化的常量，因此其图形为一条截纵轴（成本轴）于25元处的水平直线。可变成本在产量为零时也等于零，之后随产量的增加而增加。在到达拐点*A*之前，因为企业投入的可变要素相对固定要素来说数量过少，其边际产量不断增加，因此可变成本增长的速度逐渐减慢，*OA*段*VC*曲线因此而向上凸。过*A*点之后，与固定要素相比，可变要素逐渐富余，其边际报酬开始递减。此时，增加一定比例的产量要求投入更大比例的可变要素，因此可变成本增长的速度越来越快，反映在图5-1（a）中就是*A*点之后*TVC*曲线的斜率递增。

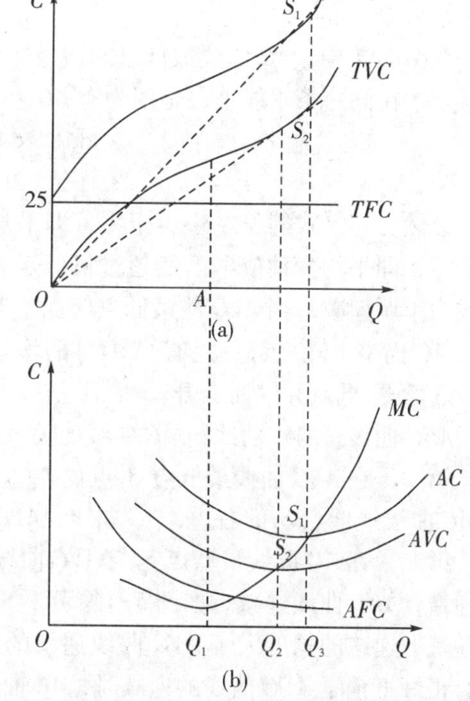

图5-1 短期成本曲线图

总成本从数量上等于固定成本与可变成本相加之和，其曲线形状则与可变成本曲线*TVC*的形状完全一样，都是先以递减的速度上升，再以递增的速度上升，是由可变成本曲线*TVC*向上平行移动了一段相当于固定成本大小的距离而得到的，总成本曲线*TC*和变动成本曲线*TVC*之间的垂直距离永远等于固定成本*TFC*。不同的是，*TVC*曲线的起点是原点，*TC*曲线的起点是*TFC*曲线与纵轴的交点。

（二）短期平均成本*AC*、平均固定成本*AFC*、平均可变成本*AVC*之间的关系

图5-1（b）中的*AVC*曲线是由图5-1（a）中的*TVC*曲线推导出来的，根据平均可变成本的概念，*TVC*曲线上的任一点与原点连线的斜率即是该产量水平上的平均可变成本。由于平均可变投入要素的边际生产率先递增后递减，因此*AVC*曲线随产量增加先下降后上升，呈U形。*AVC*曲线的最低点与产量为Q_2的水平相对应。从图5-1（a）中可以看出，*TVC*曲线上与产量Q_2对应的点与原点连线的斜率是*TVC*曲线上斜率最小的一条连线，同时该斜线与变动成本曲线相切。

和平均可变成本曲线一样，图5-1（b）中的*AC*曲线是由图5-1（a）中的*TC*曲线推导来的，*TC*曲线上的任一点与原点连线的斜率即是该产量水平的平均成本。由于平均成本等于平均固定成本与平均可变成本之和，因此*AC*曲线位于*AFC*曲线和*AVC*曲线之上，并且*AC*曲线与*AVC*曲线之间的纵向距离就等于该产量水平上的*AFC*值。又由于*AFC*曲线呈递减的下降趋势，因此随着产量增加，*AC*曲线与*AVC*曲线之间的垂

直距离不断减小，直到达到 AC 曲线的最低点。

与 AVC 曲线一样，AC 曲线也呈 U 形，表明平均成本随产量的增加先下降后上升，其最低点也同样是连接原点的一条和总成本曲线相切的斜线所对应的位置，即图 5-1 中产量为 Q_3时的成本水平。

在图 5-1 中，AC 曲线最低点的横坐标大于 AVC 曲线最低点的横坐标，之所以两个最低点不在同一条垂线上，是因为有 $AC = AVC + TFC/Q$。因此，可以得到以下等式：

$$\frac{\mathrm{d}AC}{\mathrm{d}Q}=\frac{\mathrm{d}AVC}{\mathrm{d}Q}-\frac{TFC}{Q^2}$$

显然，当上式等号左边等于零，即平均成本达到最小值时，等式右边第一项必然大于零，即平均变动成本已经超过最低点并开始上升了。也可以这样理解：由于 AFC 曲线为单调递减，当 AVC 从最低点转而上升时，只要 AVC 的增量小于 AFC 的减少量，那么 AC 仍呈下降之势；只有当 AVC 的增量正好等于 AFC 的减少量并进一步增加时，AC 才达到最低点并继而上升。

AFC 曲线、AVC 曲线与 AC 曲线的关系如下：

第一，在 AVC 曲线最低点 S_2点的左边，SAC 曲线、AVC 曲线和 AFC 曲线都递减；在 AC 曲线最低点 S_1的右边，AC 曲线、AVC 曲线递增，AFC 曲线缓慢递减。

第二，在 AC 曲线最低点 S_1与 AVC 曲线最低点 S_2之间，AC 曲线缓慢递减，AVC 曲线递增，AFC 曲线递减。如图 5-1 所示，$SAC=AVC+AFC$。AVC 曲线缓慢递增，AFC 曲线递减但递减的幅度大于 AVC 曲线递增的幅度，因此 AC 曲线缓慢递减；AVC 曲线递增，正好抵消了 AFC 曲线的递减时，AC 曲线达到最低点；当 AVC 曲线持续递增且递增的幅度大于 AFC 曲线递减的幅度，AC 曲线递增。

（三）短期边际成本 SMC、短期平均成本 SAC、平均可变成本 AVC 的关系

由公式（5.7）可知，边际成本是总成本或变动成本对产量的一阶导数，在几何意义上则是总成本曲线或可变成本曲线上相应各点切线的斜率。据此，可以得到边际成本曲线，如图 5-1（b）所示。与 AVC 曲线、AFC 曲线一样，MC 曲线也呈 U 形，即在产量较低时，边际成本随产量的增加而减少，当达到一个最低点后，边际成本则随着产量的增加而增加。边际成本的最低点对应总成本曲线或变动成本曲线的拐点，即成本函数二阶导数为零时的点，是曲线斜率递减和递增的分界点，如图 5-1（b）中产量为 Q_1时的成本水平。

MC 曲线和 AVC 曲线、AC 曲线都表现为 U 形曲线，造成这种现象的原因则是由于变动要素的边际报酬递减规律。换句话来说就是边际报酬递增使得相同要素投入带来产量的更快增长，从而每增加一单位产量时所需增加的成本下降，边际成本曲线随之下降；反之，随着产量的不断增加，生产要素的边际报酬递减，使得生产中增加每一单位产量时所需增加的成本上升，边际成本曲线随之上升。此外，由于 MC 曲线是成本曲线的斜率而不是成本曲线上任一点与原点连线的斜率，因此 MC 曲线比 AVC 曲线和 AC 曲线更早到达最低点，并且 MC 曲线从下向上穿过 AC 曲线和 AVC 曲线的最低点。

1. MC 曲线与 AC 曲线的关系

MC 曲线和 AC 曲线之间的关系可用数学方法证明如下：

$$AC'=\frac{\mathrm{d}}{\mathrm{d}Q}\left(\frac{TC}{Q}\right)=\frac{1}{Q}\cdot TC'-\frac{TC}{Q^2}=\frac{1}{Q}\left(TC'-\frac{TC}{Q}\right)=\frac{1}{Q}(MC-AC)$$

显然，当 $MC-AC=0$ 时，AC 的一阶导数等于零，表明平均总成本曲线的斜率等于零，即平均总成本达到极小值；当 $MC-AC<0$ 时，AC 的一阶导数小于零，表明平均总成本曲线的斜率小于零，即平均总成本曲线下降；当 $MC-AC>0$ 时，则有 AC 的一阶导数大于零，表明平均总成本曲线的斜率大于零，即平均总成本上升。因此，MC 曲线一定会穿过 AC 曲线的最低点。在 AC 曲线最低点 S_1，$AC=MC$，这个最低点 S_1，也称为收支相抵点。

2. MC 曲线与 AVC 曲线的关系

同样地，平均可变成本与边际成本的关系采用上述方法也可以证明如下：

$$AVC'=\frac{\mathrm{d}}{\mathrm{d}Q}\left(\frac{TVC}{Q}\right)=\frac{1}{Q}\cdot TVC'-\frac{TC}{Q^2}=\frac{1}{Q}\left(TVC'-\frac{TVC}{Q}\right)=\frac{1}{Q}(MC-AC)$$

因此，当 $MC=AVC$ 时，表明平均可变成本曲线的斜率为零，即平均可变成本达到极小值；当 $MC>AVC$ 时，AVC 递增；当 $MC<AVC$ 时，AVC 递减。因此，MC 曲线一定会穿过 AVC 曲线的最低点。在 AVC 线最低点 S_2，$AVC=MC$，这个最低点 S_2，也称为停止营业点。

除此之外，根据图 5-1 中总成本曲线与平均成本之间的关系，也可以发现这一点。由于边际成本是成本曲线上对应每一产量水平切线的斜率，当这条切线正好通过原点时，也就恰好同平均成本的最低点合二为一了，即当边际成本等于平均成本时，这时的平均成本也就是最小平均成本。正是因为总成本曲线和可变成本曲线具有相同的斜率，当平均可变成本达到最小值时，此时在总成本曲线上该产量对应的切线不可能通过原点。因此，平均总成本的最小值就不可能和平均可变成本的最小值重合，只有进一步增加可变要素的投入，随产量增加使得边际成本也增加，这时总成本曲线上的切线才可能进一步向左旋转直至通过原点，达到了平均总成本的最低点。从而进一步解释了为什么平均总成本的最小值对应的产量要大于平均可变成本最小值对应的产量。

三、短期产量曲线和短期成本曲线之间的关系

前面我们曾经提到过，成本函数与生产函数有着密切的关系，成本函数是生产函数的函数。在这里，我们进一步深入研究两者之间的对应关系，以加深对成本和产量关系的进一步理解。

（一）边际成本与边际产量的关系

边际报酬递减规律决定了短期成本的变动。在短期生产中，边际产量的递增阶段对应的是边际成本的递减阶段，边际产量的递减阶段对应的是边际成本的递增阶段，与边际产量的最大值相对应的是边际成本的最小值。正因为如此，在边际报酬递减规律作用下的边际成本曲线表现出先降后升的 U 形特征。我们可以用数学方法来具体说明。

假定劳动是唯一的可变要素，其价格（工资率）w 固定不变，在此情形下，任一

产量水平对应的可变成本 VC 就等于劳动投入量 L 与其价格 w 的乘积。由公式（5.7）可得：

$$MC=\Delta VC/\Delta Q=w\cdot\Delta L/\Delta Q=w/MP_L \tag{5.8}$$

公式（5.8）说明，边际成本 MC 与劳动的边际产出 MP_L 成反比。MP_L 先递增后递减，则 MC 先递减后递增，其曲线同样呈 U 形。边际成本曲线上升部分反映了边际报酬递减规律的作用。

（二）平均产量与平均可变成本的关系

由公式（5.2）可知：

$$AVC=TVC/Q=w\cdot L(Q)/Q=w/AP_L \tag{5.9}$$

由此，可以得出以下两个结论：

第一，平均可变成本 AVC 和平均产量 AP_L 两者的变动方向是相反的。当平均产量 AP_L 处于递增的阶段时，平均可变成本 AVC 会处于递减的阶段；当平均产量 AP_L 处于递减的阶段时，平均可变成本 AVC 递增且平均产量 AP_L 的最高点对应着平均可变成本 AVC 的最低点（如图 5-2 所示）。

第二，边际成本曲线 MC 和平均可变成本曲线 AVC 相交于 AVC 曲线的最低点；边际产量曲线 MP_L 和平均产量曲线 AP_L 相交于 AP_L 曲线的最高点。因此，MC 曲线和 AVC 曲线的交点与 MP_L 曲线和 AP_L 曲线的交点是对应的。

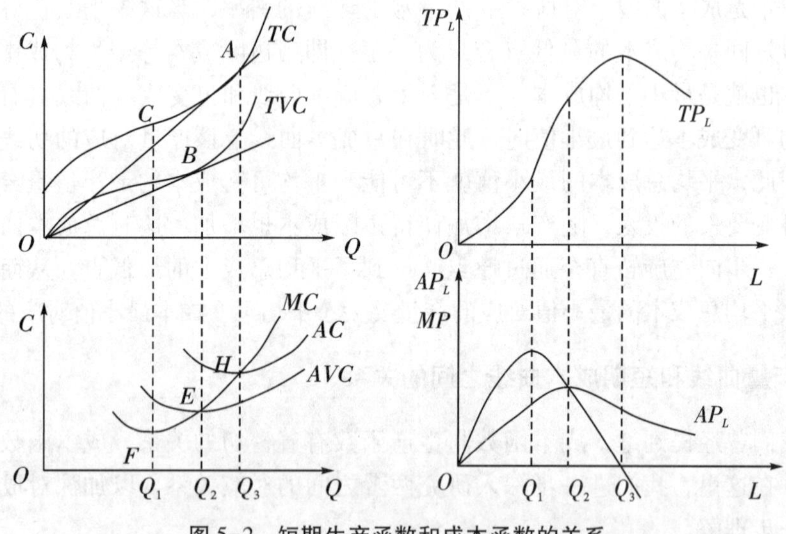

图 5-2　短期生产函数和成本函数的关系

第三节　长期成本函数

在长期内，我们假定企业有充足的时间调整其全部生产要素，这给企业以极大的灵活性，使得企业可以根据计划产量、技术状况利用不同规模的机器、厂房、设备等资本要素。从长期看，厂商总是可以在每一个产量上选择最优的生产规模进行生产，从而能以比短期中的更低的平均成本进行生产，使其生产更为经济。在长期内，企业不存在任何固定要素，所有的生产要素都是可变的，没有固定成本和可变成本的区别。这样，在长期内，我们只关心企业的长期总成本（LTC）、长期平均成本（LAC）与长期边际成本（LMC）。

一、长期总成本

长期总成本是指厂商在长期内在每一个产量水平上通过选择最优的生产规模所能达到的最低总成本。长期总成本曲线是无数条短期总成本曲线的包络线。那么厂商的长期总成本曲线是如何形成的呢？

生产同一产量，长期成本之所以会低于短期成本，是因为企业在长期内可以沿着生产扩展线用最优的投入要素组合进行生产。在要素数量和要素价格已知的情况下，计算长期生产扩张线上各点的成本水平，就可以得到长期总成本曲线。

如图 5-3 所示，假定只有劳动和资本两种投入，a、b、c 分别代表当产量为 Q_1、Q_2、Q_3时的最优投入组合，它们都在生产扩展线上。图 5-3 中的 STC_1、STC_2、STC_3分别代表不同的固定资产规模下的短期总成本，FC_1、FC_2、FC_3分别代表其固定成本，其高低往往表示生产规模的大小。STC_1曲线代表的生产规模最小；STC_2曲线代表的生产规模居中；STC_3曲线代表的生产规模最大。

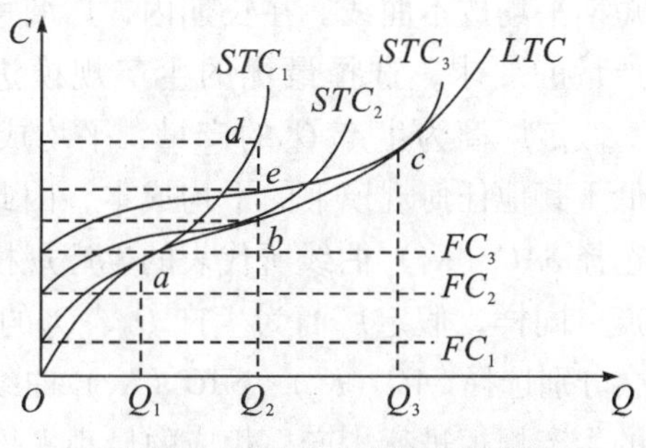

图 5-3　最优生产规模的选择和长期总成本曲线 LTC

现在假定厂商可以在三种不同的生产规模中选择产量为 Q_2的生产。如果选择生产规模为 STC_1，则厂商的总成本（注：当厂商确定了生产规模以后，此处的总成本就是短期总成本）为 Q_2d；如果选择生产规模为 STC_2，则厂商的总成本为 Q_2b；如果选择生产规模为 STC_3，则厂商的总成本为 Q_2e。可见，厂商可以用三种不同规模来生产同一产量 Q_2，但选择规模 STC_2时，总成本最低，b 点就是生产产量 Q_2时的最低成本点。同样地，产量 Q_1、Q_3的最低成本点为 a、c。图 5-3 中 a、b、c 三点分别代表三个产量 Q_1、Q_2、Q_3所对应的三种生产规模的短期总成本，同时又是在长期厂商在每一个产量水平上通过选择最优的生产规模所能达到的最低总成本经过的点。a、b、c 各点为 LTC 曲线与三条 STC 曲线的切点。

从理论上讲，如果固定资产可以无限细分，生产规模也可以无限细分，厂商就可以在任何一个产量上都找到一个相应的最佳规模，都有一个最低水平的总成本，把这无数个最低的总成本点连接起来，就形成了 LTC 曲线。因此，长期总成本曲线是无数条短期总成本曲线的包络线。需要强调的是，长期总成本曲线代表的是厂商在长期生产一定产量的最佳规模和最小总成本。

从图形上看，长期总成本 LTC 曲线是从原点出发向右上方倾斜的。其形状与短期总成本 STC 曲线完全相似，但两者有区别：第一，LTC 曲线从原点出发，而 STC 曲线的出发点高于原点。第二，两者虽然形状相似，但形成的原因却不相同。*STC* 曲线的形状是由可变投入要素的边际收益率先递增后递减决定的，而 *LTC* 曲线的形状是由规模报酬先递增后递减决定的。

二、长期平均成本

长期平均成本是指厂商在长期内平均生产每一产量水平的最低总成本。长期平均成本等于长期总成本除以产量。如果用 Q 表示产量，长期平均成本可用公式表示为：

$$LAC=LTC/Q$$

在长期成本分析中，最重要的概念就是长期平均成本，其对厂商的决策影响非常大。追求利润最大化的厂商在规划生产时，一定会试图把长期平均成本降到最低。

在图 5-4 中，$SAC\ (K_1)$、$SAC\ (K_2)$ 和 $SAC\ (K_3)$ 分别代表了三个生产规模越来越大的短期平均成本曲线。在长期内，厂商可以根据产量的要求，选择最优的生产规模进行生产。假定厂商为生产 Q_1的产量，平均成本 C_1 是低于其他任何规模下的平均成本，因此厂商会选择 $SAC\ (K_1)$ 曲线所代表的生产规模进行生产。同样，假定厂商为生产 Q_2、Q_3的产量，则会分别选择 $SAC\ (K_2)$、$SAC\ (K_3)$ 曲线所代表的生产规模进行生产，相应的最小平均成本为 C_2和 C_3。任意两条短期平均成本曲线的交点表示在该点对应的产量水平上，由这两个生产规模进行生产的成本是相同的，那么厂商究竟应该选哪一种生产规模进行生产呢？那就要看在长期中产品的销量是扩张的还是收缩的。如果是倾向扩张的，就应该选择较大的生产规模；如果是倾向收缩的，就应该选择较小的生产规模。因此，可以容易地看出，只有三种生产规模的选择时的 *LAC* 曲线是图 5-4 中 *SAC* 曲线的实线部分。

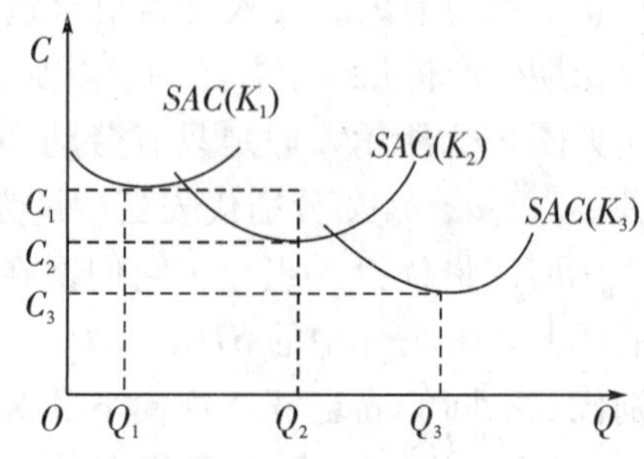

图 5-4　最优生产规模的选择

由于在长期内厂商可选择的生产规模很多，在理论分析中，假定生产规模可以无限细分，从而有无数条 *SAC* 曲线。于是，便可以得到长期平均成本曲线，如图 5-5 所示。长期平均成本曲线 *LAC* 是反应产量与最低平均成本对应关系的曲线，是由无数条短期平均成本曲线的最低点集合而成（即始终处于最低平均成本状态），是一条由无数条短期平均成本曲线相切的线（包络线）。

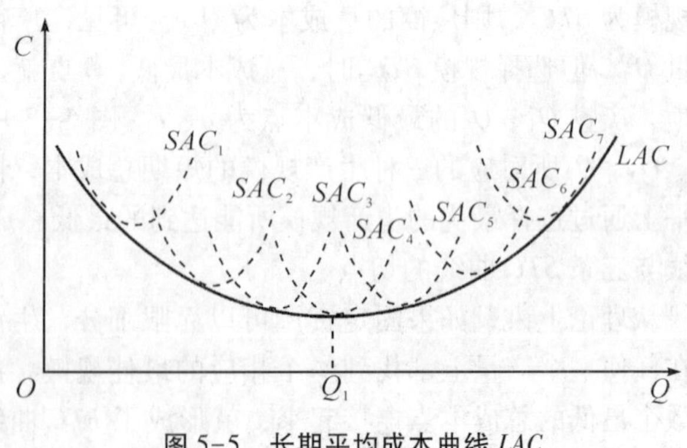

图 5-5　长期平均成本曲线 *LAC*

需要注意的是，长期平均成本曲线只有在最低点处才与短期平均成本曲线相切于最低点。在长期平均成本曲线下降阶段，与所对应的短期平均成本曲线相切于其左边；

在长期平均成本曲线上升阶段，与所对应的短期平均成本曲线相切于其右边。

尽管长期平均成本曲线 *LAC* 与短期平均成本曲线 *SAC* 都是 U 形曲线，但其决定因素却是不同的。短期平均成本曲线的 U 形是由短期可变投入要素的边际生产率先递增后递减决定的，即由边际报酬递减规律的作用决定的；而长期平均成本曲线的 U 形是由长期生产中的规模经济和规模不经济决定的。

所谓规模经济，是指在企业生产扩张的开始阶段时，厂商由于扩大生产规模而使得经济效益得到提高，即产出的增长率大于成本增长率的情形。产生规模经济的主要原因是劳动分工和工业专业化、劳动协作关系的改善以及技术因素等。具体来说，造成规模经济的原因包括规模报酬的递增、管理成本的降低以及因大量采购原材料获得折扣等。规模不经济是指当生产扩张到一定规模以后，厂商继续扩大规模就会使得经济效益下降，即产出增长率小于成本增长率的情形。U 形长期平均成本曲线的下降阶段表示存在规模经济，上升阶段表示存在规模不经济。长期平均成本曲线的最底部，即平均成本最小值对应的产出量称为有效规模产量。

但是，讲到规模经济时一定要注意，厂商的规模并非越大越好，对于特定的生产技术，当厂商的规模扩大到一定程度后，生产就会出现规模不经济。造成规模不经济的原因主要是管理的低效率。由于厂商规模过大，信息传递费用增加、信号失真以及官僚主义的滋生，使得规模扩大带来了更大的成本增加，因此出现规模不经济。

此外，规模经济（规模不经济）概念和规模报酬递增（递减）之间存在紧密联系。规模报酬递增表现为产出增加的百分比大于投入要素增加的百分比，在要素价格不变的条件下，这会导致平均成本的下降，即出现规模经济；反之，在要素价格不变的条件下，规模报酬递减将引起规模不经济。而当规模报酬不变时，若要素价格不变，则长期平均成本保持不变，即规模经济与规模不经济相互平衡。因此，一般情况下，规模经济与规模报酬递增（或规模不经济与规模报酬递减）这两个概念可以互换使用。但是，严格来说，规模经济和规模报酬递增（或规模不经济与规模报酬递减）不是同一个概念。规模报酬要求投入要素同时按照相同比例增加，涉及投入和产出的关系；而规模经济则允许厂商在改变生产水平时，改变投入要素组合的比例，涉及规模和成本的关系。因此，规模经济概念包含规模报酬递增的特殊情形，规模报酬递增是产生规模经济的原因之一。

三、长期边际成本

长期边际成本是厂商在长期内增加一单位产量引起的最低总成本的增量。从理论上讲，假设产量是可以无限细分的，那么长期边际成本就是当产量变化极小时，长期总成本的变化量。因此，长期边际成本是长期总成本的一阶导数，用公式表示为：

$$LMC=\lim_{\Delta Q\to 0}\frac{\Delta LTC}{\Delta Q}=\frac{\mathrm{d}LTC}{\mathrm{d}Q} \tag{5.10}$$

某产量水平上的长期边际成本等于长期总成本 *LTC* 曲线上该点的斜率，因此，可以从 *LTC* 曲线推导出 *LMC* 曲线，也可根据短期和长期的关系由短期边际成本 *SMC* 曲线推导出 *LMC* 曲线。

在推导长期总成本曲线时，我们知道，长期总成本曲线是短期总成本曲线的包络线。在长期内的每一个产量水平上，*LTC* 曲线都与一条代表最优生产规模的 *STC* 曲线相切，这说明这两条曲线的斜率是相等的。由于 *LTC* 曲线的斜率是相应的 *LMC* 值，*STC* 曲线的斜率是相应的 *SMC* 值，由此可以推知，在长期内，每一个产量上的 *LMC* 值都与代表最优生产规模的 *SMC* 值相等。根据这种关系，便可以由 *SMC* 曲线推导出 *LMC* 曲线。但是，与长期总成本曲线和长期平均成本曲线的推导不同，长期边际成本曲线不是短期边际成本曲线的包络线。

如图 5-6 所示，每一个产量上代表最优生产规模的 *SAC* 曲线都有一条相应的 *SMC* 曲线，每一条 *SMC* 曲线都过相应的 *SAC* 曲线最低点。在 Q_1 产量上，生产该产量的最优生产规模由 SAC_1 曲线和 SMC_1 曲线代表，相对应的短期边际成本为 PQ_1，同时也是长期边际成本，有 $LMC=SMC_1=PQ_1$。同理，在产量 Q_2 上，有 $LMC=SMC_2=RQ_2$。在产量 Q_3 上，有 $LMC=SMC_3=SQ_3$。在生产规模可以无限细分的情况下，可以得到无数个类似于 *P*、*R*、*S* 的点，将这些点连接起来便得到一条光滑的长期边际成本曲线。在 *LAC* 曲线最低点（*R* 点），有 $LAC=LMC=SMC=SAC$。

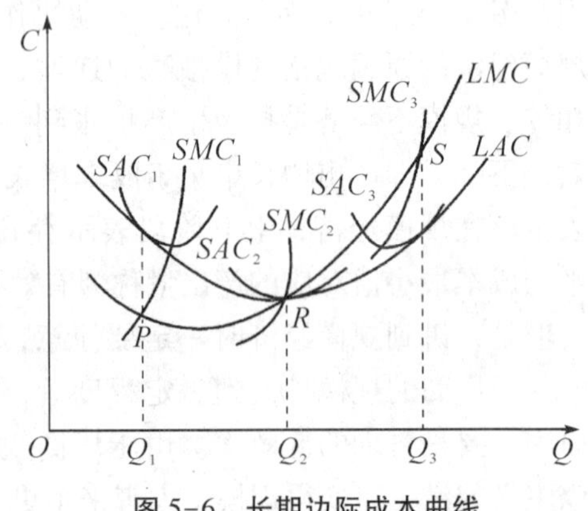

图 5-6　长期边际成本曲线

长期边际成本曲线 *LMC* 与 *SMC* 曲线一样，也是随着产量的增加先减少而后增加的，因此长期边际成本曲线也是一条先下降而后上升的 U 形曲线。

长期边际成本与长期平均成本的关系是在长期平均成本下降时，长期边际成本小于长期平均成本；在长期平均成本上升时，长期边际成本大于长期平均成本；在长期平均成本的最低点（长期边际成本曲线与长期平均成本曲线相交于长期平均成本曲线的最低点），长期边际成本等于长期平均成本。

第四节　收益与利润最大化

在讨论厂商的收益之前，我们首先假设厂商及其经理人追求的目标是获取最大经济利润。因此，对利润最大化厂商有如下定义：一个利润最大化厂商选择它的投入与产出水平的唯一目标是获取最大的经济利润，即厂商尽可能努力扩大总收益与其总经济成本之间的差额。

因此，在分析了厂商的成本之后，厂商能否获得最大利润还取决于厂商的收益。这是因为任何一个厂商的利润（π）都可以看成总收益扣除总成本之后的余额，即：

$$\pi=TR-TC \tag{5.11}$$

下面我们从厂商的收益入手，讨论有关厂商利润最大化问题。

一、收益及收益函数

收益是厂商销售产品的全部收入，是销售价格与销售数量的乘积。同前面我们分析产量和成本时一样，厂商的收益也可分为总收益、平均收益和边际收益。

总收益（Total Revenue，TR）是指厂商按一定价格出售一定量产品所获得的全部货币收入。如果用 P 表示产品的单位价格，用 Q 表示产品出售量，总收益可以用公式表示为：

$$TR=PQ \tag{5.12}$$

平均收益（Average Revenue，AR）是指厂商平均每一单位产品销售所获得的货币收入。其用公式表示为：

$$AR=TR/Q \tag{5.13}$$

边际收益（Marginal Revenue，MR）是指增加一单位产品的销售所增加的收益，即最后一单位产品的售出所取得的收益。其用公式表示为：

$$MR=\frac{\Delta TR}{\Delta Q} \quad 或 \quad MR=\lim_{\Delta Q\to 0}\frac{\Delta TR}{\Delta Q}=\frac{\mathrm{d}TR}{\mathrm{d}Q} \tag{5.14}$$

边际收益和边际产量、边际成本一样都是经济分析中十分重要的概念。厂商为了获得最大利润，必须对每增加或减少一个单位的产量带来总收益的变化量有所了解和掌握，通过与边际成本进行比较，从而判断厂商是否实现最大利润，以便及时对产量做出调整。

收益函数描述的是厂商总收益与产量之间的数量变动关系，即当产量变化时，厂商的收益将如何随产量的变化而变化。显然，收益函数对研究厂商如何获取最大利润是非常重要的。为了便于问题的研究，我们假设产品的产出量等于产品的销售量。

从公式（5.12）中可以看到，总收益函数中包含了产品的销售价格，表明收益的大小并不完全取决于厂商的个人意志，还与市场对产品的需求有关，市场对这种产品需求的高低决定了产品的价格。换言之，收益曲线的形状取决于需求曲线的形状。因此，对厂商收益的研究比单纯分析厂商的产量、成本要复杂得多，也困难得多。

（一）价格变化条件下的收益曲线

根据需求理论，产品价格与需求量呈反向变化，即价格提高，需求量减少；价格降低，需求量增加。因此，可以把价格表示成产量的函数，用 $P(Q)$ 表示，于是有：

$$TR=P(Q)\cdot Q$$

如果我们假设某产品的需求函数是已知的，如 $P(Q)=a-bQ$（$a>0$，$b>0$，为常数）。在这种情况下，收益函数可表示为：

$$TR=P(Q)\cdot Q=aQ-bQ^2$$

同时有：

$$AR=TR/Q=P(Q)\cdot Q/Q=P(Q)=a-bQ$$

$$MR=\mathrm{d}TR/\mathrm{d}Q=a-2bQ$$

由此，可得到总收益曲线、平均收益曲线和边际收益曲线，如图 5-7 所示。

从图 5-7 中可以看出，厂商的总收益 TR 曲线从原点出发，表明没有产量也不可能有收益。随着产量的增加，厂商的总收益开始以递减的速度增长，直到边际收益 MR 为零。此时，总收益 TR 达到最大。过最高点之后总收益 TR 又以一个递增的速度快速下降，直至再次为零。这时，厂商的收益为零，这是由产量过大以至于产品的销售价格降为零造成的。厂商的平均收益 AR 曲线与需求 D 曲线重合；边际收益 MR 曲线位于平均收益 AR 曲线之下，说明 MR 下降的速度要远快于 AR。

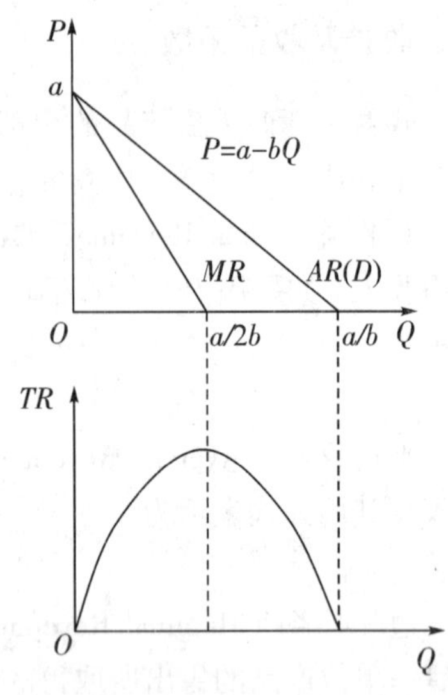

图 5-7　价格变化的收益曲线

厂商的总收益之所以呈现如此的变化规律，通过边际收益可以很好地说明。由于需求规律的作用，使得该产品的需求曲线为一条向下倾斜的直线，即需求量与价格之间互为反比例关系。由边际收益函数可知，该产品的边际收益是产量的函数，而且是一条比需求曲线下降得更快的斜线，其斜率为需求曲线的两倍。因此，在产量最初增加的情况下，由于边际收益尽管下降但大于零，因此厂商的总收益以一个递减的速度上升；一旦边际收益降为零，表明厂商已经得到了其能通过产品销售得到的最大收益，继续增加产量不能再增加收益，此时总收益达到最大值。过此点后，由于边际收益仍然下降并变成负值，表明增加产量不但不能增加厂商的收益，反而造成厂商收益的减少，从而带来总收益曲线的加速下降并直至为零。

（二）价格不变条件下的收益曲线

如果我们假设某产品的销售价格保持一个常数不变，如 $P=P_0$，如同后面我们将要介绍的完全竞争市场，这时厂商的总收益为：

$$TR=P_0 \cdot Q$$

由于 P_0 为不变的常数，因此总收益 TR 曲线是从原点出发的一条直线。

平均收益为：

$$AR=TR/Q=P_0 \cdot Q/Q=P_0$$

边际收益为：

$$MR=\mathrm{d}TR/\mathrm{d}Q=P_0$$

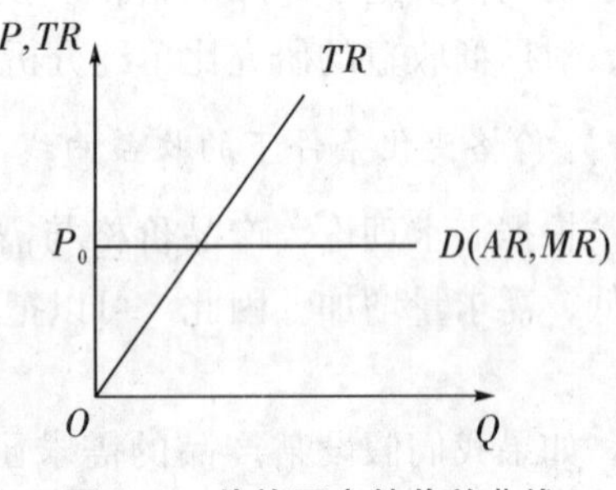

图 5-8　价格不变的收益曲线

可见，在价格不变的条件下，AR、MR 和需求曲线 D 完全重合（三线合一），如图 5-8 所示。

二、利润最大化原则

在研究厂商的利润时，必然涉及厂商的成本。在经济分析中论及的成本都是指经济成本。同样，这也就有了经济利润的概念。根据前面对成本、利润的定义，厂商在市场上以一定价格出售某一产品，由此获得的总收益与经济成本之间的差额被称为经济利润（π）。由于收益与成本都取决于产量，经济利润同样也是产量的函数，于是有：

$$\pi(Q)=P(Q)Q-TC(Q)=TR(Q)-TC(Q) \tag{5.15}$$

由公式（5.15）可以看到，在这里假设了产品的销售价格也是随产量变化的。按照选取最大化利润的必要条件，对公式（5.15）求产量 Q 的一阶导数，并令其为零，于是有：

$$\frac{\mathrm{d}\pi}{\mathrm{d}Q}=\frac{\mathrm{d}TR}{\mathrm{d}Q}-\frac{\mathrm{d}TC}{\mathrm{d}Q}=0$$

因此，极大值的一阶条件为：

$$\frac{\mathrm{d}TR}{\mathrm{d}Q}=\frac{\mathrm{d}TC}{\mathrm{d}Q}$$

或

$$MR=MC \tag{5.16}$$

这就是通常在入门性经济学课程里研究过的边际收益等于边际成本原则的一个简单的数学表达。

按照上述定义，如果一个厂商决定其生产的产出水平在边际收益超过边际成本时就停下来，那么它将不能使得利润最大化，因为再多生产一个单位的产出将得到超过生产成本的额外收益。类似地，如果边际收益小于边际成本，则减少一个单位的产出虽然降低了收益，但成本下降得更多，于是减少产出将增加利润。无论从哪个角度来看，只有在增加的收益正好等于增加的成本时，厂商才不会再调整产量，这时就实现了利润最大化。如果厂商有可能进行“很小量”的调整，要做到这一点也就不是不可能的事情了。

习题

1. 解释以下关键术语：

会计成本　机会成本　经济成本　显性成本　隐性成本　固定成本　沉淀成本　边际成本　边际收益　平均成本　规模经济

2. 请说明短期产量曲线和短期成本曲线之间的关系。

3. 用图形说明短期总成本、短期总固定成本、短期可变成本、短期平均成本、短期平均可变成本、短期平均固定成本以及短期边际成本之间的关系。

4. 为什么短期平均成本曲线和长期平均成本曲线都是 U 形曲线？

5. 假设某产品生产的边际成本函数是 $MC=3Q^2-8Q+100$。若生产 5 单位产品时的总成本是 595，求总成本函数、平均成本函数、可变成本函数以及平均可变成本函数。

6. 已知总成本函数为 $TC=5Q^3-35Q^2+90Q+120$，自哪一点起 TC 及 TVC 遵循报酬递减规律？

第六章 市场结构

引导案例

政府举办的大型养鸡场为什么失败

20 世纪 80 年代，一些城市为了保证居民的菜篮子供应，由政府出资举办了大型养鸡场，但成功者较少，许多养鸡场最后以破产告终。这其中的原因是多方面的，重要的一点在于鸡蛋市场是一个完全竞争市场。

鸡蛋市场上有许多买者和卖者，其中任何一个生产者，即使是大型养鸡场，在市场总供给量中的比例都是微不足道的，难以改变产量来影响价格，只能接受市场价格；鸡蛋市场没有任何进入限制，谁想进入都可以，而且投资少；鸡蛋是无差别产品，生产者无法以产品差别建立自己的垄断地位。因此，鸡蛋市场是典型的完全竞争市场。

在这个市场上，在短期内鸡蛋生产者可能有超额利润（如发生了鸡瘟，鸡蛋供小于求，价格高），也可能亏损（如生产者进入太多，鸡蛋供给大于需求，价格低）。但在长期内一定是价格等于平均成本，生产者经济利润为零。生产者所赚的是由机会成本带来的会计利润。例如，生产者不向自己支付工资，会计利润中没有这一项，但这是机会成本。

政府建立的大型养鸡场在这种完全竞争的市场上没有什么优势，其规模不足以控制市场，产品也没有特色。政府建立的大型养鸡场要以平等的身份与那些分散的养鸡场竞争。但这种大型养鸡场的成本一般大于行业平均成本。因为这些大型养鸡场的固定成本远远高于农户养鸡。政府建立的大型养鸡场建有大型鸡舍，采用机械化方式，而且有一批管理人员，工作人员也是有工资的工人。这些成本的增加远远大于机械化养鸡带来的好处，因为农户养鸡几乎没有什么固定成本，也不向自己支付工资，差别仅仅是种鸡支出和饲料支出。当鸡蛋行业的主力是农户时，行业平均成本也是由他们决定的。政府建立的大型养鸡场的成本高于农户养鸡的差别，也就是高于行业平均成本，当价格等于行业平均成本时，就必然低于大型养鸡场的平均成本。政府建立的养鸡场在与农户的竞争中并无优势，其破产是必然的。

此案例说明，在完全竞争市场上，价格由行业平均成本决定，大型企业由于固定成本和可变成本开支都比较大，因此其个别成本高于平均成本，必然发生亏损。

教学目的

本章主要通过把厂商成本与所处的市场环境约束结合起来，以厂商追求利润最大化为出发点，探讨不同类型市场中厂商短期和长期的均衡状态，并在此基础上评析不同市场结构生产和分配效率的差异。通过本章的学习，应能够给出不同类型市场的概念，描述不同市场的特点；掌握完全竞争厂商的需求曲线和短期均衡条件；了解完全垄断厂商和垄断竞争厂商的短期均衡和长期均衡的条件；理解厂商在面临不同市场环境约束条件下的有效竞争策略，认识非竞争性市场和竞争性市场相比较存在的效率损失。

本章重难点

完全竞争及完全竞争市场上的短期均衡、长期均衡，垄断竞争条件下厂商的收益曲线、短期均衡和长期均衡，完全垄断的条件，价格歧视，寡头垄断的条件。

第一节　市场结构和厂商决策的共性原则

前面我们分析了需求和供给的基本原理，分析了消费者和生产者的决策问题。但是，要做进一步分析的话，这些消费者和生产者的决策还必须通过某种途径相互联系起来，才能够真正发挥作用。这种途径便是市场。微观经济学中的市场是指从事某一种商品买卖的有形或无形的交易场所。从本质上讲，市场是物品（产品或劳务）买卖双方相互作用并得以决定其交易价格和交易数量的一种组织形式或制度安排。经济中所有的市场可以分为商品市场和生产要素市场，本章研究的是商品市场。任何一种商品都有一个市场，有多少种商品，就有多少个市场。

细心观察我们会发现，现实中存在不同类型的市场。例如，如果学校食堂或者各种餐馆把价格提高 20%，其销量就会大量下降，其顾客会很快转而去其他食堂或餐馆购买食物。又如，如果校园里的通信服务商把数据流量包或者话费上调 20%，则该通信服务商的产品销量减少得并不明显，也许学生们可能会少打些电话、少发些信息、少用上网流量，但并不意味着会直接不用各种通信服务。再如，如果由学校区域开往城市中心商业街唯一一辆公交汽车的费用由原来的 1 元每人上涨到 1. 2 元每人，则乘坐人数并不会因为其价格上升而出现明显的变化，主要原因在于城市公交车仅由一家企业提供，并且由学校到城市中心商业街仅此一条线路的公交车可到达，乘客别无选择，因此涨价对乘客而言，并不会对其乘车次数有较大影响。

我们在市场上购买产品时，往往会面临不同的厂商可供选择，其都能供给同种产品。一般来讲，越是消费者必需的商品或越是易于生产的商品，其生产厂商也越多，消费者的选择范围也越大。例如，我们买衣服时，会面临整个地区、全中国甚至全世界的服装厂商的产品可供选择，但要是购买微软公司的核心技术或是可口可乐的配比秘方时，则只能有唯一的厂商可供选择。

一般而言，决定市场类型划分的主要因素如下：

第一，厂商的数量。市场中厂商数量的多寡反映了每个市场势力的大小。一般情况下，厂商的数量越多，每个厂商对市场中产品价格影响越小或者根本没有影响，市场的竞争程度越高，而垄断程度越低；反之，厂商数量越少，厂商就越有能力影响其出售的产品的市场价格，市场的竞争程度越低，而垄断程度越高。

第二，产品的差异性（属性）。假定厂商数量一定，则厂商生产的产品的同质性越高，市场竞争也就越激烈，而垄断性越弱；反之，产品的同质性越低，即差异性越大，则市场势力越强，竞争程度也会越低，而垄断性程度越高。

第三，单个厂商对市场价格的控制程度。如果产品的交易价格是由市场供求关系决定的，单个厂商对市场价格的控制程度较弱，则其竞争性就较强；如果企业能够用自己的力量在不同程度上决定产品的市场交易价格，其市场竞争程度就较弱，这样的市场结构就容易不同程度地产生垄断现象。

第四，单个厂商进入或退出一个行业的难易程度（要素流动障碍）。如果某行业要素流进或流出很容易，则厂商很容易进入或退出该行业，行业竞争程度就高，垄断程度就低；反之，要素流通不易（生产某种产品的原材料被控制，又没有适当的替代品），厂商就不容易进入或退出这个行业，厂商进入或退出该行业的成本都很高，则该行业竞争程度就很弱，而垄断程度很高。

第五，信息充分程度。信息越充分，厂商越容易根据市场调整自己的决策，市场竞争程度越高，而垄断程度越低；反之，信息越不充分，则掌握较多信息的厂商有竞争优势，逐渐处于垄断地位，导致市场垄断程度很强而竞争程度很弱。

西方经济学通常按市场竞争程度的不同将市场划分为四种类型：完全竞争市场、垄断竞争市场、寡头垄断市场和完全垄断市场，其具体情况如表 6-1 所示。其中，完全竞争和完全垄断处于两个极端状态，而垄断竞争和寡头垄断是介于这两个极端之间的普遍存在的市场结构。垄断竞争偏向于完全竞争但又存在一定程度的垄断，寡头垄断偏向于完全垄断但又存在一定程度的竞争。

表 6-1　市场类型的划分和特征

市场类型	厂商数目	产品差别程度	对价格控制的程度	进出难易程度	近似行业
完全竞争	很多	完全无差别	没有	很容易	农产品
垄断竞争	很多	有差别	有一些	比较容易	轻工业、零售业
寡头垄断	几个	有差别或无差别	相当程度	比较困难	钢铁、汽车、石油
完全垄断	唯一	唯一的产品且无相近替代品	很大程度，但经常受到管制	很困难，几乎不可能	公用事业、水、电等

与市场这一概念紧密联系的另一个概念就是行业。行业是指为同一种商品市场生产并提供产品的所有厂商的总体。行业与市场是紧密相连的两个概念。同一个商品的市场和行业的类型是一致的。例如，完全竞争市场对应的是完全竞争的行业。

第二节 完全竞争市场

一、完全竞争市场的含义及特征

完全竞争市场（Perfect Competition）又称纯粹竞争市场，是指一种不受任何阻碍、干扰和控制的市场结构，即购买者和销售者的购买和销售决策对市场价格没有任何影响的市场结构。经济分析中使用的“完全竞争”一词，意指不存在丝毫垄断因素，具有十分严格的含义。具体来说，一种产品的市场要具有完全竞争的性质，必须同时具备以下四个条件：

（一）市场上有大量的生产者和消费者

在市场的买方和卖方两边都必须有大量的参与者，从而任何一名消费者或生产者都不会在市场上占显著的份额，都无法通过个人的买卖行为来影响总产量或市场价格。市场价格是由整个市场的供求关系决定的，单个生产者（或消费者）则按照既定的价格卖出（或买进）其愿意卖出（或买进）的任何数量的产品，即完全竞争市场上每个消费者或生产者都是市场既定价格的接受者。

（二）产品是同质的，即不存在产品差别

在完全竞争市场上，所有厂商都生产同一种标准化产品；在消费者眼中，不管购买哪家厂商的产品都是没有差别的。这里所说的产品无差别不是指不同产品之间无差别，而是指同种产品在质量、包装、规格或销售条件等方面完全一样，各个厂商的产品可以完全替代。产品的同质性是市场统一价格的前提。

（三）厂商可自由进入或退出该行业（资源完全自由流动）

当外部条件发生变化时，产业发生相应的调整往往会导致部分资源自由进入或退出该行业。当行业扩张时，新的劳动力、土地、能源、资金等会流入该行业；而当行业收缩时，原行业内的部分资源又会流出该行业，另觅出路。一个完全竞争的市场就要求资源进入或退出该行业时没有人为和自然的壁垒。厂商总是能够及时向获利行业运动，而及时地退出亏损行业，结果缺乏效率的厂商会被市场淘汰，取而代之的是具有效率的厂商。

（四）生产者和消费者都拥有充分的、对称的信息

在完全竞争市场上，所有与该产品有关的信息都是完全公开的，市场中每个生产者和消费者都可以根据自己掌握的有关商品和市场的全部信息确定自己的最优决策，从而获得最大的经济利益。

这些条件是非常苛刻的，因此现实中的完全竞争市场实际上是不存在的，比较接近的是农产品市场。但是，现实中是否存在真正意义上的完全竞争市场并不重要，重要的是说明在假设的完全竞争条件下之下，市场机制如何调节经济。有了完全竞争的

市场，我们就有了一把尺子，一面镜子。

二、完全竞争厂商的需求曲线和收益曲线

在完全竞争市场上，单个厂商面临的需求曲线和所有厂商作为一个整体面临的市场需求曲线是不一样的，作为单个厂商无法左右市场价格，但所有厂商作为一个整体，是可以影响市场价格的，因此我们分两种情况来讨论需求曲线。

（一）完全竞争市场的需求曲线

按照完全竞争市场的假定，市场买卖双方有大量的参与者，因此市场（行业）的需求曲线与供给曲线应该反映众多的消费者和供给者的行为，如图 6-1（a）所示。图 6-1（a）中的需求曲线 D 向下倾斜，供给曲线 S 向上倾斜。市场均衡价格 P^* 由两条曲线的交点 E 决定。

（二）完全竞争厂商的需求曲线

单个厂商生产多少不足以影响市场价格，它所面对的需求曲线 d 是一条由既定市场价格出发的水平线，如图 6-1（b）所示。图 6-1（b）中厂商面对的需求曲线的高度就是市场价格 P^* 的高度，需求曲线与横轴平行，表明单个厂商产量的变动不会对市场价格造成影响，也就是说，完全竞争厂商是价格的接受者。一旦行业的供求均衡决定了市场价格水平之后，对于单个厂商来说，如果能按照这一价格出售产品，则在这一价格水平下面临的市场需求将是无限的，其需求函数形式为 $P=P^*$（P^* 是市场价格）。完全竞争市场上厂商面对的市场需求可以描述为：在价格不变条件下，无论生产多少商品都是可以卖出的，即需求曲线是一条水平线。

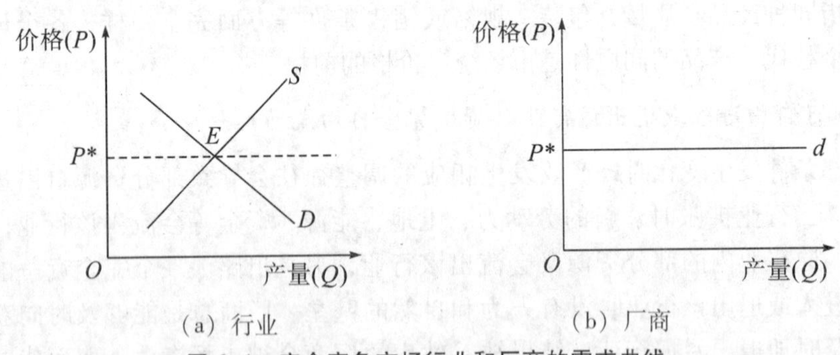

图 6-1　完全竞争市场行业和厂商的需求曲线

需要注意的是，在完全竞争市场上，每一个消费者或每一个厂商都是被动地接受既定的市场价格，但这并不意味着完全竞争市场的价格是固定不变的。当整个行业的供求发生变化时，如该行业生产技术水平提高、人工成本增加、消费者的收入水平提高等，供求曲线的位置就有可能发生移动，从而形成新的均衡价格。这样，我们就会得到由新的均衡价格水平出发的一条水平线，如图 6-2 所示。D_1 与 S_1 相交时，行业的均衡点为 E_1，均衡价格为 P_1，这时厂商的需求曲线对应为 d_1；当行业需求曲线的位置由 D_1 移至 D_2，同时供给曲线的位置由 S_1 移至 S_2 时，行业供求均衡点由 E_1 移至 E_2，产品的市场价格上升为 P_2，相应的厂商的需求曲线移至 d_2。

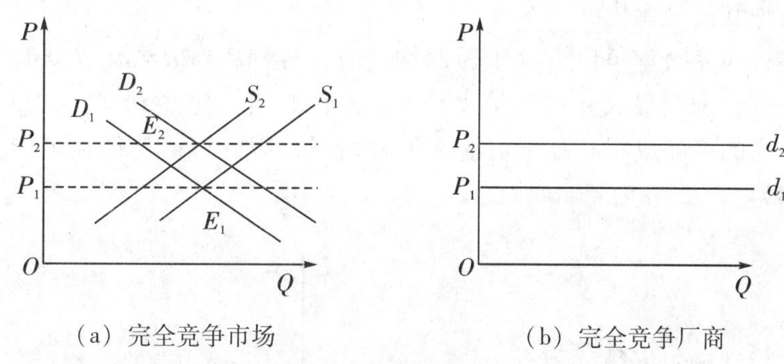

（a）完全竞争市场　　　　　　　　（b）完全竞争厂商

图 6-2　完全竞争市场价格的变动和厂商的需求曲线

三、完全竞争厂商的收益曲线

完全竞争市场的厂商是价格的接受者，因此其总收益为：

$$TR=PQ$$

由于面临水平的需求曲线，完全竞争市场厂商的平均收益等于价格，企业按既定的市场价格出售产品，每单位产量的售价也就是每单位产量的平均收益，因此价格等于平均收益（$AR=P$）。

在完全竞争市场上，平均收益等于边际收益，因为边际收益是增加一单位产量所增加的总收益。在完全竞争市场上，无论一个企业产量增加多少，价格总是不变的，因此边际收益等于价格（$MR=P$）。

从图 6-3 可以看出，由于边际收益大于零且保持为一个常数，厂商的总收益将随着产量的不断增加而直线上升，直至厂商无法继续增加产量为止。厂商的平均收益曲线、边际收益曲线和需求曲线重合，$AR=MR=P$。三条曲线合而为一，即产品的销售价格既是厂商可以获得的平均收益，又是厂商的边际收益，这是完全竞争市场区别于其他市场的一个十分重要的特点。

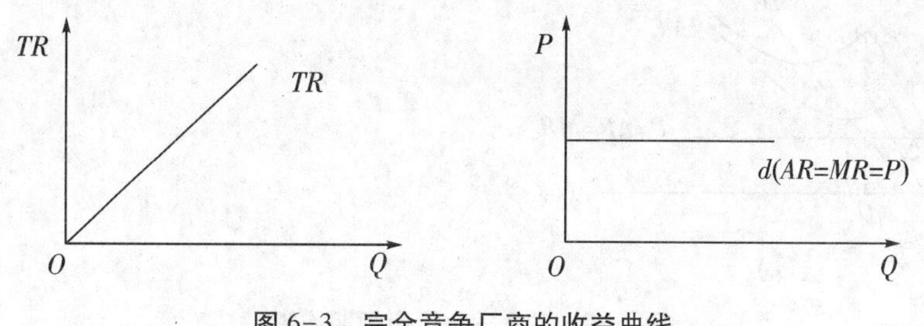

图 6-3　完全竞争厂商的收益曲线

四、完全竞争厂商的短期均衡

所谓厂商短期均衡，是指在该行业没有其他厂商进入和退出的条件下，单个厂商在只调整可变要素投入量的时期内所实现的均衡。在完全竞争条件下，由于单个厂商只能是市场既定价格的接受者，并且短期内其生产规模是固定的，因此在短期内，单个厂商是在给定的生产规模下，根据既定的市场价格，按照 $MR=MC$ 原则，通过对产量的调整来实现利润最大化。

综上所述，当完全竞争厂商处于短期均衡时，$P=AR=MR=MC$，此时实现了利润最大化。但是，在利润最大化的产量水平上，厂商是否一定盈利呢？在短期内，市场价格同单个厂商的产品成本相比，可能有五种情况，因此厂商均衡也可能存在五种状态（见图 6-4）。

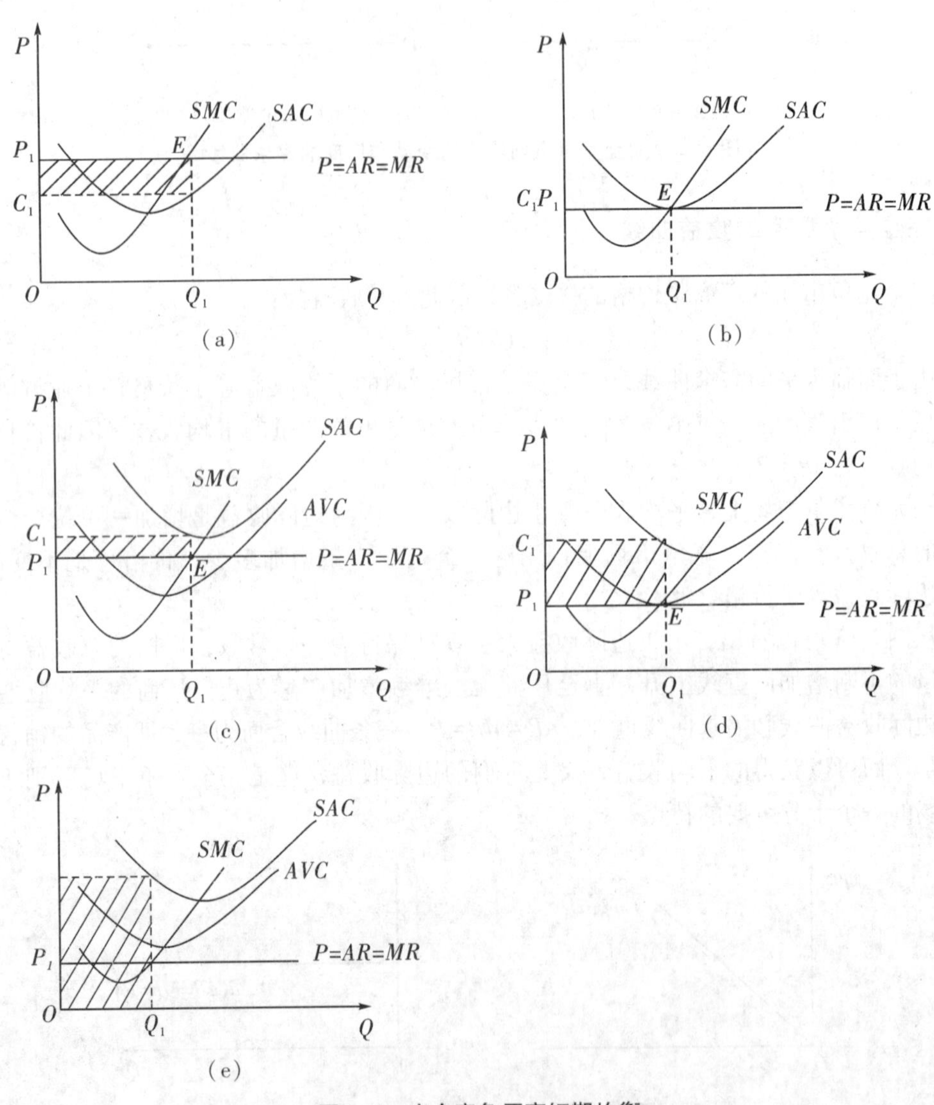

图 6-4　完全竞争厂商短期均衡

第一种情况：厂商面临的市场价格 P 高于厂商短期平均成本的最低点，即 $P=AR>SAC$，厂商获得超额利润。如图 6-4（a）中的 P_1 为整个市场供求决定的均衡价格，单个厂商只能是这个价格的接受者，其面临的需求曲线、平均收益曲线和边际收益曲线三线合一（$P=AR=MR$）。根据 $MR=MC$ 的利润最大化的均衡条件，厂商利润最大化的均衡点为 MR 曲线与 SMC 曲线的交点 E，相应的均衡产量为 Q_1。在 Q_1 的产量水平上，厂商的平均收益为 OP_1，平均成本为 OC_1，即 $AR=P_1>SAC$，厂商获得超额利润，利润总额为图 6-4（a）中阴影部分的面积。

第二种情况：厂商面临的市场价格 P 等于厂商短期平均成本 SAC 最小值，即 $P=SAC$ 最小值，厂商经济利润为零。在图 6-4（b）中，厂商面临的市场价格为 P_1，也是单个厂商面临的需求曲线，其恰好与短期平均成本 SAC 曲线相切于后者最低点 E。在第五章的学习中，我们知道短期边际成本 SMC 曲线与短期平均成本 SAC 曲线相交于后者的最低点，因此 SMC 也经过 E 点。同时，根据 $MR=MC$ 原则，E 点也是 SMC 曲线与 MR 曲线的交点，因此 E 点就是厂商的短期均衡点，相应的均衡产量为 Q_1。此时，厂商的平均收益 $AR=P=SAC$，厂商的经济利润为零，但厂商的正常利润全部都实现了。由于在这一点上，厂商既无利润，又无亏损，因此 SMC 曲线与 SAC 曲线的交点也被称为厂商的收支相抵点。

第三种情况：厂商面临的市场价格 P 高于平均可变成本 AVC 最小值，但低于短期平均成本 SAC 最小值，即 AVC 最小值 $<P=AR<SAC$ 最小值，厂商均衡将是最小亏损的均衡。在图 6-4（c）中，SMC 曲线与 MR 曲线相交决定的短期均衡点为 E，均衡产量为 Q_1。在 Q_1 的产量水平上，厂商的平均收益为 OP_1，平均成本为 OC_1，平均可变成本为 OC_2。由图 6-4（c）可知，平均收益小于平均成本，但大于平均可变成本。此时，厂商是亏损的［亏损总额为图 6-4（c）中阴影部分的面积］，但是仍然会继续生产。这是因为只有生产，厂商才能在用全部收益弥补全部的可变成本之后还有剩余，以弥补在短期内总是存在的固定成本的一部分；如果不生产，厂商将亏损全部的固定成本。因此，在这种情况下，生产要比不生产强。

第四种情况：厂商面临的市场价格 P 等于厂商短期平均可变成本 AVC 的最小值，即 $P=AR=AVC$ 最小值，此时厂商亏损，处于生产与不生产的临界点。在图 6-4（d）中，单个厂商面临的需求曲线与 AVC 曲线恰好相切于 AVC 曲线的最低点 E。在第五章的学习中，我们知道短期边际成本 SMC 曲线与短期平均成本 SAC 曲线相交于后者的最低点，因此 SMC 也经过 E 点，$SMC=MR$，E 点是厂商的短期均衡点。在均衡点 E 对应的 Q_1 产量水平上，平均收益（OP_1）小于平均成本（OC_1），厂商是亏损的。同时，平均收益和平均可变成本相等，厂商可以继续生产，也可以不生产。也就是说，生产与不生产对厂商来说结果都是一样的，其亏损总额均为图 6-4（c）中阴影部分的面积——固定成本。这是因为，如果厂商继续生产，厂商的全部收益只够弥补全部的可变成本，固定成本得不到任何弥补；如果厂商不继续生产，厂商虽不必支付可变成本，但固定成本仍然存在。由于在这一均衡点上，厂商处于生产与不生产的临界点，因此通常称该点为停止营业点或关闭点。

第五种情况：厂商面临的市场价格 P 低于厂商短期平均可变成本 AVC 的最小值，即 $P=AR<AVC$ 最小值，此时厂商亏损，如果进行生产，所得到的收益不足以弥补可变成本，因此厂商停止生产。在图 6-4（e）中，在均衡点 E 对应的 Q_1 产量水平上，平均收益（OP_1）小于平均可变成本（OC_1），厂商是亏损的，如果厂商继续生产的话，其全部收益连因生产而产生的可变成本都无法全部弥补，更谈不上对固定成本地弥补了。

而事实上，只要厂商停止生产，可变成本就降为零，亏损的只是固定成本这一部分。显然，这种情况下厂商将停止生产。

综上所述，完全竞争厂商短期均衡条件是：$MR=SMC$。其中，$MR=AR=P$。在短期均衡时，厂商的利润可以大于零，也可以等于零，或者小于零。可见，利润最大化并不意味着厂商一定能够赚钱，但在厂商处于短期均衡时，不是利润最大化就是损失最小化。

五、完全竞争厂商的短期供给曲线

在完全竞争市场上，面对任何市场价格，厂商在最大化利润条件下的产出量均为市场价格等于边际成本对应的产量，因此厂商的短期供给曲线为厂商的边际成本曲线。但是，考虑到厂商在短期内不会选择在价格低于平均变动成本最低点以下的部分从事生产，因此厂商的短期供给曲线严格表述应该为 SMC 曲线上大于和等于 AVC 曲线最低点的部分。厂商的短期供给曲线的形成如图 6-5 所示。

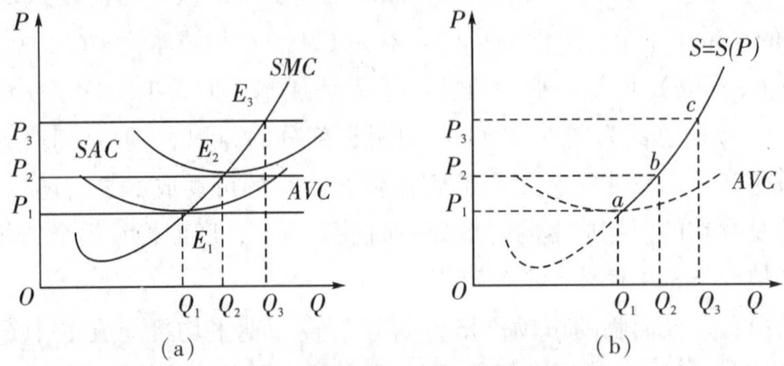

图 6-5　完全竞争市场厂商短期供给曲线的形成

从图 6-5 中可以看出，如果需求变动，在短期内，供给曲线不变，需求会上升，价格会提高，企业的产量会有一定的增加，因此企业的利润也会增加；相反，需求收缩，价格会下降，企业的产量和利润也会随之下降。当需求下降的幅度达到使市场价格低于某些企业的最低平均可变成本时，这些企业将会关闭。厂商的短期供给曲线，即图 6-5（b）中 a、b、c 三点的连线，就是图 6-5（a）中厂商平均成本最低点及其以上部分厂商均衡点 E_1、E_2、E_3 三点所表示的均衡价格和产量的组合。

可见，完全竞争厂商的短期供给曲线是向右上方倾斜的，它表示了商品价格和供给量之间同方向变动的关系。更重要的是，完全竞争厂商的短期供给曲线表示在每一个给定的市场价格水平下的供给量是能够给其带来最大利润或最小亏损的最优产量。如果假定行业的可变要素投入量的变化不影响其价格，完全竞争市场的行业短期供给曲线就是市场上全体厂商在给定某一价格水平上的供给量之和。行业的供给曲线就由全体厂商的供给曲线水平相加得来。

六、完全竞争市场的长期均衡

长期是指各厂商能够根据市场需求状况来调整全部生产要素及生产规模，也可以自由地进入或退出该行业的时期。在长期的生产中，所有的生产要素投入量都是可变的，完全竞争厂商是通过对全部生产要素投入量的调整来实现利润最大化的。

（一）完全竞争厂商的长期利润最大化

厂商长期利润最大化的原则是：

$$P = LMC$$

如图 6-6 所示，当市场价格为 P_1 时，按照 $P = MR = SMC$ 的原则，短期利润最大化产量为 q_s，利润为阴影部分的矩形面积 AP_1EF。在长期内，厂商能够调整生产规模，将扩大规模，将产量调整到 q_1 以满足 $P = LMC$ 的条件，此时利润为矩形 $BP_1E'F'$ 的面积。通过对图 6-6 的分析可以看出，在长期内，厂商通过对最优生产规模的选择，使自己的状况得到改善，从而获得了比在短期内所能获得的更大的利润。

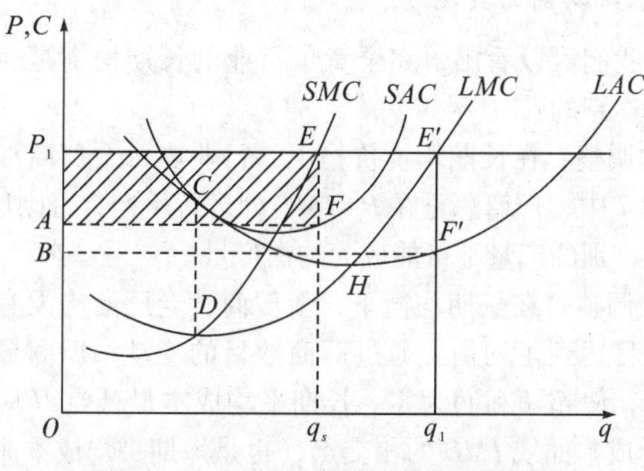

图 6-6 完全竞争厂商的长期利润最大化

（二）完全竞争行业的长期均衡

既然该行业中的厂商有面积为 $BP_1E'F'$ 的利润，这就会吸引大量的新厂商涌入该行业。这样，整个行业的供给会增加（供给曲线右移），在需求不变的情况下，市场价格会被压低，如图 6-7 所示。在图 6-7 中，初始的供给曲线为 S_1，市场的均衡价格和总产量分为 P_1 和 Q_1，厂商的利润最大化产量为 q_1，它由 P_1 与 LMC 曲线的交点决定。在这一点上，厂商可获得超额利润。由于新厂商的进入，供给曲线在图 6-7（a）中向右移，带动了价格的下降。这种情况会一直持续下去，直到市场价格降到厂商长期成本曲线的最低点，如图 6-7（b）中的 H 点时，厂商的超额利润消失，整个行业才真正达到长期均衡。以上的分析也完全适用于一个行业厂商亏损的情况。如果价格过低，行业中的厂商将会出现亏损，这时部分厂商会退出该行业，整个行业的供给会减少（供给曲线左移），在需求不变的情况下，市场价格会被抬高，直到市场价格提高至厂商长期成本曲线的最低点，厂商的亏损才会消失。

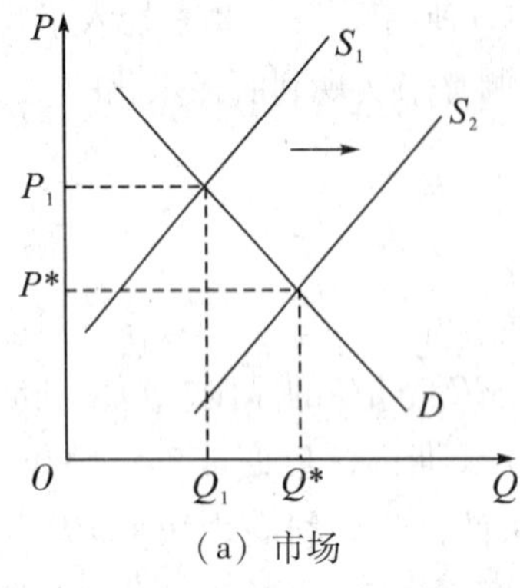

(a) 市场

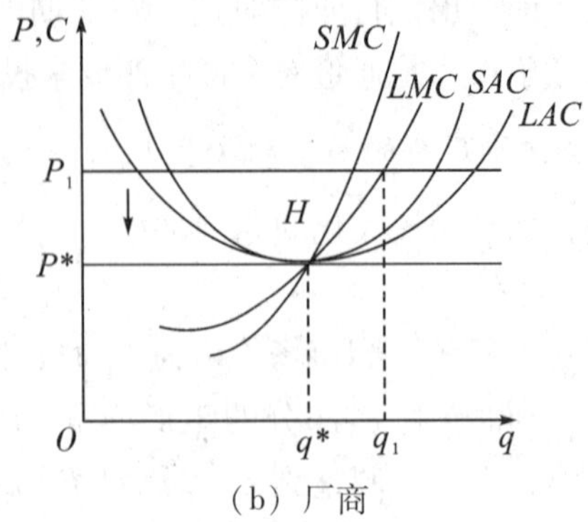

(b) 厂商

图 6-7　完全竞争行业的长期均衡

(三) 完全竞争行业长期均衡的实现

综合以上分析，我们可以看出，完全竞争行业的长期均衡是通过厂商产量和厂商数目两个方面的调整达到的：

(1) 厂商产量的调整。在长期均衡价格下，行业内每个厂商都将产量调整到利润最大化产量。在图 6-7 中，厂商总是在 $P=LMC$ 处进行生产，否则厂商总有重新调整产量以增加利润的动机，别的产量不可能成为均衡产量。

(2) 厂商数目的调整。在长期均衡下，新厂商、老厂商均没有进入或退出该行业的动机，因为厂商数目达到了均衡。通过厂商数目的变动，厂商最终将把产量调整到长期平均成本最低点，使超额利润为零。长期平均成本最低点 H 应该是长期平均成本曲线 LAC 与长期边际成本曲线 LMC 的相交点（也是短期平均成本曲线 SAC 与短期边际成本曲线 SMC 的相交点），因此完全竞争长期均衡的条件是：

$$P=SMC=SAC=LMC=LAC$$

在长期内，厂商的均衡情况是行业中的每一个厂商都要处于既无利润也无亏损的状态，即“零利润均衡”。这里需要强调的是，所谓不亏不赢或“零利润均衡”，并不是说厂商不能获得任何利润。实际上，我们说的是厂商的经济利润为零，厂商也能获得全部“正常利润”。

(3) 在长期均衡价格下，行业的总产量恰好等于该价格下符合消费者意愿的购买量，这是由市场均衡的定义决定的。如果在现行价格下存在超额供给或超额需求，价格会被重新调整，现行价格就不可能是均衡价格。

七、完全竞争行业的长期供给曲线

短期供给曲线假定生产要素不变，但是在长期情况下，当厂商进入或退出一个行业时，整个行业的产量的变化可能对生产要素市场的需求产生影响，从而影响生产要素的价格。根据行业产量的变化对生产要素价格可能产生的影响，将完全竞争行业分为成本不变行业、成本递增行业和成本递减行业。

(一) 成本不变行业

成本不变行业指的是整个行业的产量扩张不会带来投入要素价格的上升或下降。

成本不变行业的长期供给曲线为一条水平的直线，不管产量有多大，价格将维持不变。

（二）成本递增行业

成本递增行业是指行业的产量扩张会抬高投入要素的价格，从而使厂商的成本曲线上移。成本递增行业的长期供给曲线的推导过程与成本不变行业相同。在成本递增行业中，需求扩大的长期效应是价格上升、总产量增加、厂商的数目增加，但单个厂商的产量既可能增加，也可能下降，这取决于新的平均成本曲线的位置。成本递增行业的长期供给曲线是一条向右上方倾斜的直线。

（三）成本递减行业

成本递减行业与成本递增行业正好相反，生产规模的扩大导致要素成本的下降，使厂商的长期平均成本曲线向下方移动。因为长期均衡中厂商的利润为零，所以当行业达到新的均衡时，产量上升，价格反而下降了。成本递减行业的长期供给曲线向下倾斜。

八、完全竞争市场的效率分析

不管完全竞争的行业是成本不变行业还是成本递增行业，所有企业的最终长期均衡点都有一个与经济效率相关的基本特征，这就是价格将最终定位在最低平均总成本上，即 $P(MR)=\min ATC$。此外，由于边际成本曲线和平均总成本曲线相交于平均总成本曲线的最低点，边际成本和平均总成本相等，即 $MC=\min ATC$。因此，在长期均衡下存在着一个连等式：

$$P(MR)=MC=\min ATC$$

这一连等式告诉我们，尽管某一完全竞争性企业可以在短期内实现经济利润，但在长期内，通过按照 $MR(=P)=MC$ 规则生产，只能获得正常利润。不仅如此，这一连等式暗示了一些有关完全竞争效率的、具有重大社会意义的结论。

（一）生产有效

生产有效要求产品以最低成本生产，即 $P=\min ATC$。在长期内，完全竞争使得企业在最低平均总成本下进行生产，并收取与该成本一致的价格。生产效率意味着企业必须利用最好（成本最低）的生产方式和投入组合来生产，否则它无法生存。换句话说，这意味着以最少量的资源来生产任一特定产量。从消费者角度来看这是颇有裨益的，MC 度量了社会多生产一单位产量耗费资源的成本，而市场价格 P 则衡量了消费者愿意支付的价格，反映了增加一单位产品给消费者增加的福利，$MC=P$ 说明最后一单位产量耗费的价值等于该单位产量的社会价值，消费者支付的市场价格最低，因此消费者受益于生产有效。

（二）分配有效

分配有效要求资源按照一种能生产社会（消费者）最需要的产品和服务组合的方式在行业和企业中进行分配。如果不可能通过改变总产出的组成来获取更多的社会效益，那么我们便实现了分配效率。生产有效本身并不能保证资源分配的有效。在我们证明完全竞争市场可以达到这一效果之前，我们必须讨论一下产品价格的社会含义。

这里有两个关键因素：

（1）任何产品（如 X 产品）的货币价格是社会对每增加一单位该产品相对价值的度量。换句话说，产品价格反映了它的边际收益。

（2）类似地，我们可以将 X 产品的边际成本看成如果将生产额外一单位 X 产品所需的资源用于生产其他产品所能创造的价值。简单地说，生产一单位 X 产品的边际成本衡量的是由于该单位产品的生产社会必须放弃的其他物品。

在完全竞争市场中，企业只能通过生产使边际成本等于价格的产量来实现利润最大化。如果生产较少的 X 产品，则 $MR(=P)$ 将大于 MC，利润将低于最大利润。从社会角度看，它表明分配在该产品生产上的资源不足。价格超过边际成本的这一事实说明，额外单位的 X 产品的社会价值要比其占用的资源所能生产的其他产品的社会价值高。同样，如果企业的产量大于 $P(MR)=MC$ 的产量，其利润将小于最大利润。从社会角度看，这说明分配到 X 产品的资源过多。在 X 产品的边际成本高于价格或边际收入的情况下生产 X 产品，意味着社会放弃了比生产一单位 X 产品价值更高的其他产品。只要社会能够通过放弃价值较低的物品获得价值更高的物品，那么最初的资源分配就不可能是有效的。

因此，在完全竞争条件下，当以利润为目的的企业生产的产品或服务使得价格（边际收益）与边际成本相等时，资源的分配就是有效的。此时，每一产品（服务）最后一单位的价值恰好等于放弃该产品（服务）生产所能得到的其他产品的价值。改变产品（服务）的产量就会降低消费者的满意程度。

完全竞争市场的一个更为深远的属性就是其能够在遭受变化干扰后恢复效率，消费者品味、资源供给或技术的变化触发的资源配置的暂时不合理最终都会依靠市场自身的力量得以校正。在资源的配置上，看不见的手使得生产者的个人利益与社会利益完全一致。

当然，市场竞争总是不充分的，市场有时在某些领域会出现失灵，生产和分配的效率也会因此遭受损失，这正是我们后续要讨论的部分内容。

第三节　完全垄断市场

一、完全垄断市场的含义及其成因

完全垄断又称垄断或独占，是指某一行业只有一家厂商提供市场全部供给的市场结构。具体来说，这一市场结构有如下特征：第一，市场上只有唯一的一个厂商生产和销售商品，这一厂商即被称为垄断者，因此可以说垄断厂商的产量就是行业的产量，而垄断厂商面临的需求曲线就是行业的需求曲线。第二，这一厂商提供的产品没有合适的替代品，不存在竞争者威胁，也无潜在竞争对象。第三，存在很高的进入壁垒，任何其他厂商进入该行业都极为困难或者根本不可能。在这样的市场结构中，排除了任何竞争的因素，独家厂商控制了整个产业的生产和销售，因此垄断厂商可以控制和操纵市场价格。

如同完全竞争市场一样，垄断市场的假设条件也极为苛刻。在现实经济社会中，完全垄断市场也几乎是不存在的。在西方经济学中，由于完全竞争市场的经济效率被认为是最高的，因而完全竞争市场模型通常被用来作为判断其他类型市场的经济效率高低的标准，垄断市场模型则是提供经济效率最低的标准。

垄断厂商的市场支配力并不表示垄断厂商可以索要其想要的任意价格。垄断仍然受到市场需求的约束。

造成完全垄断的原因主要有以下几个：

第一，规模经济。某些产品的生产具有十分显著的规模经济性，规模报酬递增阶段可以一直持续到很高的产量，以至于由一家厂商来供应整个市场的生产成本要比几家厂商瓜分市场的生产成本低得多。因此，厂商通过扩大生产规模能降低平均成本，这种情况称为自然垄断，因为进入壁垒并非人为的因素。

第二，专利。专利是政府和法律允许的一种垄断形式，因为专利禁止了其他人生产某种产品或使用某项技术，除非经专利持有人的同意。一家厂商可能因为拥有某种商品或生产技术的专利权而成为该产品市场的垄断者，从而使其他厂商不能进入该市场。例如，美国的可口可乐公司就是长期控制了制造可口可乐饮料的配方而垄断了这种产品的生产。

第三，对资源的控制。如果一家厂商控制了生产某种产品必需的资源，就排除了经济中其他厂商生产同种商品的可能性，那么它往往就成为该产品市场的垄断者。

第四，特许权。在很多情况下，一家厂商可能获得政府赋予的特许权，成为某一市场中某种产品的唯一供给者，如邮政、广播电视、公用事业等。执照和特许经营权在一定程度上使行业内现有的厂商免受竞争从而具有垄断的特点。

二、完全垄断市场的需求曲线和收益曲线

（一）垄断厂商面临的市场需求曲线

在完全垄断市场上，一个行业只有一家厂商，垄断厂商是独家卖主，其面对的需求也就是整个市场的需求，这是垄断厂商的重要特征。完全垄断厂商是价格的制定者，其可以制定高价，也可以制定低价，但也要受市场需求规律的限制。因为如果其制定高价，销售量就必然下降，要扩大销售量，就必须降低价格，这意味着完全垄断市场上需求量与价格呈反方向变动，垄断厂商面临的需求曲线是一条向右下方倾斜的曲线。

（二）垄断厂商面临的收益曲线

在完全垄断市场上，每一单位产品的卖价也就是它的平均收益，因此 $P=MR$，平均收益曲线与需求曲线重叠，都是一条向右下方倾斜的曲线。厂商的平均收益随着产品的销售量的增加而减少。边际收益也是随着产品销售量的增加而递减的。但由于在平均收益递减条件下，边际收益总小于平均收益，因而边际收益曲线总是位于平均收益曲线的下方。厂商的总收益则是先增加后减少。我们可以用表 6-2 和图 6-8 来说明这一情况。

表 6-2　　　　某垄断厂商的收益表

销售量	价格	总收益	平均收益	边际收益
1	8	8	8	8
2	7	14	7	6
3	6	18	6	4
4	5	20	5	2
5	4	20	4	0
6	3	18	3	-2
7	2	14	2	-4

从表 6-2 和图 6-8 中可以看出，随着销量 Q 的增加，商品的价格 P 不断下降。平均收益 AR 等于价格 P，因而也是不断下降的；边际收益 MR 也呈不断下降的趋势。在每一个销售量上，边际收益小于平均收益，即 $MR<AR$。由于在每一个销售量上的 MR 都是相应的 TR 曲线的斜率，因此当 $MR>0$ 时，TR 曲线是上升的；当 $MR=0$ 时，TR 曲线达到极大值；当 $MR<0$ 时，TR 曲线是下降的。

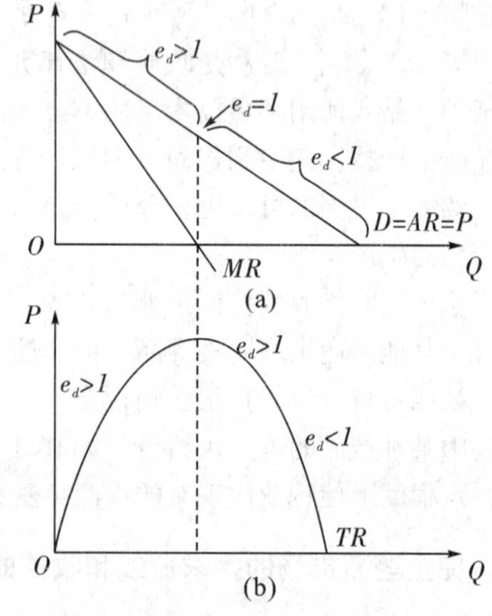

图 6-8　完全垄断厂商的收益曲线

如果完全垄断市场的需求函数是线性的，垄断厂商面临的需求曲线 D 是直线型的，那么 D 曲线和 MR 曲线在纵轴上的截距是相等的，MR 曲线在横轴上的截距是 D 曲线在横轴上的截距的一半，即 MR 曲线平分由纵轴到需求曲线 D 之间的任何一条水平线。这是完全垄断厂商边际收益曲线的一个显著特征。我们可以用数学方法进行说明。

假定线性的反需求函数为：

$$P=a-bQ$$

其中，a、b 为常数，并且 a、$b>0$。

由上式可得总收益函数和边际收益函数分别为：

$$TR(Q)=PQ=aQ-bQ^2$$

$$MR(Q)=\mathrm{d}TR/\mathrm{d}Q=a-2bQ$$

这说明垄断厂商的边际收益曲线的下降速度（即斜率值 $-2b$）正好是其需求曲线的下降速度（即斜率值 $-b$）的 2 倍。由此不难理解上述结论。

此外，当厂商面临的需求曲线向右下方倾斜时，厂商的边际收益、价格和需求的价格弹性三者之间的关系可以通过简单的微分推导出来。

假定反需求函数为 $P=P(Q)$，则 $TR(Q)=P(Q)\times Q$。

$$MR=\frac{dTR(Q)}{dQ}=\frac{d[P(Q)\times Q]}{dQ}=P+Q\times\frac{dP}{dQ}=P(1+\frac{dP}{dQ}\times\frac{Q}{P})$$

$$e_d=-\frac{dQ}{dP}\times\frac{P}{Q}$$

则

$$MR=P(1-\frac{1}{e_d})\tag{6.1}$$

根据上式可以得出以下三种情况（如图 6-8 所示）：

（1）当 $e_d>1$ 时，$MR>0$，此时，TR 曲线的斜率为正，表示厂商总收益 TR 随销售量的增加而增加，或者说，厂商若降低价格将导致总收益增加。

（2）当 $e_d=1$ 时，$MR=0$，此时，TR 曲线的斜率为零，表示厂商总收益 TR 达到极大值，也可以说，这时厂商价格降低不会引起总收益发生变化。

（3）当 $e_d<1$ 时，$MR<0$，此时，TR 曲线的斜率为负，表示厂商总收益 TR 随销售量的增加而减少，或者说，厂商降低价格将导致总收益减少。

由此可以得出结论：作为理性的垄断者决不会在需求曲线上弹性不足（即 $e_d<1$）的范围内进行经营。

三、完全垄断市场的均衡

（一）完全垄断厂商的短期均衡

同完全竞争厂商一样，垄断厂商生产的目的也是利润最大化。在完全垄断市场，作为价格的制定者，垄断厂商可以通过调整产量和调整价格两种手段获得最大利润，这是其和完全竞争厂商的不同之处。但居于垄断地位的厂商仍然要受市场需求状况的限制。如果价格太高，消费者会减少需求量。在短期内，厂商无法改变不变要素（厂房、设备等）投入量，厂商是在既定的生产规模下通过对产量和价格的同时调整，来实现 $MR=SMC$ 的利润最大化原则。

垄断者短期是否可以获得利润，要看产品市场价格的高低与垄断者平均成本的高低。若产品的市场价格高于平均成本，则垄断者短期可以获得利润；若产品的市场价格低于平均成本，则垄断者短期发生亏损。可见，垄断厂商在短期内未必能够得到利润。

1. 存在超额利润的短期均衡，即 $P=AR>SAC$

完全垄断厂商短期均衡时，获得利润的情况如图 6-9 所示，SMC 曲线和 SAC 曲线代表垄断厂商既定的生产规模，d 曲线和 MR 曲线代表垄断厂商的需求和收益状况。厂商根据 $MR=SMC$ 决定生产 Q_1 的商品，并以价格 P_1 在市场上销售。由于此时价格水平 P_1 高于厂商的平均成本，厂商的经营存在经济利润。其利润总额可用矩形 P_1HGF 的面积来表示。

2. 收支相抵下的短期均衡，即 $P=AR=SAC$

在短期也可能出现这样的情况，垄断厂商按照 $MR=SMC$ 的原则确定的最优产量水平上，厂商的 AR 曲线与 SAC 曲线相切，即在垄断厂商能实现的销售量水平上价格等于平均成本。此时，该垄断厂商既不会出现亏损，也无法获取经济利润。如图 6-10 所示，在 Q_2 的产出水平上，产商实现了收支平衡。该产量水平也是厂商所能实现的最优产量水平。

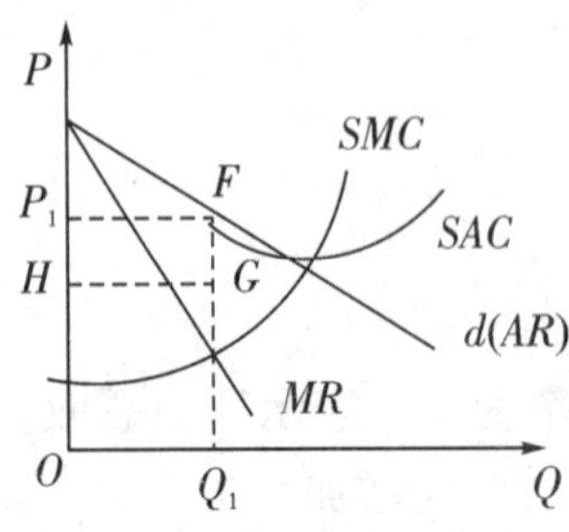

图 6-9　有经济利润的短期均衡

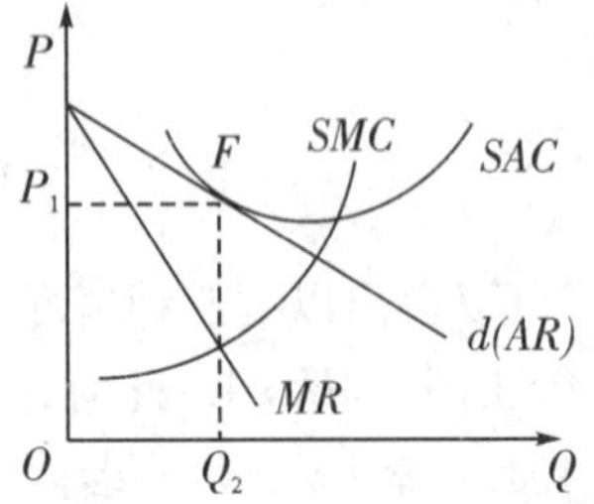

图 6-10　收支相抵的短期均衡

3. 存在亏损的短期均衡，即 $AVC<P(AR)<SAC$

垄断厂商短期均衡时，亏损情况如图 6-11 所示，厂商根据 $MR=SMC$ 的利润最大化的原则，将产量和价格分别调整到 Q_3 和 P_1 的水平。此时，垄断厂商的平均成本大于其平均收益，厂商处于亏损经营状态，单位产品平均亏损额为 FG，其亏损总额可用矩形 P_1GFH 的面积来表示。与完全竞争情况相同，在亏损情况下，若 $AR>AVC$，垄断厂商就继续生产；若 $AR<AVC$，垄断厂商就停止生产；若 $AR=AVC$，生产与不生产都一样。

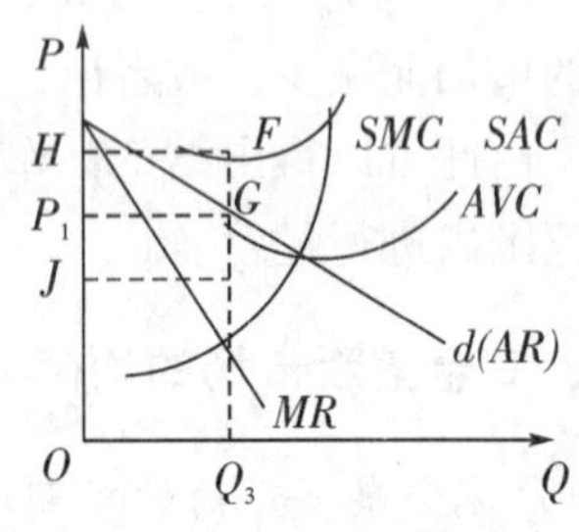

图 6-11　有亏损的短期均衡

总之，垄断厂商短期均衡的条件为 $MR=SMC$，按照这一条件厂商确定最优产量水平并确定相应价格水平，此时厂商可能有经济利润，也可能出现亏损，它们分别是现有条件下厂商所能实现的最大利润或者最小亏损，任何对现有条件下的产出以及与之相关的价格水平的调整都只能减少经济利润或增加亏损额。

（二）完全垄断厂商的长期均衡

在短期内，由于完全垄断厂商不能调整其生产规模，导致其出现可能盈利也可能亏损的局面。然而，在长期内，垄断厂商可以根据所要实现的产量调整所有的生产要素的投入量，即生产规模是可变的。不论垄断厂商短期均衡时存在利润与否，追利润最大化目标的厂商只要处于规模收益递增阶段，都将通过调整规模，力求在已有利润的基础上获取更多的利润或者扭转亏损的局面。这种调整生产规模的过程会一直持续到厂商的边际收益与短期边际成本和长期边际成本都相等的状态，即垄断厂商长期均衡的条件为：

$$MR=SMC=LMC \tag{6.2}$$

只有满足上述条件，厂商才既不会调整可变生产要素，也不会调整生产规模，并根据这一条件确定相应的产量和价格水平。由于完全垄断市场上只有一家厂商，没有竞争对手，市场对新加入的厂商是完全关闭的，因此垄断企业完全可以把价格定到最有利于自己的位置上，因而垄断企业在长期一般存在超额利润。

垄断厂商在长期内对生产的调整一般有这样两种情况：第一种情况，垄断厂商在短期均衡时存在亏损，在长期内通过对最优生产规模的选择，扭亏为盈。第二种情况，垄断厂商在短期均衡时有经济利润，在长期通过生产规模的调整获取更多的经济利润。我们用图 6-12 来描述第二种情况的调整过程及其结果（第一种情况的分析与之相似）。

在图 6-12 中，我们假定完全垄断厂商的初始生产规模用 SAC_0 和 SMC_0 来加以描述，此时厂商按 $MR=SMC$ 相等的条件确定最优产量 Q_0，并根据所面临的需求曲线确定 P_0 的价格水平，此时垄断厂商产品价格高于相应的平均成本，该厂商能够获取一定的经济利润。但是，此时厂商处于规模经济区域，扩大生产规模能够获取规模经济所带来的更多的经济利润，于是该厂商会选择扩大生产规模来增加产出从而增加利润。只要调整生产规模过程中增加的边际收益超过长期边际成本，厂商的经济利润就会增加。最终，该垄断厂商的产出水平会确定在 Q_1 上，相对应的价格水平为 P_1。此时，$MR=LMC=SMC_1$，实现厂商的长期均衡，进一步调整产出和价格以增加利润的企图都将是徒劳的。

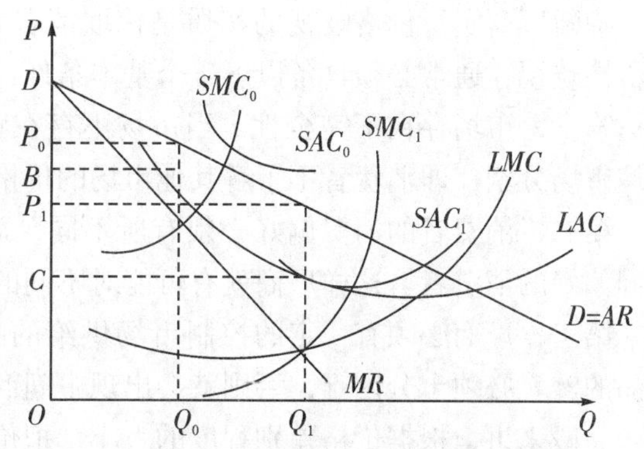

图 6-12　垄断厂商的长期均衡

（三）完全垄断厂商与完全竞争厂商的区别

（1）完全竞争厂商只能被动地接受现行价格，而垄断厂商却是价格的制定者，因为其在决定产量的同时也决定了价格。

（2）如果市场价格高于厂商的平均成本，垄断厂商能够获取超额利润。在完全竞争市场，超额利润是不能持久的，但在垄断市场，超额利润却能成为长久现象，因为别的厂商无法进入该行业来分享利润。

（3）与完全竞争不同的是，垄断厂商并不存在明确的供给曲线。供给曲线只属于那些接受既定价格的厂商，表示在一定价格水平厂商愿意提供的产量，而垄断厂商直接决定了利润最大化产量，并同时间接地决定了市场价格。当然，垄断市场不存在供给曲线并不意味着厂商不提供供给量，而是表明厂商利润最大化的产量和价格不受供给量与价格之间一一对应的函数关系的制约。

（4）对利润最大化厂商来说，均衡条件始终是边际成本等于边际收益，但在完全竞争市场，边际收益等于价格，而在垄断市场，边际收益小于价格。完全竞争厂商总是在平均成本最低点进行生产，而垄断厂商却经常在平均成本尚处于递减的阶段进行生产。

四、价格歧视

在有些情况下，垄断厂商会对同一种商品收取不同的价格，这种做法往往会增加垄断厂商的利润。例如，在日常生产中经常碰到这样的现象：打长途电话，白天和夜间的价格不同；航空公司经常对机票实行打折；工业用电和生活用电的价格不同；等等。这些现象都反映了厂商的差别定价行为。

价格歧视又称差别定价，是指厂商以不同的价格向不同的消费者销售生产成本相同的同一种产品。在完全垄断市场上，由于垄断厂商控制了整个市场，因此可以通过实行价格歧视来获取垄断利润。

垄断厂商实行价格歧视的实质是榨取消费者剩余，目的是获取超额利润。其要实行价格歧视，通常必须具备以下三个基本条件：

第一，市场存在不完全性。当市场不存在竞争，市场信息不畅通，或由于其他原因使市场分割，即消费者不了解其他市场的价格，垄断者就可以实行价格歧视。

第二，消费者的消费偏好必须有所不同，而且厂商必须能够在一定程度上区分出不同偏好的消费者。这样厂商就有可能对不同的消费者或消费群体收取不同的价格。

第三，厂商必须有一定的控制市场供给的条件和隔离市场（市场分割）的力量。产品的转卖必须十分困难，否则就会出现中间商的牟利行为。

一般来讲，根据价格差别程度的大小，把价格歧视分为以下三种类型：

（一）一级价格歧视

一级价格歧视又称为完全价格歧视，在这种情况下，每一单位产品都以消费者愿意支付的价格出售，最后一单位产品的价格等于边际成本。一般情况下，当垄断厂商知道每一个消费者为购买每一单位产品所愿意支付的最高价格，并据此制定每一单位产品的销售价格时，就表明垄断厂商实行着一级价格歧视。此时，由需求曲线表示的代表商品边际效用的消费者买进一定量商品所愿意支付的价格，就成为垄断者的边际收益曲线（如图 6-13 所示）。

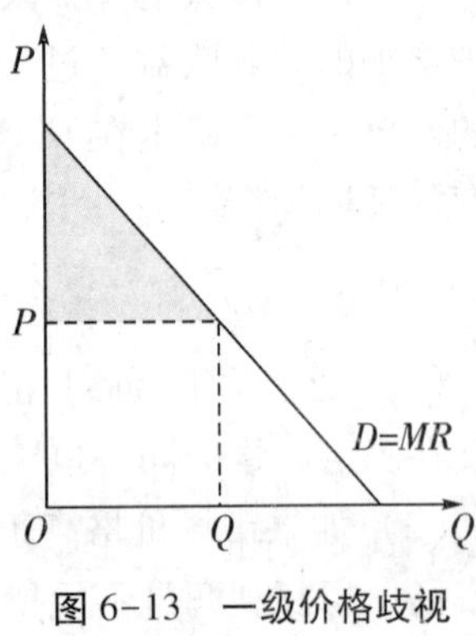

图 6-13　一级价格歧视

（二）二级价格歧视

在某些消费中，消费者在任何给定的价格水平都要购买很多单位商品，如水、电力等，而且随着购买数量的增加，其需求是下降的，即随着消费数量的增加，消费者的支付意愿是下降的。在这种情况下，厂商根据消费数量的不同对产品实行分段计价，就属于二级价格歧视，即对消费者需求意愿强的数量部分索取较高的价格，而对消费者需求意愿弱的数量部分索取较低的价格。特别是在规模经济明显的情况下，控制公司价格的政府机构可能会鼓励分段定价，即通过扩大产量和实现较大程度的规模经济，即使允许公司取得更大的利润，消费者的福利也能够增加。图 6-14 描述了具有下降的平均成本和边际成本的厂商的二级价

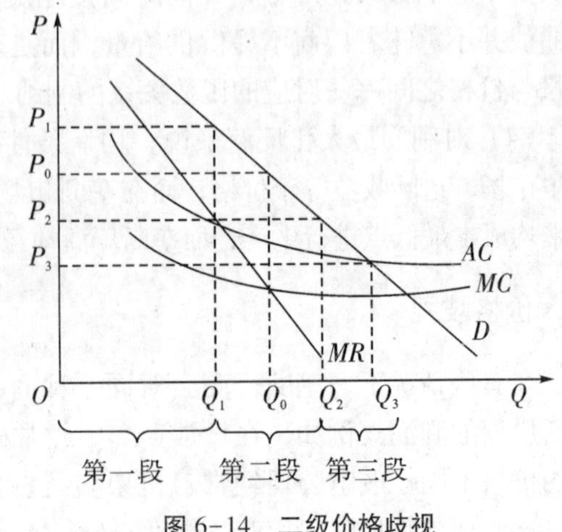

图 6-14　二级价格歧视

格歧视。

从图 6-14 可以看出，厂商如果实行单一价格，按 $MC=MR$ 相等的原则应将产量定在 Q_0处，相应地价格定在 P_0水平上。但现在厂商根据购买量的差别定了三个价格，销售量的第一阶段定价为 P_1，第二阶段定价为 P_2，第一阶段定价为 P_3。正是这种分段计价使得单一定价水平上厂商不愿意提供的产量通过分段定价而得以实现，从而满足了支付意愿在 P_0以下部分的消费需求，增加了该部分消费者福利。

（三）三级价格歧视

三级价格歧视是指垄断厂商把消费者分为两个或两个以上的类别或阶层，分别索取不同的价格。这是最常见的价格歧视方法。在这种价格制度下，不同的消费者可能对于某种商品的相同数量要支付不同的价格，但是同一消费者对所购买的不同数量的商品却可以支付相同的价格。也可以说，同一产品在不同的市场上价格不同，但在同一市场上只有一个价格。

垄断厂商如果能够区分两类消费者，比如对产品的需求价格弹性不同，一类缺乏需求弹性，另一类需求价格弹性较大。那么，垄断厂商就可以对需求弹性不大（或者说缺乏弹性）的消费者提高产品价格，而对需求弹性较大的消费者保持低价。因为前者不会由于价格较高而降低较多的需求，而后者却会因为价格较高而大大减少需求。

第四节 垄断竞争市场

一、垄断竞争市场的特征

垄断竞争和寡头垄断是市场组织中介于完全竞争和完全垄断两个极端之间的一种中间情形。其中，垄断竞争市场较为接近完全竞争市场，寡头垄断市场较为接近完全垄断市场。垄断竞争或寡头垄断又称不完全竞争。垄断竞争市场中有许多厂商，其生产和销售的是同种产品，但这些产品又存在一定的差别。这种市场既存在竞争又存在垄断，是现实经济生活中最为常见的一种市场结构，在零售业和服务业中是比较普遍的。

概括起来，垄断竞争市场结构主要有以下特点：

第一，市场中有大量的厂商，每个厂商所占的市场份额都是微不足道的。以至于每个厂商都认为自己行为的影响很小，不会引起竞争对手的注意和反应，因而自己也不会受到竞争对手的任何报复措施的影响。

第二，在市场中有大量的厂商生产有差别的产品，但这些产品之间存在着很大的替代性。产品差别是指同一种产品在质量、包装、牌号或销售条件等方面的差别。一种产品既包括有形的差别，也包括无形的差别，如商标、广告和以消费者想象为基础的虚构差别。例如，汽车除了满足人们交通便利的需要之外，还可以满足多种心理需求，如名牌汽车可以满足显示社会身份的需要，式样别致、颜色鲜艳的汽车可以满足人们对美的追求，等等。产品差别有时表现为消费者的偏好不同。例如，对于购买汽车，有人偏好实用，有人偏好式样，还有人崇尚名牌。这样每一种有差别的产品都可以以其产品特色在一部分消费者中形成垄断地位。这样产品差别就会引起垄断。这就是经济学家所说的有差别存在就会有垄断的意思。因此，每一个厂商对其产品都具有一定的垄断力量。一般来说，产品的差别越大，厂商的垄断程度也就越高。有差别的产品相互之间又存在替代性，即其可以相互替代，满足某些基本需求。例如，不同牌号、颜色、类型的汽车都可以满足便利出行的需求，因此可以相互替代。有差别的产品之间的这种替代性就引起了产品之间的竞争。如此便构成了垄断因素和竞争因素并存的垄断竞争市场的基本特征。

第三，厂商的生产规模比较小，因此进入和退出生产行业比较容易。在垄断竞争市场中，每个厂商的规模都不是太大，所需资本也不是很多，因而要进出市场没有太大的障碍。

二、垄断竞争市场的需求曲线

根据垄断竞争市场的特征，一方面，由于每个厂商提供的产品有一定的差异，厂商可以对其产品实施垄断，厂商具有影响产品价格的能力，因而垄断竞争厂商的需求曲线（收益曲线）向右下方倾斜。另一方面，垄断竞争市场又不同于垄断市场，市场上同类产品相互之间都是很接近的替代品，市场中的竞争因素又使得垄断竞争厂商面临的需求曲线具有较大的弹性。当垄断竞争厂商试图提高产品价格时，其损失掉的需求量（收益）比垄断时要大；相反，当垄断竞争厂商降低价格时，其争取到的需求量（收益）可能更大。因此，垄断竞争厂商的需求曲线是比较平坦的。

垄断竞争厂商面临的需求曲线有两种：一条称为主观或预期需求曲线 d，另一条称为客观或实际需求曲线 D。

（一）需求曲线 d

当一个厂商降低自己产品价格，该行业中其他与之竞争的厂商并不随之改变价格时，在这种情况下，该厂商的销售量就会大幅度的变动，那么该厂商的需求曲线比较平坦。如图 6-15 所示，假定厂商目前的均衡点为 A 点，均衡价格为 P_1，均衡产量为 Q_1。在其他厂商维持其价格不变的情况下，如果该厂商降低其价格，它可以预料其销售量会有明显的增加，因为它将能够把买者从其他厂商那里吸引过来（同时增加对原有顾客的销售量）。比如说，当价格由 P_1 下降到 P_2 时，其销售量将由 Q_1 增加到 Q_2，每个厂商都确信其需求曲线是相当富有弹性的。

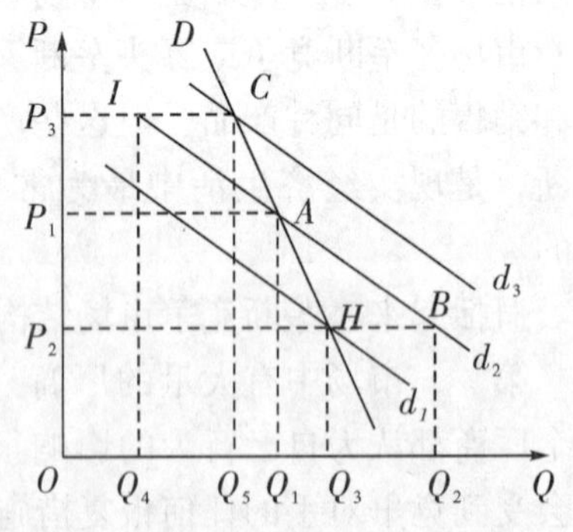

图 6-15 垄断竞争厂商的需求曲线

（二）需求曲线 D

当一个厂商降低自己产品价格，该行业中其他厂商随该厂商降价，在这种情况下，该厂商很难吸引其他消费者的需求，这时该厂商的销售量就不会有很大的变动，其需求曲线比较陡直。在图 6-15 中，按照这一假定，如果该厂商把价格由 P_1 下降到 P_2 时，而其他厂商也采取同样的行动，则该厂商的销售量将为 Q_3，而不是 Q_2。同样，如果该厂商把价格提高到 P_3，而其他厂商也都这样做时，该厂商的销售量将为 Q_5，而不是 Q_4。显然，需求曲线 D 的弹性要小于需求曲线 d 的弹性，这是因为如果其他厂商不降价，该厂商的降价行为将导致其销售量以更大的幅度增加，而当其他厂商都不提价时，该厂商的提价将导致其销售量以更大的幅度减少。

需要特别指出的是，当该厂商发现价格下降无法实现 Q_2 的销量时，其会在主观上把 d_2 需求曲线向左移至 d_1 的位置。或者当该厂商发现价格提高无法实现 Q_4 的销量时，其会在主观上把 d_2 需求曲线向右移至 d_3 的位置，预期需求曲线 d 和实际需求曲线 D 重新交于一点。

三、垄断竞争市场的均衡

正如垄断厂商一样，垄断竞争厂商也面临向下倾斜的需求曲线，因而也有垄断势力，但这并不意味垄断竞争厂商就能赚取高额利润。垄断竞争与完全竞争也是相似的，因为可以自由进出，赚取利润的潜力会吸引新厂商的竞争，从而长期利润将减至零。

（一）垄断竞争厂商的短期均衡

从短期看，垄断竞争厂商的行为与垄断相似，其短期均衡的条件也是 $MR=SMC$。但由于垄断竞争市场的特殊性，其达到均衡的过程又会和其他市场有所区别。图 6-15 已经说明了当价格与需求量的对应关系在 d 需求曲线与 D 需求曲线不一致时，d 需求曲线会沿着价格变动的方向调整到与 D 需求曲线相交，使价格和需求量在两条需求曲线上重新一致。

在图 6-16 中，垄断竞争厂商也是根据 $MR=SMC$ 的利润最大化原则，将产量和价格分别调整到 P_1 和 Q_1 的水平，对应的 F 点必然是 d 需求曲线与 D 需求曲线的交点。在此产量和价格组合点上，厂商获取了经济利润，其总额可用矩形 P_1HGF 面积来表示。当然，垄断竞争产商在短期能否获取经济利润取决于平均成本与价格大小的对比，只有在均衡产量水平上价格高于平均成本，厂商才能获取经济利润。如果价格低于平均成本，厂商则会存在亏损，但只要价格仍高于平均变动成本，即使亏损厂商在短期仍应继续经营。亏损同样不是厂商停止营业的唯一原因。有关垄断竞争产商短期均衡可能出现的其他情况，参见有关垄断厂商短期均衡的分析。

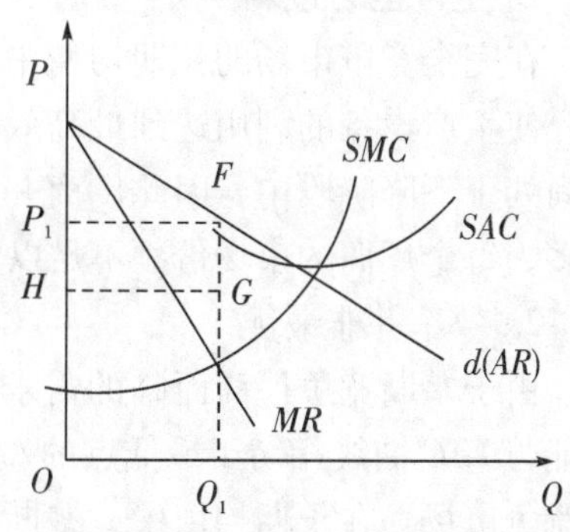

图 6-16 垄断竞争厂商的短期均衡

（二）垄断竞争厂商的长期均衡

从长期看，一方面，企业内部可以调整任何生产要素，变动短期内不能变动的固定成本，因而企业是根据长期成本进行决策；另一方面，新的资本可以进入，而行业中原有资本也可以退出，这是垄断与垄断竞争的重要区别，也是垄断竞争企业长期决策和短期决策的重要区别。因此，垄断竞争在长期也只有一种情况，即超额利润=0 的情况。

在图 6-17 中，*MR* 曲线与 *LMC* 曲线的交点 E_2点为长期均衡点，决定了均衡价格为 $\bar{P}$，均衡产量为 $\bar{Q}$。此时，*LAC* 曲线与 *d* 需求曲线相切于 *d* 需求曲线与 *D* 需求曲线的交点 *J* 点，表明 $P=AR=LAC$，并且市场上实现供求相等。因为在由相似产品组成的产业市场内，当厂商满足 $MR=LMC$ 条件，如果市场价格 *P*，即平均收益 *AR* 大于长期平均成本 *LAC*，即市场出现超额利润时，必然会有新厂商加入。在市场规模不变的情况下，每个厂商所面临的市场销售份额就会减少，这时 *d* 需求曲线和 *MR* 曲线就会不断往左下方移动，一直持续到不再有新厂商进入为止。也就是说，一直持续到市场内每个厂商的利润为零时为止。因此，垄断竞争市场上厂商长期均衡的条件就是：

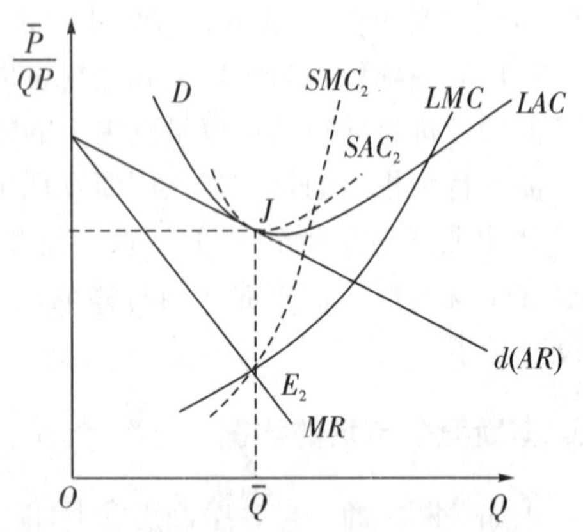

图 6-17　垄断竞争厂商的长期均衡

$$MR=LMC=SMC,\ AR=LAC=SAC \tag{6.3}$$

长期均衡产量上，垄断竞争厂商利润为零，并且存在一个 *d* 需求曲线与 *D* 需求曲线的交点。

从长期均衡来看，垄断竞争相对于完全竞争具有如下特点：

1. 生产能力过剩

在完全竞争市场的长期均衡中，厂商总是将产量调整到长期平均成本曲线的最低点，使生产设备的利用达到最高效率。垄断竞争厂商的长期均衡总是处在长期平均成本尚处于下降阶段中，因此厂商并没有使平均成本达到最低点。由于行业内厂商个数过多，每个厂商的市场份额不足以充分利用生产设备，存在着生产能力过剩。

2. 效率并非最优

由于垄断竞争厂商面临的需求曲线向右下方倾斜，因此在长期均衡时，需求曲线只能与 *LAC* 曲线相切于最低点的左边。这意味着垄断竞争市场所提供的产量也小于完全竞争市场。在长期均衡中，垄断竞争的厂商的边际成本等于边际收益，从而小于产品价格。因此，扩大产量的边际成本要小于带给消费者的边际效用。从整个社会来讲，继续提高产量能有助于社会总福利的提高。

3. 非价格竞争

在垄断竞争市场上，厂商可以努力压低价格来吸引顾客，但事实上厂商更倾向于一些非价格手段，如改进产品性能、精心设计包装、提供售后服务、采取广告攻势等扩大市场销售，这些手段统称为非价格竞争。

四、垄断竞争市场的效率评价

垄断竞争市场的经济效率介于完全竞争市场和垄断竞争市场之间，在垄断竞争厂商处于长期均衡时，市场价格高于厂商的边际成本，市场价格等于厂商的平均成本但高于平均成本最低点。这就决定了垄断竞争市场的经济效率低于完全竞争市场。但从程度上来看，垄断竞争又比垄断市场有效率。

垄断竞争市场对消费者而言，利弊同时并存。首先，由于垄断竞争市场的产品有差别，因此可以满足多样化的市场需求，充分体现消费者的消费个性。其次，由于产品的差别是包含了销售条件，如品牌，售后服务等，因此企业会不断地提高某品牌的质量，改善售后服务，从而又利于消费者。但是，垄断竞争市场的产品价格高于边际成本，与完全竞争市场相比，消费者被迫多支付市场价格。

对生产者而言，由于在长期不可能在平均成本的最低点实现最大利润，因而其资源利用效率比完全竞争市场要低，存在着一定的资源浪费。但是，垄断竞争市场被认为最有利于技术进步。在完全竞争市场上，由于缺乏对技术创新的保护，因而不存在企业技术创新的动力。在完全垄断市场上，由于没有竞争，因此缺乏技术创新的压力。在垄断竞争市场上，既存在对技术创新的保护，如专利等，又存在同类产品的竞争，具有较大的外在压力，因此垄断竞争市场被认为最有利于技术进步。

第五节　寡头垄断市场

一、寡头垄断市场的特点

寡头垄断市场又称寡头、寡占，是介于垄断竞争与完全垄断之间的一种比较现实的混合市场，是指少数几个厂商垄断了某一行业的市场，控制这一行业的供给。寡头垄断的成因与完全垄断的成因相似，只是在程度上有所差异。寡头垄断市场主要有以下特点：

第一，厂商极少。市场上的厂商只有一个以上的少数几个（当厂商为两个时，叫双头垄断），每个厂商在市场中都具有举足轻重的地位，对其产品价格具有相当的影响力。

第二，厂商之间相互依存、影响与制约。任一厂商进行决策时，必须把竞争者的反应考虑在内，因而其既不是价格的制定者，也不是价格的接受者，而是价格的寻求者。

第三，产品同质或异质。产品没有差别，彼此依存的程度很高，叫纯粹寡头，存在于钢铁、水泥等产业；产品有差别，彼此依存的程度较低，叫差别寡头，存在于汽车、重型机械、石油产品、电气用具、香烟等产业。

第四，市场进出不易。其他厂商进入相当困难，甚至极其困难，这是因为不仅在规模、资金、信誉、市场、原料、专利等方面，其他厂商难以与原有厂商匹敌，而且由于原有厂商相互依存、休戚相关，不仅其他厂商难以进入，已有厂商也难以退出。

二、寡头垄断市场模型

在竞争市场和垄断市场结构中，企业总是假定其他企业的行为不会影响自身的决策，因为市场中要么只有一个企业（完全垄断者），没有竞争对手，根本无需考虑其他企业的影响，要么就是有大量企业（完全竞争和垄断竞争），任何一个企业在市场中的地位都是微不足道的，难以对其他企业产生显著的影响。但是，在由少数几个大企业形成的寡头垄断市场（又称寡占市场）中，企业之间是相互依存的，一个企业在采取行动时必须考虑其竞争者的反应，而其他企业的反应方式又是无法完全预料的。我们可以打个比方，非寡占市场中的企业决策好像是运动员在跑步，只要努力使自己达到最快就可以了；而寡占市场中的企业决策却像是运动员在下棋，必须面对对手的诸多变化，不断调整策略。因此，无法确定一个统一的、经典的理论来描述这种市场结构，只能基于不同的假设建立不同的模型。

下面我们介绍几种最重要的寡头垄断市场模型，包括古诺模型、拐折的需求曲线模型（斯威齐模型）、价格领导模型和卡特尔模型。这些模型的区别在于对企业的行为假设是不同的。

（一）古诺模型

古诺模型是法国经济学家奥古斯汀·古诺（Augustin Cournot）于 1838 年构造的一个简单的双寡头模型。古诺模型通常被作为寡头理论分析的出发点，是一个只有两家寡头厂商的简单模型，因此也称双头模型。古诺模型的结论可以很容易地推广到三个或三个以上的寡头厂商情况中去。

该模型假设两个寡头厂商生产同样的产品并都知道市场需求。这两个厂商必须决定生产多少，并且这两个厂商是同时做出决策。在做出产量决策时，这两个厂商必须考虑其竞争者。这两个厂商知道其竞争者也正在决定生产多少，其能得到的价格将取决于这两个厂商的总产量。该模型的本质是这两个厂商将其竞争者的产量水平当成固定的，然后决定自己实现利润最大化的产量，即每一个厂商都是消极地以自己的产量去适应对方已确定的产量。

为了最大限度地简化模型，假设企业的需求函数是线性的，并且其边际成本为零。如图 6-18 所示，D 曲线为厂商 1、厂商 2 共同面临的线性的市场需求曲线。由于市场成本为零，故图 6-18 中无成本曲线。

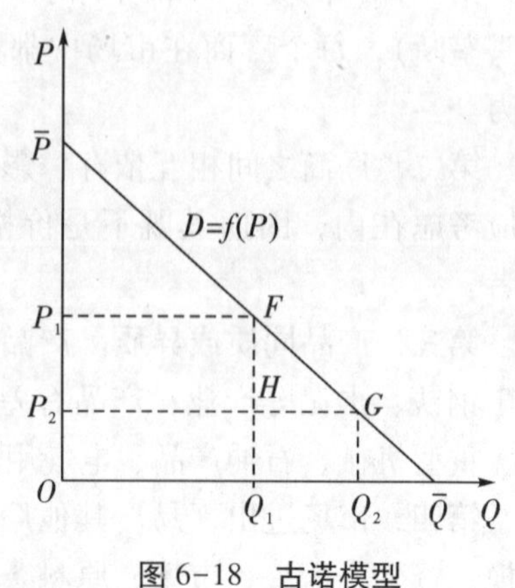

图 6-18　古诺模型

在第一轮，市场中只有厂商 1。由于生产成本为零，因此厂商 1 的收益便是利润。显然完全竞争的产量应该在 $MC=AR=0$ 的 $\bar{Q}$ 点，因为需求曲线是线性的，所以边际收益曲线的斜率是平均收益曲线斜率的 2 倍。为实现利润最大化，厂商 1

由 $MR=MC=0$ 的边际原则，首先选择 $O\overline{Q}$ 的中点 Q_1，即厂商 1 将产量定为市场总容量的 1/2（$OQ_1=O\overline{Q}/2$），将价格定为 P_1，其利润总额为图中矩形 OQ_1FP_1 的面积。

然后，厂商 2 进入该行业。厂商 2 准确地知道厂商 1 留给自己的市场容量为 $Q_1\overline{Q}=O\overline{Q}/2$，厂商 2 也按相同的方式行动，生产其面临的市场容量的一半，即 $Q_1Q_2=O\overline{Q}/4$。此时，市场的价格下降为 P_2，厂商 2 可获得最大利润（图 6-18 中矩形 Q_1Q_2GH 的面积）。而厂商 1 的利润因为价格下降而减少为矩形 OQ_1HP_2 的面积。

在第二轮，厂商 1 知道厂商 2 在本轮中留给其市场容量为 $3/4O\overline{Q}$。为实现利润最大化，厂商 1 将产量定为此时其面临的市场容量的一半，即 $3/8O\overline{Q}$。厂商 1 调整产量后，厂商 2 再次进入市场时，其市场容量扩大为 $5/8O\overline{Q}$。于是，厂商 2 生产其面临的市场容量的一半，即 $5/16O\overline{Q}$。

总之，由于线性需求曲线和边际成本为零，在双方对对方行动做出反应的过程中，两个厂商的最优策略总是选择 $\frac{1}{2}\times(Q_{完全竞争}-Q_{对方})$ 进行生产，厂商 1 的产量逐渐减少，而厂商 2 的产量逐渐增多，直至两个寡头的产量都相等的均衡状况为止。由 $Q=\frac{1}{2}\times(Q_{完全竞争}-Q)$，可求得 $Q=\frac{1}{3}Q_{完全竞争}$。均衡时，厂商 1、厂商 2 的产量都为市场总容量的 $\frac{1}{3}$，即 $\frac{1}{3}\times O\overline{Q}$，行业总产量为 $\frac{2}{3}O\overline{Q}$。

以上双头古诺模型的结论可以推广。令寡头垄断厂商的数量为 m，则可以得到一般的结论如下：每个寡头垄断厂商的均衡产量均为 $\frac{1}{m+1}O\overline{Q}$，行业的均衡总产量为 $\frac{m}{m+1}O\overline{Q}$。

我们也可以用数学方法来表达上述思想。设市场需求函数为 $Q=a-(a/b)P$，两个厂商分别生产 Q_1 和 Q_2 的产量，市场总供给量 Q 为两家厂商产量之和，即 $Q=Q_1+Q_2$，因此需求函数可写成 $P=b-\frac{b}{a}(Q_1+Q_2)$。

厂商 1 的利润 π_1 为：

$$\pi_1=\left[b-\frac{b}{a}(Q_1+Q_2)\right]Q_1$$

厂商 1 假定 Q_2 不变，利润最大化的一阶条件为：

$$\frac{\mathrm{d}\pi_1}{\mathrm{d}Q_1}=b-2\frac{b}{a}Q_1-\frac{b}{a}Q_2=0$$

从而厂商 1 的反应函数为：

$$Q_1=\frac{1}{2}(a-Q_2)$$

从中可以看出，厂商 1 的利润最大化的决策与厂商 2 的行为直接相关，因为只有当厂商2的产量确定后，厂商1才能确定自己利润最大化的产量。同样，厂商2的反应函数为：

$$Q_2=\frac{1}{2}(a-Q_1)$$

当市场达到均衡时，厂商1、厂商2都不再会变动产量，这意味着两家厂商的产量引起对方的反应是相容的，由厂商1和厂商2的反应函数联立可得：

$$Q_1=\frac{1}{3}a$$

$$Q_2=\frac{1}{3}a$$

这就是当两家厂商都生产$\frac{1}{3}a$的产量时，厂商达到利润极大化，市场达到均衡，均衡总产量为$\frac{2}{3}a$，均衡价格为$\frac{1}{3}b$。

下面我们举一个具体的数字例子对此加以说明。

假定某产业反需求函数为已知的，即$P=1\,500-Q=1\,500-(Q_1+Q_2)$，$TC=0$。

对于厂商1来说，其利润等式为：$\pi_1=TR_1-TC_1=[1\,500-(Q_1+Q_2)]Q_1$。

根据利润最大化的条件可以求出厂商1利润最大化时的产量为：$Q_1=750-Q_2/2$。

同理，可以求出厂商2利润最大化时的产量为：$Q_2=750-Q_1/2$。

由于每一厂商的最优产量都是另一厂商产最优产量的函数，联立两寡头的反应函数可以求出$Q_1=Q_2=500$，进一步可以求出，$P=500$。

以上结论可以用图6-19来直观地显示。

古诺均衡是在寡头间无勾结行为的假定下求出的，每个厂商提供的产量均为500单位，总产量为1 000单位。如果寡头相互勾结，得到的利润最大化均衡称为共谋均衡，此时寡头的行为类似于完全垄断。图6-19中的契约曲线上任意一点可以看成完全垄断厂商的两个工厂的产量组合，总产量为750单位。如果寡头市场按完全竞争的条件定价，则达到的均衡为竞争均衡，此时每个厂商的产量都是750单位，总产量为1 500单位，价格水平为零，厂商既无利润也不存在亏损。

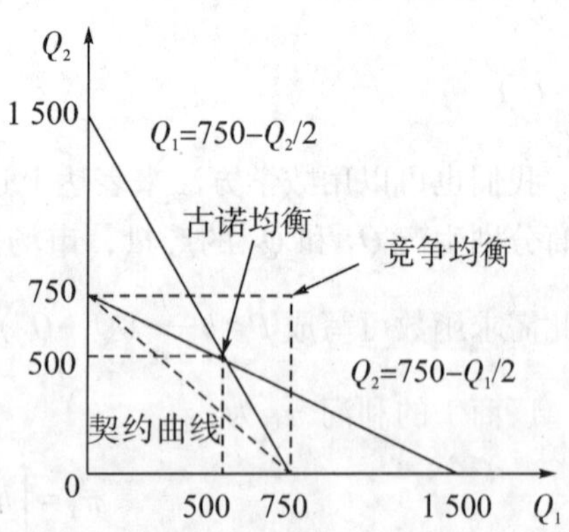

图6-19　反应曲线与古诺均衡

无勾结的寡头市场达到的产出水平高于完全垄断市场的产出水平而低于完全竞争市场的产出水平，其价格低于完全垄断市场的价格但高于完全竞争市场的价格。因此，如果无勾结，寡头市场的效率高于完全垄断，低于完全竞争。

（二）斯威齐模型（拐折的需求曲线模型）

由于寡头厂商之间价格战的结果往往是两败俱伤的，竞争的双方利润都趋向于零，因此在寡头垄断市场上，产品的价格往往比较稳定，寡头厂商不愿轻易地变动产品价格，价格能够维持一种比较稳定的状态，这种情况被称为价格刚性。美国经济学家保罗·斯威齐在20世纪20年代提出了拐折的需求曲线模型，用来解释寡占市场价格平稳现象。

这一模型假定市场价格已经定在某一水平上，而企业以不同方向变动价格会引起竞争对手不同的反应。其具体表现为：某寡头企业提高价格，其竞争者置之不理，此时提价企业的需求量因为提价而大幅度下降，运用弹性原理，市场需求富有弹性，其需求曲线比较平坦；反之，某寡头企业降低价格，其竞争者为了自己的利润而被迫跟随降价，降价企业的需求量扩大非常有限，需求缺乏弹性，其需求曲线比较陡峭。

在图6-20中，寡占厂商如果从价格P_0往上提价，而这种提价又不是由于成本上升引起的，那么其竞争对手并不会跟着提价，而是趁机抢占市场。因此，对该提价的厂商而言，P_0以上部分的需求曲线很平坦，需求弹性很大。相反，该寡占厂商如果为了扩大销售而降价，其他厂商怕失去其原有的市场份额，也会相应地降价，因而第一个降价的厂商不会带来销量的显著增加，P_0以下部分的需求曲线较陡峭，需求弹性比较小。由此，寡头垄断厂商的需求曲线D在原价格水平P_0的B点处发生了拐折。

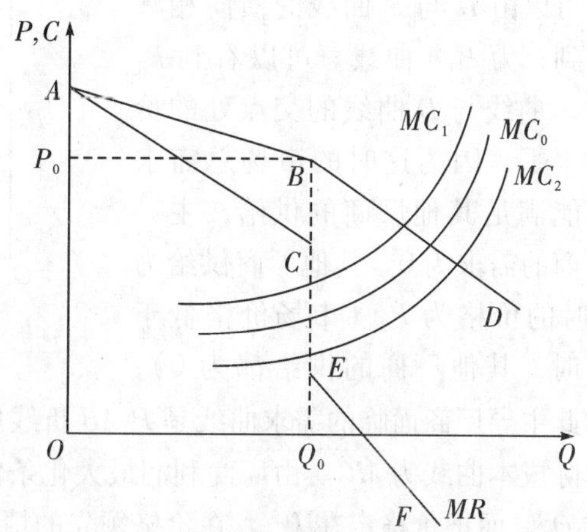

图6-20 拐折的需求曲线模型

当需求曲线在B点出现拐折的情况下，其对应的边际收益曲线也同样由两部分组成，并且在两部分之间出现间断。只要边际成本MC的变化不超过C点或E点的限度，利润最大化的产量就依然是Q_0，价格也依然为P_0。因此，在寡占行业，除非由于原材料价格等因素引起成本大幅度变化，厂商预计竞争对手也将调整价格，否则寡头垄断厂商不会轻易变动产量和价格。这就解释了寡头垄断市场上的价格粘性（Price Rigidity）的现象。

拐折的需求曲线模型是以厂商的价格决策跟跌不跟涨的假设作为基础而推导出来的，较好地解释了寡头垄断市场上价格较平稳的现象。20世纪30年代末，该模型一经提出，即被认为是寡占市场的一般理论。但是，拐折的需求曲线模型也有缺点，即无法说明最初的均衡价格是如何确定的。

（三）价格领导模型

寡头厂商之间有可能会发生串谋，来获取更高的利润。这种串谋可以是公开的、正式的，也可以是秘密的、非正式的。在大多数国家中，寡头厂商之间的公开、正式的串谋是不被法律允许的。因此，寡头厂商往往采取非正式的串谋行为。在非正式的串谋行为中，价格领导模式是常见的一种模式。

价格领导是指在一个行业中由某一家厂商率先制定价格，其他厂商随后以该“领导者”的价格为基准决定各自的价格。在这种行业中，率先制定价格的领导者是该行业中占有支配地位的厂商，其他的跟随者则都是一些规模较小的厂商。这一模式的突出特点是领导厂商可以根据其自身利润最大化的准则来制定价格和产量，而其余的厂商则与完全竞争市场中的厂商一样，被动地接受领导厂商制定的价格，并据此决定能使各自利润最大化的产量。图 6-21 说明了这种模式的价格决定机制。

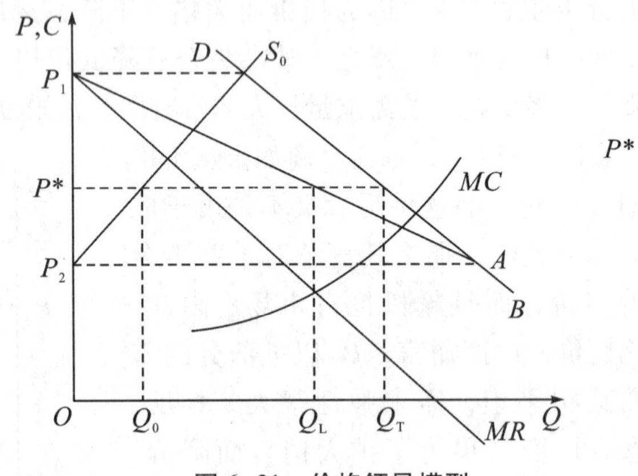

图 6-21　价格领导模型

在图 6-21 中，D 是市场总需求曲线，S_0 是其他厂商的供给曲线，这样主导厂商面临的需求曲线可以由 D 与 S_0 曲线的横向相减得到，为 P_1A 曲线。可以看到 P_1 为 S_0 曲线与 D 曲线的交点处的价格水平，因为这时的市场总需求仅能满足其他厂商的供给，主导厂商的需求为 0。其他厂商供给为 0 时的价格为 P_2（市场价格低于 P_2 时，其他厂商的供给都为 0），因此主导厂商面临的需求曲线是 P_1AB 折线所示部分。主导厂商的边际收益曲线为 MR，边际成本曲线为 MC。由厂商利润最大化条件 $MR=MC$，可知主导厂商一定会把产量定在 Q_L，而把价格定在 P^*。在价格领先的情况下，其他厂商都接受主导厂商的价格，把自己的价格定在 P^*。由此可知，其他厂商的产量为 Q_0，总产量为 Q_T，并且满足 $Q_0+Q_L=Q_T$（注意：主导厂商的需求曲线是由总需求曲线和其他厂商的供给曲线横向相减得到的）。可以看出，在价格领先的情况下，主导厂商由于占有定价的优先权而处于较有利的地位，可以分得一个较大的市场份额，而其他厂商作为追随者，被动接受主导厂商的价格，因而利润最大化的决策要简单得多。

（四）卡特尔模型

由于寡头垄断企业之间是相互依存的，如果它们联合起来共同规定一个价格，就有可能像完全垄断企业那样制定高价，从而使整个行业的总利润增加。卡特尔是指寡占行业中的主要厂商通过明确的、通常是正式的协议来协调其各自的产量、价格或其他如销售地区分配等事项。卡特尔是一种正式的串谋行为，能使一个竞争性市场变成一个垄断市场，属于寡占市场的一个特例。国际上的石油输出国组织（OPEC）就是一个典型的卡特尔组织。

卡特尔以全体企业的总利润最大为目标来确定各企业的共同价格和产量，然后按各企业的边际成本都相等的原则，分配产量限额。在图 6-22 中，假定一个卡特尔中有两家寡头垄断厂商。两家厂商的成本曲线分别如图 6-22（a）与图 6-22（b）所示，厂商 1 的成本结构与厂商 2 的成本结构不同。那么卡特尔作为整体的边际成本曲线可通过将这两家厂商的边际成本曲线（MC_1 和 MC_2）按水平方向加总得到，如图 6-22（c）中的 MC 曲线。再假定整个行业的需求曲线为图 6-22（c）中的 D，则相应的全行业的边

际收益曲线为 MR。这样卡特尔就可以作为一个垄断者按照 $MR=MC$ 的利润最大化准则，确定卡特尔的最优产量为 Q^*，相应的垄断价格为 P^*。在此基础上，卡特尔将按照等边际成本原理来分配其总产量，因为在总产量 Q^* 和价格 P^* 已定的情况下，卡特尔的总收益已经确定，按照等边际成本分配总产量可使成员厂商各自利润极大化。如图 6-22 所示，两家厂商产量分别为 Q_1 与 Q_2，此时两家厂商分别能获得图 6-22（a）和图 6-22（b）中相当于阴影部分面积大小的利润。

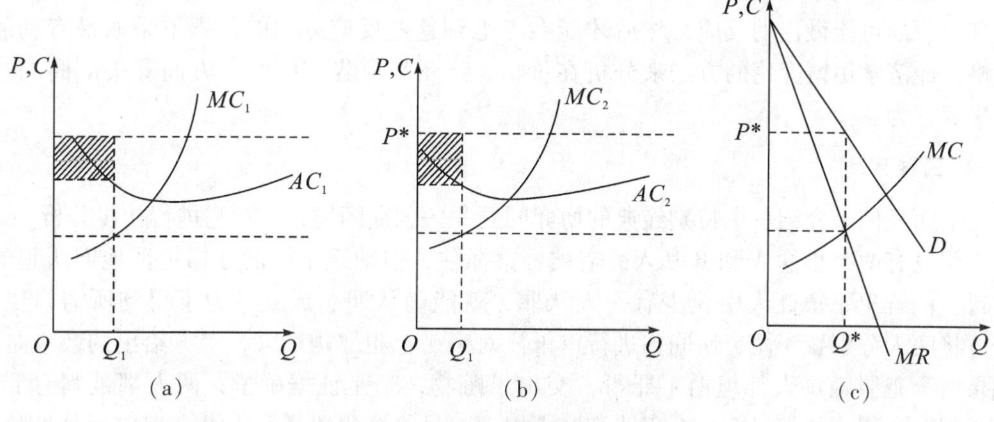

图 6-22　卡特尔的利润最大化决策

同一行业内的企业由相互竞争转而联合成卡特尔，能提高各企业的利润，但卡特尔往往是不稳定的。卡特尔不能持久的原因除了由于许多国家通过反垄断法禁止企业串谋或组建卡特尔外，关键在于其内在的不稳定性。由图 6-22 可以看到，各厂商的利润是不同的。各厂商从自身利益出发，或对这种分配结果不满，或期望更多的利润等原因的驱使下，卡特尔的协议及相应的分配结果是不稳定的。各厂商在最大利润的驱使下很容易走上"背叛"之路。而一旦有某个成员违反协议，因为市场中厂商个数较少，其行动很容易被其他厂商察觉，从而引起连锁反应，最终导致卡特尔的崩溃，回到各企业追求利润最大化的竞争状态。由于不能依靠法律和契约对违反卡特尔协议的成员实施有效的惩罚，成员的欺骗或背叛行为几乎是不可避免的。这也就是博弈论中典型的"囚徒困境"问题。

卡特尔的高利润也会吸引新企业进入市场。如果卡特尔无法阻止新企业进入，卡特尔限制产量的结果是使新企业占据了其余的市场份额，最后卡特尔也会失去其垄断利润。另外，从长期来看，新的替代产品的出现也会降低卡特尔的垄断利润。

三、博弈论初步

博弈论又称对策论，是研究行为者之间策略相互依存和相互作用的一种决策理论，被广泛应用于经济学、政治学、军事学和社会学等学科领域。经济学中的博弈论研究的是经济主体的行为发生相互作用时的决策以及这种决策的均衡问题。博弈论与传统经济学的区别在于，个人效用或利润不仅依赖于自己的选择，而且还依赖于他人的选择。由此可见，博弈论更接近现实，是我们研究经济主体行为的有力工具。

任何一个博弈都包括参与者、策略和支付三个基本要素。参与者是一个博弈中的决策主体，其目的是通过选择行动（或策略）以最大化其得益水平；在每一个博弈中，都至少有两个参与者，每个参与者都有一组可选择的策略；作为博弈的结局，每个参与者都得到各自的报酬，即各自得到一笔支付，其支付可以为正，也可以为负。每一个参与者得到的支付都是所有参与者各自选择的策略的共同作用的结果。

在寡头市场上，厂商们既相互勾结又相互欺骗，并且其行为是相互影响的，每个寡头厂商在采取行动之前，必须首先要推测或掌握自己的这一行动对其他厂商的影响及其他厂商可能做出的反应，然后才能在考虑到这些反应方式的前提下采取最有利的策略。经济学用博弈论的方法来分析在价格、产量、广告、研发等方面寡头厂商的这种决策行为。

（一）囚徒困境

下面我们来介绍一个特别经典的博弈问题——囚徒困境，并对它进行初步分析。

假设有两个小偷 A 和 B 私入民宅被警察抓住，但缺乏足够的证据指证他们所犯的罪行。倘若犯罪嫌疑人中至少有一人认罪，就能确认罪名成立。为了得到所需口供，警方将两人分别置于两个房间内进行审讯。对每一个犯罪嫌疑人，警方给出的政策是：如果两个犯罪嫌疑人都坦白了罪行，交出了赃物，于是证据确凿，两人都被判有罪，各被判刑 8 年；如果只有一个犯罪嫌疑人坦白，另一个犯罪嫌疑人没有坦白而是抵赖，则以妨碍公务罪（因已有证据表明其有罪）再加刑 2 年，而坦白者有功被减刑 8 年，立即释放；如果两个犯罪嫌疑人都抵赖，则警方因证据不足不能判两人的偷窃罪，但可以私入民宅的罪名将两人各判入狱 1 年。

A \ B	坦白	抵赖
坦白	8，8	0，10
抵赖	10，0	1，1

图 6-23 囚徒困境

图 6-23 表示了两个小偷的博弈。我们分别用 1、8、10 表示犯罪嫌疑人被判刑 1 年、8 年、10 年，0 表示犯罪嫌疑人被立即释放。在图 6-23 中，小偷 A、B 是本博弈中的博弈方，都有两种可选择的策略，即坦白和抵赖。矩阵中的每组数字代表对应行列的双方所选策略组合下双方各自的支付，其中第一个数字为小偷 A 的支付，第二个数字为小偷 B 的支付。

每个博弈方的唯一目标就是要实现自身的最大利益，其在选择自己的策略时，应该考虑到对方可能做出的选择，并分别考虑自己相应的最佳策略。对小偷 A 来说，小偷 B 有坦白和抵赖两种可能，如果小偷 B 选择坦白，那么他自己坦白的支付是-8（判刑 8 年），抵赖的支付是-10（判刑 10 年），他会选择坦白；如果小偷 B 选择抵赖，那么他自己坦白的支付是 0（被立即释放），抵赖的支付是-10（判刑 10 年），他也会选择坦白。因此，无论小偷 B 选择坦白或是抵赖，小偷 A 为使得自身收益最大化，其选择都是坦白。同样的道理，小偷 B 的最佳策略也是坦白。在这个博弈中，我们称坦白是占优策略，即无论对方如何选择都能使自己利益最大化的策略。因此，该博弈的最终结果是双方都坦白，两个小偷因证据确凿，同时被判刑 8 年。

两个小偷都选择坦白的策略组合具有稳定性，因为这是唯一的由对方最佳策略组成的策略组合，这时各博弈方都不愿单方面改变策略，从而达到某种均衡状态。这一均衡状态在博弈论中称为纳什均衡。更为一般地说，纳什均衡实质上是这样一种策略组合，即任一博弈方的每个策略都是针对其余博弈方的策略组合的最佳对策。

两个小偷都坦白的策略所获的支付显然不是最优的，如果两个小偷都拒不认罪，选择抵赖，分别只被判刑 1 年。两个小偷都要使自身利益最大化，最终却没能实现最大利益，这种情况在生活中屡见不鲜。囚徒困境反映了一个深刻问题，即个人理性与集体理性的冲突。囚徒困境的博弈模型体现的合作不稳定特征及其后果，可以扩展运用到寡头市场上，以解释寡头市场上的共谋不稳定性及其相关问题。

考虑有两个寡头厂商，每个厂商都在“高”产量和“低”产量之间进行选择。根据每个厂商的不同选择，其矩阵模型如图 6-24 所示。不论厂商 A 做出什么样的选择，厂商 B 都会认为选择高产量是合理的。同样，不论厂商 B 做出什么样的选择，厂商 A 都会认为选择高产量是合理的。每个厂商都认为高产量策略是最优的，这就是产量博弈的占优策略均衡。

		厂商 A			
		高产量		低产量	
厂商 B	高产量	200	200	500	100
	低产量	100	500	400	400

图 6-24 寡头厂商产量博弈

从产量博弈矩阵中，我们可以得到以下启发。首先，（低产量，低产量）的策略组合要优于（高产量，高产量）的策略组合，即寡头厂商 A、B 勾结起来，达成合作协议，共同谋求总报酬最大化，就可以避免由于双方都采取不合作策略和相互竞争造成的两败俱伤的局面。正因为如此，实际上，在寡头市场上，厂商之间经常会达成协议，成立合作性质的卡特尔组织，共谋整体利益最大化，并且每个成员也均得到一定的好处。我们进一步会发现，在（低产量，低产量）的策略组合前提下，如果有一方坚持合作策略，而另一方偷偷地采取不合作策略，则对于偷偷采取不合作策略的一方来说，（高产量，低产量）或（低产量，高产量）的策略组合要优于（低产量，低产量）的策略组合。这意味着在寡头市场上，厂商们在达成合作协议以后，每个寡头厂商都有强烈的利己动机去偷偷地背离协议，以获得自身更大的利益。由于每个达成协议的参与者都会有这样的想法和这样的行动，最后的结局将是（高产量，高产量）的策略组合是均衡的，而且是占优策略均衡。也正因为如此，寡头们之间达成的卡特尔协定往往是不稳定的。

（二）智猪博弈（重复剔除的占优策略均衡）

在大多数情况下，最优策略均衡是不存在的。尽管如此，在有些博弈中，我们仍可以应用最优策略的逻辑找到均衡。

智猪博弈由纳什于 1950 年提出。假设猪圈里有一头大猪、一头小猪。猪圈的一头有猪食槽（两猪均在食槽端），另一头安装着控制猪食供应的按钮，按一下按钮会有 10 个单位的猪食进槽，但是在去往食槽的路上会有两个单位猪食的消耗，若小猪先到槽边，大猪和小猪吃到食物的收益比

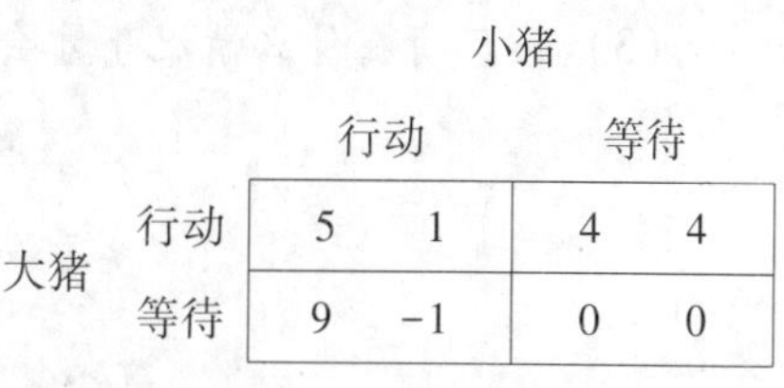

		小猪			
		行动		等待	
大猪	行动	5	1	4	4
	等待	9	−1	0	0

图 6-25 智猪博弈

是9∶1；大猪和小猪同时行动（去按按钮），收益比是7∶3；大猪先到槽边，大猪和小猪的收益比是6∶4。那么，在两头猪都有智慧的前提下，最终结果是小猪选择等待。

实际上小猪选择等待，让大猪去按控制按钮，而自己选择“坐船”（或称“搭便车”）的原因很简单：在大猪选择行动的前提下，小猪选择等待的话，小猪可得到4个单位的纯收益，而小猪行动的话，则仅仅可以获得大猪吃剩的1个单位的纯收益，因此等待优于行动；在大猪选择等待的前提下，小猪如果行动的话，小猪的收益将不抵成本，纯收益为-1单位，如果小猪也选择等待的话，那么小猪的收益为零，成本也为零，等待还是要优于行动。

现实经济生活中，有很多应用智猪博弈的例子：股份公司中，大股东必须承担起绞尽脑汁、多方收集信息以监督经理的责任，而小股东则免费“搭便车”；股票市场上也是如此，对散户而言，“紧跟大户”往往是最优选择，而大户必须自己收集信息，多方咨询；大企业搞研发、培育市场、做广告，而小企业则模仿。在小企业经营中，学会如何“搭便车”是一个精明的职业经理人最为基本的素质之一。在某些时候，如果能够注意等待，让其他大的企业首先开发市场，是一种明智的选择。这时候，有所不为才能有所为。

习题

1. 解释以下关键术语：

完全竞争市场　完全垄断市场　垄断竞争市场　寡头垄断市场　收支相抵点

停止营业点　囚徒困境　卡特尔　占优策略均衡　产品差别　价格歧视

2. 为什么在完全竞争厂商的短期均衡中，当 $AVC<MR<AC$ 时，厂商已经出现亏损，但仍然坚持生产？

3. 垄断厂商一定能保证能获得超额利润吗？如果在最优产量处亏损，其在短期内会继续生产吗？在长期内会怎样？

4. 论述垄断市场与完全竞争市场经济效率比较分析。

5. 完全竞争行业中某厂商的成本函数为 $STC=Q^3-6Q^2+30Q+40$，成本用美元计算，假设产品价格为66美元。

（1）求利润极大时的产量及利润总额。

（2）由于竞争市场供求发生变化，由此决定的新的价格为30美元，在新的价格下，厂商是否会发生亏损？如果会，最小的亏损额为多少？

（3）该厂商在什么情况下才会退出该行业（停止生产）？

第七章　分配理论

引导案例

美国经济学家的调查报告

美国劳动经济学家丹尼尔·哈莫米斯与杰文·比德尔在1994年第4期《美国经济评论》上发表了一份调查报告。这份调查报告显示，漂亮的人的收入比长相一般的人的收入高5%左右，长相一般的人的收入比丑陋一点的人的收入高5%~10%。这个结论对男性、女性同样适用。

教学目的

生产要素市场探讨的是生产要素的价格是如何决定的。由于对生产要素定价的过程也就是生产要素所有者取得收入的过程，因此生产要素定价理论也称为收入理论。通过本章的学习，了解生产要素的需求与供给的基本概念，了解生产要素价格决定的生产力理论，理解洛伦兹曲线和基尼系数的含义，能够运用生产要素供求分析其价格的决定，能够用工资、利息、地租和利润等有关理论分析和解释常见的经济问题。

本章重难点

完全竞争厂商使用要素的原则，工资、利润、利息，劳动供给曲线，洛伦兹曲线，基尼系数。

从资源配置意义上讲，产品与劳务的生产和价格决定只是回答了“生产什么”“生产多少”“怎样生产”的问题，现在必须解决“为谁生产”的问题。分配理论主要就是解决“为谁生产”的问题，即生产出来的产品按照什么分配原则在社会各个阶层之间进行分配。从价格决定理论本身看，仅限于产品市场价格决定的论述是不完全的。一是它在推导需求曲线时，假定消费者是收入水平既定，但并未说明收入水平是如何决定的。二是在推导产品供给曲线时，假定要素的价格是既定的，但并未说明要素的价格如何决定。由于消费者的收入水平在很大程度上取决于其拥有的要素价格和使用量，因此价格理论的上述两点不完全性概括为缺乏对要素价格和使用量的决定的解释。

西方经济学者认为，分配理论的核心问题是生产要素价格的决定，只要生产要素的价格确定，就可以根据具体价格水平，再结合生产要素供给者提供的生产要素的数量，从而确定应分配给生产要素提供者的收入。因此，分配理论也被称为生产要素价格决定理论。

生产要素定价理论中所指的生产要素价格是指生产要素服务的价格，而非生产要素本身的价格。生产要素服务不同于生产要素本身，是指生产要素在生产过程中发挥的功能，也就是对生产的贡献。工资（率）是劳动服务的价格，地租是土地服务的价格，利息（率）是资本服务的价格，正常利润是企业家才能服务的价格。因此，地租、工资、利息和利润从生产者角度看，是生产要素的价格或生产成本。从要素所有者角度看，则分别是各要素所有者的收入。要素价格的决定问题也就是收入分配问题。收入分配理论就是分析地租、工资、利息和利润是如何被决定的理论。

第一节　生产要素的需求与供给

要素价格决定的主要理论基础是由美国经济学家克拉克最先提出的边际生产率分配论。克拉克认为，在其他条件不变和边际生产力递减的前提下，一种生产要素的价格取决于其边际生产力。后来的西方经济学家对克拉克的理论做了改进。他们认为，边际生产力只是决定要素需求的一个方面，除此之外，厂商在决定要素需求时还要考虑要素的边际成本。只有当使用要素的边际成本和边际收益（边际生产力）相等时，厂商才在要素使用上达到了利润最大化。要素的供给也是决定其价格的一个重要方面。总之，要素的市场价格与其他商品一样，也是由其需求和供给两个方面共同决定的。但是同产品市场的需求和供给相比，生产要素需求和供给又各具特点。

一、生产要素的需求

生产要素的需求来自厂商，厂商对生产要素的需求不同于一般消费者对产品的需求，主要表现在以下几个方面：

第一，生产要素的需求是一种派生需求，或是说是引致需求。产品市场的需求是直接满足消费者欲望的，是直接需求；生产要素的需求是满足生产需要的，即最终生产出满足消费需要的商品和服务，是由对产品的需求而导致的，是一种间接需求，厂商并不是需要生产要素本身，而是需要利用生产要素来进行产品生产。这就是所谓的派生的需求，即由于人们需要某种产品而间接地产生出对某些生产要素的需求。如果消费者对某种产品需求增加，则厂商对生产该产品的生产要素的需求也会增加。

第二，生产要素的需求是一种联合需求或相互依存的需求。所谓联合需求，是指同时对多种生产要素的需求。由于人们需要的消费品不可能仅由一种生产要素生产而成，而必须通过不同数量的若干生产要素组合生产而成，由此就产生了对生产要素的联合需求。

第三，与产品市场相比较，需求者与供给者角色互换。

第四，所有权与使用权相分离。在产品市场上，商品被消费者购买后，即为消费者所有，并支配使用。而在要素市场上，购买者仅在规定的时间内有使用权，并没有该要素的所有权，所有权归要素的提供者拥有。

第五，产品价格与要素价格相互影响，要素价格直接影响产品的成本，对产品价格直接造成影响；如果产品市场需求减少，价格下降，厂商必然会压缩生产，减少对生产要素的需求，影响要素的价格。

影响生产要素需求变动的因素主要如下：

第一，市场对产品的需求以及产品的价格。市场对某种产品的需求越大，该产品的价格就越高，则对这种生产要素的需求就越大，反之则反是。

第二，生产技术状况。如果生产技术是资本密集型的，则对资本要素的需求越大；如果生产技术是劳动密集型的，则对劳动要素的需求越大。

第三，生产要素的价格。厂商一般是用价格低的生产要素代替价格高的生产要素。

第四，产品市场结构和生产要素市场结构的影响，即是完全竞争性质的市场结构还是不完全竞争性质的市场结构。

第五，生产要素的边际生产力。

边际生产力的概念是由德国经济学家屠能在1826年首先提出，并应用于生产和分配理论。19世纪末20世纪初，美国经济学家克拉克把边际生产力的含义进一步系统化，并首先创立了边际生产力这个术语。边际生产力是指在其他条件不变的情况下，追加的最后一个单位的生产要素所增加的产量，即边际物质产品（Marginal Physical Product，有时被简称为边际产品MP）；而增加一个单位要素投入带来的产量所增加的收益，称为边际收益产品（Marginal Revenue Product，MRP）。边际收益产品等于要素的边际物质产品和边际收益的乘积，即：

$$MRP = MP \times MR \tag{7.1}$$

因此，可变要素的边际收益产品取决于两个因素：第一，增加一单位要素投入带来的边际物质产品的变化；第二，增加一单位产品增加的收益的变化。

特别地，最后雇佣的那个工人所带来的产量称为劳动的边际生产力或劳动边际收益产量；最后追加的那个单位资本所带来的产量称为资本边际生产力或资本边际收益产量。

如果使用两种生产要素生产出一定的产品，那么一种生产要素的数量固定不变，而继续追加另一生产要素，超过一定量以后，每追加一单位可变生产要素的生产力将会递减，这就是边际生产力递减规律。要素的边际生产力递减的原因，实质上就是前面讲过的边际报酬递减规律作用的结果。只不过后者仅仅指边际产量递减，而前者既可以指边际产量递减，也可以指边际收益产品递减。因此，边际生产力递减规律只不过是边际报酬递减规律的表现形式。

二、完全竞争厂商使用生产要素的原则

厂商购买生产要素是为了实现利润最大化，这样厂商就必须使购买最后一单位的生产要素所支出的边际成本与其带来的边际收益相等，即满足利润最大化原则 $MR = MC$。只不过要素市场“边际收益”和“边际成本”的含义与产品市场中的含义有所不同。鉴于此，要素的“边际收益”和“边际成本”又有不同的名称。

（一）厂商使用生产要素的“边际收益”——边际收益产品（MRP）

在完全竞争的产品市场上，厂商是产品价格被动的接受者，厂商面临的产品需求

曲线是一条水平线，厂商增加一单位产品的销售所带来的边际收益等于产品的价格，即 $MR=P$。因此，有：

$$MRP=MR\times MP=P\times MP \tag{7.2}$$

定义 $P\times MP$ 为边际产品价值（Value of Marginal Product，VMP），即增加一单位要素的投入所增加的产品的价值，它是产品价格与要素的边际产量的乘积，用公式表示为：

$$VMP=P\times MP \tag{7.3}$$

由此可见，完全竞争市场上要素的边际收益产品等于要素的边际产品价值，即：

$$MRP=VMP \tag{7.4}$$

（二）厂商使用生产要素的“边际成本”——边际要素成本（MFC）

边际要素成本是指每增加一单位要素成本所引起的总成本的增加量。

（三）完全竞争厂商使用生产要素的原则

在完全竞争市场上，由于 $MR=MC=P$，因此厂商对生产要素的需求就取决于该市场要素的边际收益；厂商是既定市场价格的接受者，MFC 也就是一个单位要素的本身价格。

如果 $MFC<MRP$，就意味着厂商投入的最后一单位生产要素生产出来的产品所带来的收益大于为购买这一单位要素所付出的成本，利润将增加。为追求利润最大化，厂商肯定会不断增加该要素投入。随着要素投入量的增加，要素的价格不变，但要素的边际产品价值下降，直至 $MFC=MRP$。

如果 $MFC>MRP$，那么减少使用一单位要素所损失的收益会小于购买这一单位要素所节约的成本，厂商将减少要素的使用量来提高利润。随着要素使用量的减少，要素的边际产品价值将上升，最终达到 $MFC=MRP$。

因此，当一单位要素带来的收益恰好等于该要素的成本时，即 $MFC=MRP$，厂商对该要素的需求处于均衡状态。完全竞争市场条件下，厂商使用生产要素（如劳动）的最优条件是要素的价格等于要素的边际产品价值。

三、完全竞争厂商对生产要素的需求曲线

完全竞争厂商对生产要素的需求曲线反映的是在其他条件不变时，完全竞争厂商对要素的需求量与要素价格之间的关系。现在假定某完全竞争厂商每周投入不同数量的劳动要素，其边际数量、产品价格和边际产品价值如表 7-1 所示。

表 7-1　　边际产量和边际收益

要素数量	边际产量	产品价格	边际产品价值
1	18	10	180
2	16	10	160
3	14	10	140

表7-1(续)

要素数量	边际产量	产品价格	边际产品价值
4	12	10	120
5	10	10	100

在完全竞争市场上，$MR=P$，从表 7-1 我们可以看到，劳动的边际产量是递减的，因此劳动的边际产品价值也递减。我们可以把表 7-1 反映的情况用图 7-1 表示出来，即厂商的边际产品价值曲线。

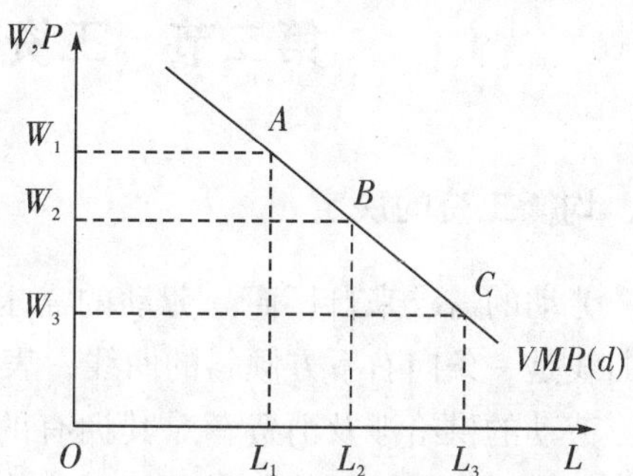

图 7-1 完全竞争厂商的要素需求曲线

实际上，我们可以把图 7-1 中劳动的边际产品价值曲线看成厂商对劳动的需求曲线，因为有了劳动的边际产品价值曲线，我们就可以根据厂商利润最大化原则确定对劳动的需求量。

由前面的分析可知，完全竞争厂商要想达到利润最大化和就必须保持要素的边际收益和要素的边际成本相等。在完全竞争条件下，要素价格既定不变，使用要素的边际成本就恰好等于要素的价格。给定一个要素价格如 W_1，根据完全竞争厂商要素使用原则——要素的价格等于要素的边际产品价值，在几何图形上就会存在一个 *WMP*（*L*）曲线与 W_1曲线的交点 *A*（如图 7-1 所示）。*A* 点表明，当要素价格为 W_1时，要素需求量为 L_1。这就意味着，边际产品价值曲线 *VMP* 上的 *A* 点，也是要素需求曲线上的一点。

同样地，如果给定另外一个要素价格，就会有另外一条水平的要素价格线与 *VMP* 相交，这一交点也确定了一个最优的要素使用量，因而也是要素需求曲线上的一点。于是，可以得到一个结论：在使用一种生产要素的情况下，完全竞争厂商对要素的需求曲线与要素的边际产品价值曲线 *VMP* 恰好重合。

四、不完全竞争市场上的生产要素需求

在不完全竞争市场上，对一个厂商来说，价格也是可变的，边际收益并非等于价格，边际收益取决于生产要素的边际生产力与价格水平。因此，生产要素的需求曲线是一条向右下方倾斜的曲线。与完全竞争市场上的需求曲线相比，在生产要素为同一价格时，不完全竞争市场上的生产要素的需求量小于完全竞争市场上的需求量。

五、生产要素的供给

生产要素的供给实际上是其所有者在市场上对生产要素的出卖，并因此形成要素所有者的收入。

就要素的供给来看，它不是来自厂商，而是来自个人或家庭。个人或家庭在消费者理论中是消费者，在要素价格理论中是生产要素的提供者。个人或家庭拥有并向厂

商提供各种生产要素，他们为厂商提供这些生产要素而取得工资、利息、地租和利润。

由于消费者拥有的要素数量在一定时期内是既定的，消费者只能将其拥有的全部资源的一部分提供给厂商，以获得收入，剩下的部分可称为“保留自用”的资源。因此，要素供给问题可以看成消费者在一定的要素价格下，将其全部既定资源在“要素供给”和“保留自用”两种用途上进行分配以获得最大效用的问题。

第二节　工资、地租、利息、利润

一、均衡工资的决定

劳动的需求来自厂商。劳动的需求量会随工资率的下降而增加。因此，劳动的需求曲线是一条向右下方倾斜的曲线，表明劳动的需求量与工资呈反方向变动。

劳动的供给涉及消费者对其拥有的既定时间资源的分配。消费者每天的时间资源中除去睡眠时间就是消费者可以自由支配的时间资源，为方便起见，假定每天自由支配的时间资源为 H_0（$0<H_0<24$）小时。自由支配的时间 H_0 中一部分是劳动时间，可以用来表示消费者的劳动供给量；另一部分是闲暇时间（简称为闲暇），即除去必需的睡眠时间和劳动时间之外的全部活动时间。若用 H（$H \leqslant H_0$）表示闲暇，则 H_0-H 代表消费者的劳动供给量。因此，劳动供给问题就可以看成消费者如何决定其固定的时间资源 H_0 中闲暇 H 所占的部分，或者说是如何决定其全部资源在闲暇和劳动供给两种用途上的分配问题。

在自由支配的时间资源中，消费者选择一部分作为闲暇来享受，选择其余部分作为劳动供给。闲暇直接增加了效用，劳动则可以带来收入，通过收入用于消费再增加消费者的效用。因此，实质上，消费者并非是在闲暇和劳动二者之间进行选择，而是在闲暇和劳动收入之间进行选择（如图 7-2 和图 7-3 所示）。

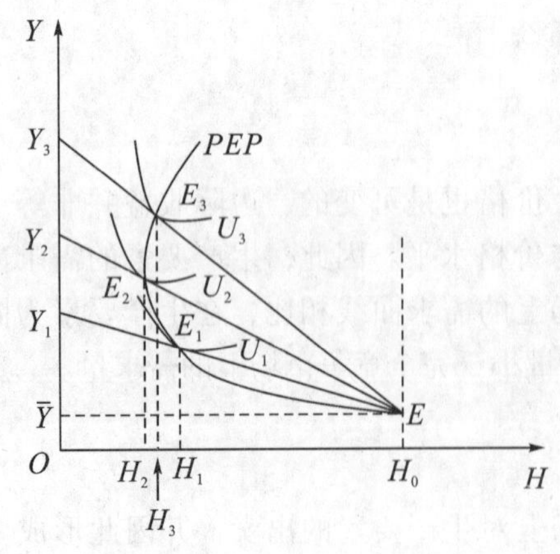

图 7-2　时间资源在闲暇和劳动供给之间的分配

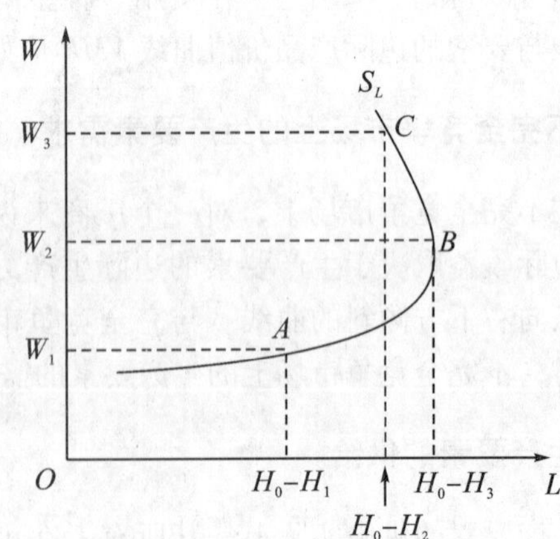

图 7-3　单个消费者的劳动供给曲线

图 7-2 中横轴表示闲暇，用 H 表示，纵轴表示收入，用 Y 表示。图 7-3 中横轴表示劳动供给量 H_0-H，用 L 表示，纵轴表示工资，用 W 表示。在图 7-2 中，消费者的初始状态点 E 表示的是非劳动收入 $\bar{Y}$ 与自由支配时间资源总量 H_0 的组合。假定工资为 W_1，则最大可能的收入（劳动收入加非劳动收入）为 $Y_1=H_0W_1+\bar{Y}$。于是消费者在工资 W_1 条件下的预算线为连接初始状态点 E 与纵轴上 Y_1 点的直线 EY_1。EY_1 与无差异曲线 U_1 相切，切点为 E_1。与点 E_1 对应的最优闲暇为 H_1，从而劳动供给量为 H_0-H_1。于是得到劳动供给曲线（见图 7-3）上一点 A（H_0-H_1，W_1）。

同理，当工资上升到 W_2，再上升到 W_3，则预算线将以初始状态点 E 为轴心顺时针旋转到 EY_2 和 EY_3，其中 $Y_2=H_0W_2+\bar{Y}$，$Y_3=H_0W_3+\bar{Y}$。预算线 EY_2 和 EY_3 分别与无差异曲线 U_2 和 U_3 相切，切点分别为 E_2 点和 E_3 点。均衡点 E_2 和 E_3 对应的最优闲暇量分别为 H_2 和 H_3，从而相应的劳动供给量分别为 H_0-H_2 和 H_0-H_3。这样又得到劳动供给曲线（见图 7-3）上两点：B（H_0-H_2，W_2）和 C（H_0-H_3，W_3）。

同理，可得到图 7-2 中类似于 E_1、E_2 和 E_3 的其他点，这些点的轨迹就是价格扩展线 PEP；相应地，在图 7-3 中可得到类似于 A、B 和 C 的其他点，这些点轨迹就是消费者的劳动供给曲线 S_L。

与一般的供给曲线不同，劳动的供给曲线具有一个鲜明的特点，即它具有一段"向后弯曲"的部分（如图 7-3 所示）。当工资较低时，随着工资的上升，劳动供给量在增加。在这个阶段，劳动的供给曲线向右上方倾斜。但是，工资上升对劳动供给的吸引力是有限的。当工资涨到 W_2 时，劳动供给量达到最大。此时，如果继续增加工资，劳动供给量非但不会增加，反而会减少，因而劳动供给曲线从工资 W_2 处起开始"向后弯曲"。

劳动供给曲线为什么"向后弯曲"呢？我们可以用替代效应和收入效应来解释。

我们知道，正常商品的需求曲线总是向右下方倾斜的，即需求量随价格的上升而下降。其原因有二：替代效应和收入效应。正常商品价格上升后，由于替代效应，消费者会用相对便宜的其他商品来替代该种商品；由于收入效应，消费者相对"更穷"一些，以至减少对该种商品的购买。替代效应和收入效应共同作用使其需求曲线向右下方倾斜。

西方经济学用劳动者在"劳动"与"闲暇"之间进行选择来解释其中的原因。劳动可以带来收入，但闲暇也是个人需要的一种消费品，两者具有替代关系，也都给个人带来效用满足。工资率的提高对劳动供给具有替代效应和收入效应。所谓替代效应，是指工资越高，也就意味着闲暇的机会成本越高，或者说闲暇作为一种消费品的价格上涨，个人将选择提供更多的劳动量；所谓收入效应，是指工资提高，个人的实际收入和购买力上升，因而能够购买更多的闲暇，从而减少劳动供给量。替代效应与收入效应对劳动供给具有相反的影响，其综合净效应取决于两种效应的相对强度。一般来说，在劳动提供量不大时，替代效应大于收入效应，劳动供给将会随着工资的上升而上升，劳动供给曲线向右上方倾斜；而当个人提供的劳动量已经较高时，收入效应往往占了上风。这时，随着工资的继续上升，个人反而减少劳动提供量，于是劳动供给曲线弯向左边。符合劳动供给曲线向后弯曲假说的一个基本事实是，从历史统计看，20世纪初到现在，个人真实收入逐渐增加，而周劳动小时却在逐渐减少，由50~60小时下降到35~40小时。

劳动供给曲线向后弯曲的原因也可以这样解释：当工资的提高使消费者富足到一定的程度后，人们会更加珍视闲暇。因此，当工资达到一定水平而又继续提高时，劳动供给量不但不会增加，反而会减少。

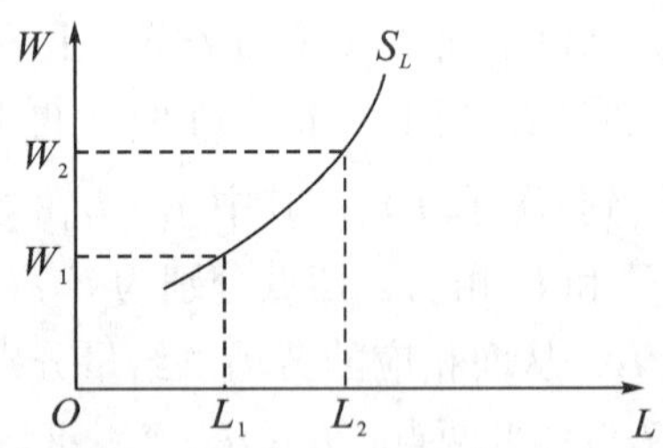

图7-4　劳动的市场供给曲线

将所有单个消费者的劳动供给曲线水平相加，即得到整个市场的劳动供给曲线。尽管许多单个消费者的劳动供给曲线可能会向后弯曲，但劳动的市场供给曲线却不一定也是如此。在较高的工资水平上，现有的工人也许提供较少的劳动，但高工资也会吸引新的工人来提供劳动，因而总的劳动供给一般还是随着工资的上升而增加，从而劳动的市场供给曲线仍然是向右上方倾斜的。如图7-4所示，纵轴表示工资，即劳动服务的价格，用W表示，横轴表示劳动的市场供给量，用L表示。S_L即劳动的市场供给曲线，向右上倾斜，表明劳动的市场供给量随工资的上升而增加，随工资的下降而减少。当工资为W_1时，劳动的市场供给量为L_1；当工资上升到W_2时，劳动的市场供给量增加到L_2。

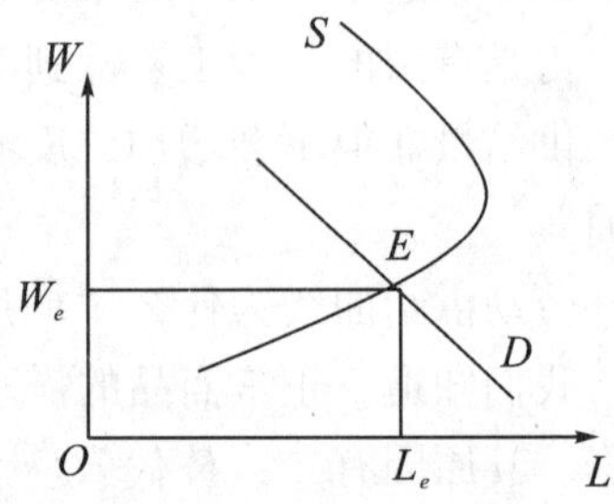

图7-5　均衡工资的决定

劳动的需求和供给两方面的力量共同决定劳动的市场价格。当某种劳动供不应求时，市场出现工资上升的压力，促使工资水平的提高，劳动量的需求量因此调整，劳动供求趋于均衡；当某种劳动供过于求时，则出现相反的变动态势。如图7-5所示，劳动需求曲线D和劳动供给曲线S的交点E是劳动市场的均衡点。该均衡点对应的均衡工资为W_e，均衡劳动数量为L_e。因此，均衡工资水平由劳动市场的供求曲线决定，并且随着这两条曲线的变动而变动。

从一个经济的长期趋势来看，工资水平和就业基本上是由劳动的供求状况决定的。但是上述模型是一个高度简化的模型，我们假定劳动都是同质的，劳动力的流动和转移是没有任何成本的。实际上，劳动力是一个非常特殊的商品，除了市场供求因素外，还有许多政治的、社会的以及习俗的因素影响着工资和就业，如工会的力量、政府的干预等。同时，劳动力是非同质的，不同劳动力之间的差异很大，教育（即人力资本投资）对劳动生产率的影响非常大，因此不同人力资本含量的劳动力的报酬是不一样的。在全球化的过程中，发达国家的跨国公司为了追求利润最大化，总是把某些生产活动转移到劳动力资源丰富、工资水平较低的发展中国家，引起发达国家简单劳动需求曲线向左下方移动，而发展中国家的简单劳动需求曲线向右上方移动。与此同时，发达国家的产业结构发生着剧烈的变动，即第一产业和第二产业（制造业）的比重不断下降，而第三产业占国内生产总值的比重不断上升，说明这些国家随着制造业的转移，服务业的产值不断上升。因此，全球化的进程对发达国家和发展中国家不同的劳动力市场带来不同的影响。

二、均衡地租的决定

作为生产要素的土地，泛指一切自然资源，其特点被描述为原始的和不可毁灭的。说它是原始的，因为它不能被生产出来；说它是不可毁灭的，因为它在数量上不会减少，即土地的自然供给是固定不变的。当然，如果土地价格合适的话，人们可以沿海岸造陆地、变沙漠为良田，从而“创造”出土地；如果人们采用一种会破坏土壤肥力的方式耕种，则土地也有毁灭的可能。不过，为简单起见，这里不考察土地的这些变化，假定其既定不变，并在该既定下考察土地的市场供给情况。

由于土地的边际生产力是递减的，因此土地的市场需求曲线通常都是向右下方倾斜的。作为一种自然资源，土地既不能流动，又不能再生，因此就一个整体经济而言，供给量是固定的，其市场供给曲线为一条垂直横轴的直线。

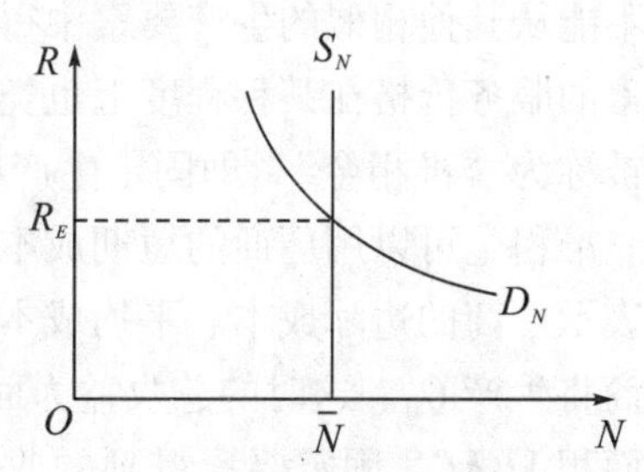

图 7-6 均衡地租的决定

当土地的需求与供给相等时，由此决定的价格就是地租。如图 7-6 所示，土地市场需求曲线 D_N 与土地市场供给曲线 S_N 的交点是土地市场的均衡点，该均衡点决定了均衡地租 R_E。

根据上述地租决定理论，可以对地租的产生进行解释。如图 7-7 所示，假设一开始时，土地供给量固定不变，为 $\bar{N}$，土地的市场需求曲线为 D_N，从而地租为 0。后来，由于技术进步使土地的边际生产力提高，或由于人口增加使土地产品（如粮食）的需求增加，从而使土地产品价格（如粮价）上涨，对土地的需求曲线便开始向右上方移动，从而地租开始出现。当移到 D_N^1 时，地租为 R'。因此，可以这样来说明地租产生的原因：地租产生的根本原因在于土地的稀少，供给不能增加；如果给定了不变的土地供给，则地租产生的直接原因就是土地需求曲线的右移。土地需求曲线右移是因为土地的边际生产力提高或土地产品的需求增加从而使土地产品价格提高。如果假定技术不变，则地租就随土地产品价格的上升而产生。

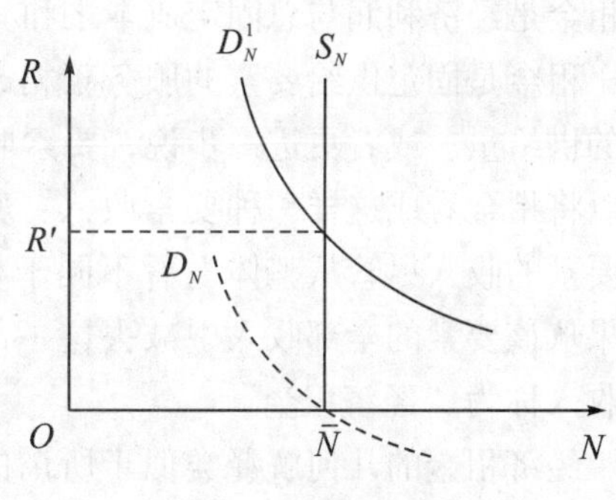

图 7-7 地租的成因

随着社会经济的发展，对土地的需求不断增加，而土地的供给却固定不变，这样就存在着一个地租不断上升的趋势。

以上分析表明，地租只与固定不变的土地有关。但在很多情况下，不仅土地可以被看成固定不变的，而且有许多其他资源在某些情况下，也可以被看成固定不变的。就像土地一样，其供给是固定的，这些固定不变的资源也有相应的服务价格。这种服务价格显然与土地服务价格——地租非常类似。为与特殊的地租相区别，可以把这种供给数量固定不变的一般资源的服务价格称为“租金”。显然，地租是租金的一种特殊形式。

租金与资源的供给固定不变相联系，这种“固定不变”对（经济学意义上的）短期和长期都适用。在现实生活中，有些生产要素尽管在长期中可变，但在短期中却是固定的。例如，由于厂商的生产规模在短期不能变动，其固定生产要素对厂商来说就是固定不变的，即其不能从现有的用途中退出而转到收益较高的其他用途中去，也不能从其他相似的生产要素中得到补充。这些要素的服务价格在某种程度上也类似于租金，通常被称为“准租金”，即固定生产要素的收益。

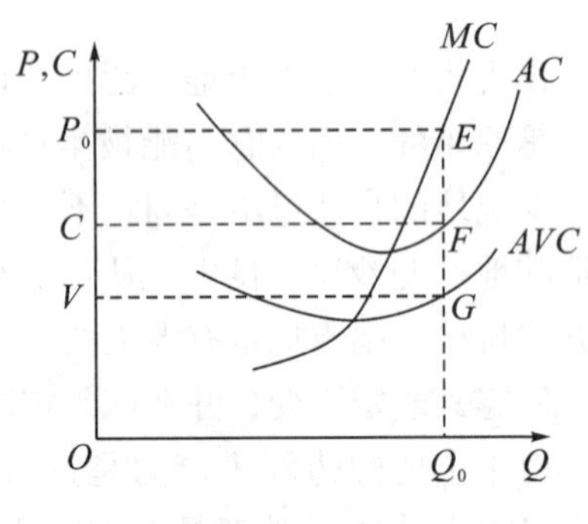

图 7-8　准租金

准租金可以用厂商的短期成本曲线来加以分析。如图 7-8 所示，MC、AC、AVC 分别表示厂商的边际成本、平均成本和平均可变成本。假定产品价格为 P_0，则完全竞争厂商将生产 Q_0。这时的总收益为面积 OQ_0EP_0，总可变成本为面积 OQ_0GV，总固定成本为面积 $VGFC$。固定要素得到的收益是总收益减去总可变成本后剩余的部分，即面积 $VGEP_0$，这就是准租金。

经济利润是总收益与总成本的差额，图 7-8 中 $CFEP_0$的面积就是经济利润。显然，准租金是经济利润与总固定成本之和。

租金是固定供给要素的服务价格，固定供给意味着要素价格的下降不会减少该要素的供给量。或者更进一步说，要素收入的减少不会减少该要素的供给量。据此，也可以将租金看成这样一种要素收入：其数量的减少不会引起要素供给量的减少。有许多要素的收入尽管从整体上看不同于租金，但其收入的一部分却可能类似于租金，即如果从该要素的全部收入中减去这一部分并不会影响要素的供给。我们将这一部分要素收入称为“经济租金”。

经济租金的几何解释类似于所谓的生产者剩余。如图 7-9 所示，要素供给曲线 S_x 以上、要素价格 p_{x_0} 以下的阴影区域 $p_{x_0}ME$ 为经济租金。要素的全部收入为 $Ox_0Ep_{x_0}$。但按照要素供给曲线，要素所有者为提供 x_0 数量要素所愿意接受的最低要素收入却是 Ox_0EM。因此，阴影部分 $p_{x_0}ME$ 是要素的“超额”收益，即使去掉，也不会影响要素的供给量。

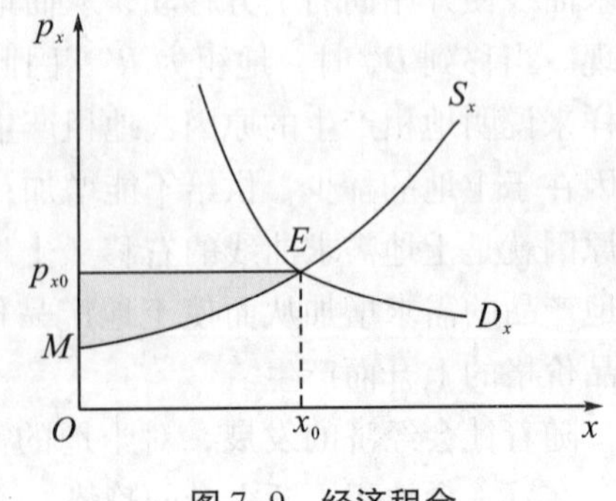

图 7-9　经济租金

经济租金的大小显然取决于要素供给曲线的形状。供给曲线越陡峭，经济租金就越大。特别地，当供给曲线垂直时，全部要素收入均变为经济租金，它恰好等于租金或地租。

由此可见，租金实际上是经济租金的一种特例，即当要素供给曲线垂直时的经济租金，而经济租金则是更为一般的概念，它不仅适用于供给曲线垂直的情况，也适用于供给曲线不垂直的一般情况。在另一个极端上，如果供给曲线成为水平的，则经济租金便完全消失。

总之，经济租金是要素收入（或价格）的一个部分，是要素收入与该要素在其他场所可能得到的最高收入之差，即要素收入与其机会成本之差。

三、均衡利率的决定

资本是经济社会生产出来的再用于生产过程以便获得更多的商品和劳务的生产要素。作为与劳动和土地并列的一种生产要素，资本的特点可以概括如下：第一，资本的数量是可以改变的，即它可以通过人们的经济活动生产出来；第二，资本之所以被生产出来，其目的是为了以此而获得更多的商品和劳务；第三，资本是作为投入要素，即通过用于生产过程来得到更多的商品和劳务的。

作为生产服务的源泉，资本本身具有一个市场价格，即所谓的资本价值。例如，一台机器、一幢建筑物在市场上可按一定价格出售。资本也与土地和劳动等其他要素一样，可以在市场上被租借出去。因此，作为要素服务，资本也有一个价格，即使用资本（或资本服务）的价格。或者说，资本所有权得到的价格，这个价格通常称为利息率或者利率，并用 r 来表示。

例如，一台价值为 1 000 元的机器被使用一年得到的收入为 100 元。用这个年收入除以机器本身的价值即得到该机器每单位价值服务的年收入：100/1 000 = 10%。这就是该机器服务的价格或（年）利率，即 $r=10\%$。

由此可见，资本服务的价格或利率等于资本服务的年收入与资本价值之比。其用公式表示为：

$$r=\frac{Z}{P} \tag{7.5}$$

式中，Z 为资本服务的年收入，P 为资本价值。

对于不同的资本来说，它们的价值或者年收入可能并不相同，但年收入与资本价值的比率却有趋于相等的趋势。例如，设资本 A 具有较高的利息率，则人们将去购买它，从而它的市场价格即资本价值被抬高，于是它的利率将下降。这个过程将一直继续下去，直到资本 A 的利率与其他资本的利率相等时为止。

利息率也是一种价格，即资本的借方使用这部分资本时向资本所有者支付的价格，本质上与商品价格以及生产要素价格的决定没有区别。正因为如此，利息率取决于资本的需求与供给。

资本的需求由两部分组成：一是居民的需求，如居民的个人消费贷款等。居民的这种需求与利息率呈反向变动，利息率越高，居民消费所借资本付出的代价越大，欲望则被抑制。二是企业的需求，企业借入资本主要是用来进行投资，其目的是为了实现利润最大化。我们这里讲的资本需求主要是企业投资的需求。企业投资的多少就取决于利润率与利息率之间的差额。如果利润率与利息率的差额越大，纯利润就越大，厂商就越愿意投资。反之，结果相反。因此，在利润率既定的情况下，利息率与投资呈反方向变动，即资本的需求曲线是一条向右下方倾斜的曲线。

资本的供给来源于家庭部门的储蓄。储蓄可以获得利息，利息是人们放弃眼前消费而进行储蓄的一种报偿。换句话说，利息是人们把钱用于消费的机会成本。家庭之所以提供资本，是因为可以在将来为家庭带来更多的收入。对于既定收入的家庭而言，它可以选择马上消费，也可以选择储蓄，即把一部分收入转化为资本租借给厂商，由此获得一定的报酬。一般而言，对同一数量的商品，人们现在消费这些商品而获得的效用大于未来消费的效用。人们倾向于消费所有的收入，除非未来能得到补偿。因此，家庭最优储蓄的数量是现期消费和未来消费之间进行最优选择的结果。

与分析劳动供给的情形一样，利用利息率提高的替代效应和收入效应可以推导出随着利率提高，储蓄即资本的供给曲线是一条向后弯曲的线。在这里，替代效应指的是，利率提高时，把钱用于当前消费的机会成本上升，消费者将减少当前消费，多储蓄来代替当前消费。此时，利率的上升会使资本供给增加。收入效应指的是利率提高时，较少的资本供给就可以获得较多的利息收入，从而保证较高的消费，因而消费者将再也不用节省当前消费就可以获得未来较多的利息收入和较高的消费。这样利率的上升的收入效应则使消费者增加当前的消费，减少资本供给。因此，利率提高时，资本供给增加还是减少取决于其替代效应与收入效应的总效应。如果替代效应大于收入效应，利率上升使资本供给增加，从而会使资本供给曲线向右上方倾斜；如果收入效应大于替代效应，利率上升会使资本供给减少，从而会使资本供给曲线向左上方倾斜。因此，可以推导出随着利率的提高，储蓄是一条向后弯曲的线。但一般来讲，利息收入只占消费者收入的一个很小比例，并且利息率变动幅度较小，因而随着利率的提高，储蓄量增加，资本供给曲线向右上方倾斜。通过对所有消费者储蓄沿横向相加即可得到市场的储蓄曲线。与单个曲线一样，市场储蓄曲线向右上方倾斜。

由以上讨论可知，资本数量的变化是储蓄的结果。储蓄是一个“流量”，要通过储蓄来显著地改变资本“存量”通常需要相当的时间。从短期来看，储蓄是在增加资本，但增加的数量与原有的庞大资本存量相比可能微不足道。特别地，如果从一个非常短的时期，如就从一个“时点”上来考察，则储蓄流量就趋向于零，而资本存量却固定不变。为分析方便起见，我们假定储蓄在短期中对资本数量不发生影响，即短期中资本存量固定不变。因此，资本的短期供给曲线是一条垂直线。

资本的需求来源于厂商，而资本的供给来源于作为消费者的家庭，资本的市场需求与市场供给之间的相互作用决定市场均衡利息率。如图 7-10，资本市场的短期均衡点为（γ_1，K_1），长期均衡点为（γ_2，K_2）。

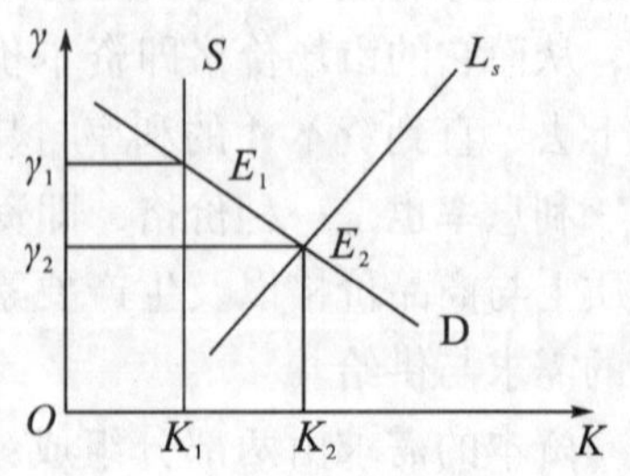

图 7-10　均衡利息率的决定

四、利润的决定

生产过程的进行，除了必须具备土地、劳动、资本等有形生产要素以外，还必须具备把这些要素组合起来并协调监督生产过程的无形生产要素，这种要素就是企业家才能。正常利润是企业家才能服务的价格，是企业家从事经营、管理及承担风险等活动的报酬。正常利润与地租、工资和利息等要素服务的价格一样，应计入生产成本。

超额利润是指超过正常利润的那一部分利润。其主要来源是创新、承担风险与垄断。

（一）创新

按照美国经济学家熊彼特的观点，创新是“建立一种新的生产函数”，也就是把一种从来没有过的关于生产要素和生产条件的“新组合”引入生产体系。具体来讲，创新包括以下五种情况：第一，引进一种新产品；第二，使用一种新的生产方法或引进一种新技术；第三，开辟一个新市场；第四，获得一种原材料的新来源；第五，实行一种新的企业组织形式。创新可以使企业提高产品质量，降低产品成本，或生产出一种新产品。创新可以带来超过正常利润的超额利润。与创新相对应的另一个概念是模仿，是指其他生产者以创新企业为榜样，相继采用创新者的做法。创新带来的超额利润，会因别人的模仿而逐渐消失，当大多数生产者都进行模仿以后，超额利润就不存在了。但创新会不断出现，新的创新又会带来新的超额利润。

（二）承担风险

企业家在从事某项可能失败的生产经营活动时，要承担一定的风险。若失败的可能性没有出现，企业家就有可能获得超额利润。显然，这种超额利润中包含了对可能遭受失败的补偿。

（三）垄断

垄断者可以通过压低收购价格以损害生产者（或生产要素供给者）的利益而获得超额利润，也可以通过抬高销售价格以损害消费者（或生产要素购买者）的利益而获得超额利润。

第三节　社会收入分配

从前面的分析中我们看到，家庭的收入来自于家庭拥有的生产要素在生产过程中做出贡献之后所获得的报酬。有些家庭同时拥有几种生产要素，如土地、资本、劳动和企业家才能；有些家庭可能只拥有一种生产要素，如劳动。拥有生产要素的种类、数量不同，家庭的收入也不同。即使同样拥有劳动这一基本的生产要素，由于劳动者所受教育程度不同、劳动技能不同，其收入差距也可能十分显著。对于拥有完全同质的劳动要素的两个家庭或个人来说，其收入也可能因机遇不同、勤奋程度不同等原因导致非常大的差异。

前面我们分析的生产要素价格决定理论，是收入分配论的重要组成部分，它从理论上说明了各个要素的收入源泉及其决定，但没有对收入在个人之间的分布进行分析。对国民收入在各国民之间的分配分布状况的考察，需要考察收入分配的不平等程度。这里讲的“不平等程度”仅仅涉及数量上的不均等程度，不涉及伦理上的判断。

一、洛伦兹曲线

洛伦茨曲线（Lorenz Curve）是用几何图形度量社会收入分配平等程度的一种方法。它是由美国统计学家洛伦茨（M.O.Lorenz）提出来的。洛伦茨首先将一国总人口按收入由低到高排列，然后考虑收入最低的任意百分比人口所占有的社会收入的百分比。如表 7-2 所示，收入最低的 20%的人口占有的社会收入为 5%，收入最低的 40%的人口占有的社会收入为 12%，收入最低的 60%的人口占有的社会收入为 30%，等等。最后，洛伦茨将上述人口百分比和收入百分比的对应关系描绘在图形上，即得到洛伦茨曲线，如图 7-11所示，*OEC* 曲线就是洛伦茨曲线。

表 7-2　　收入分配资料

人口百分比（%）	收入百分比（%）
20	5
40	12
60	30
80	50
100	100

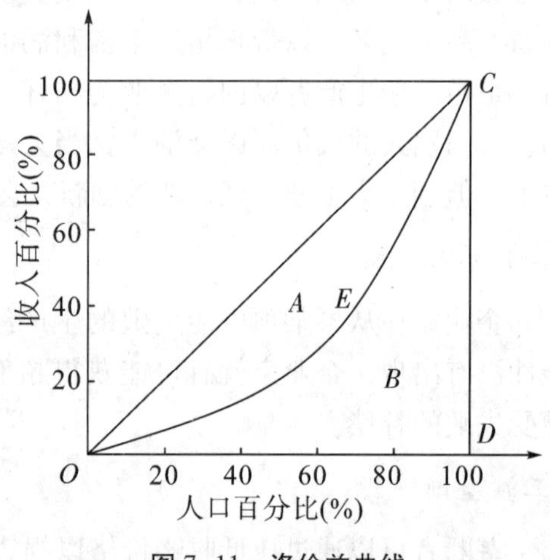

图 7-11　洛伦兹曲线

在图 7-11 中，对角线 *OC* 为绝对平等线，因为在该线上，人口百分比与收入百分比相等，即收入最低的 10%的人口得到了 10%的收入，收入最低的 50%的人口得到了 50%的收入，收入最低的 90%的人口得到了 90%的收入，等等。显然，在这种情况下，社会收入分配绝对平等。而 *ODC* 线为绝对不平等线，因为在该线上，除一人外，其余人的收入都是零，这最后一人占有了社会的全部收入。显然，在这种情况下，社会收入分配绝对不平等。事实上，一个社会的分配线既不会是 *OC* 线，也不会是 *ODC* 线，即一个社会的分配绝对平等和绝对不平等都是不可能的，而介于这两个极端之间的，如 *OEC* 曲线。因此，*OEC* 曲线称为实际分配线。这样便可以根据 *OEC* 曲线的形状及位置判断社会收入分配的平等程度。如果曲线 *OEC* 越靠近直线 *OC*，则说明社会收入分配越均等；如果曲线 *OEC* 越靠近 *ODC*，则说明社会收入分配越不平等。

二、基尼系数

在洛伦茨曲线的基础上，意大利经济学家基尼（Gini）提出了度量收入分配平等程度的综合指标。这个指标被人们称为基尼系数。其公式为：

$$G=\frac{A}{A+B} \tag{7.6}$$

式中，G 代表基尼系数；A 代表实际分配线与绝对平等线之间的面积（如图 7-11 所示）；B 代表实际分配线与绝对不平等线之间的面积（如图 7-11 所示）。显然，若实际分配线与绝对平等线重合，这时 $A=0$，则 $G=0$；若实际分配线与绝对不平等线重合，这时 $B=0$，则 $G=1$。因此，当基尼系数为 0 时，收入分配绝对平等；当基尼系数为 1 时，收入分配绝对不平等。实际的基尼系数总是大于 0 而小于 1，基尼系数越小，社会收入分配越平等，基尼系数越大，社会收入分配越不平等。

利用基尼系数判断社会收入分配的平等与否，国际上存在通用的标准，基尼系数小于 0.2，表示绝对平均；0.2~0.3，表示比较平均；0.3~0.4，表示基本合理；0.4~0.5，表示差距较大；0.5 以上，表示收入差距悬殊。国际上一般以 0.4 为警戒线。

三、收入再分配政策

根据经济学家的解释，收入不平等的原因有以下几个方面：

第一，社会的经济发展状况。收入分配越不平等的状况与一个社会的经济发展状况有关。按照美国经济学家库兹涅茨的观点，一个国家的经济发展水平与收入分配之间存在倒 U 形关系，即在经济未充分发展的阶段，收入分配将随同经济发展而趋于不平等，因而基尼系数较大；其后，经历收入分配暂时无大变化的时期，到达经济充分发展阶段，收入分配将趋于平等，基尼系数将变小。

第二，要素所有权的分布不均。如前所述，市场经济是按照生产要素的边际生产力决定个人收入的。生产要素所有权分布不均，必然会造成收入分配不均等。

第三，个体差异。每个人的先天能力、努力程度、受教育程度不同。有较高天赋的人可以从事较高收入的职业；天赋一般但勤奋努力且吃苦耐劳，愿意从事较为艰苦的工作，也愿意从事较多工作的人，收入自然也不低。特别地，人的受教育程度与个人收入之间具有极大的相关性。一般来讲，受教育越多，能力越强，收入水平越高。

第四，其他因素。例如，地区之间经济发展不平衡、二元经济结构的存在、经济政策的倾斜、经济体制的不完善以及市场经济中风险与机遇的存在，都可能导致人们收入上的巨大差异。

为防止收入差距悬殊和贫富两极对立，保证社会的稳定，政府通常对社会收入分配进行调节。其手段主要如下：

第一，税收调节。主要是运用个人所得税来进行调节，同时还附有遗产税、消费税、赠与税、财产税等。

第二，社会福利政策。比如实行各种形式的社会保障和社会保险、实行最低生活保障以及对贫困者进行培训和提供就业机会、医疗保险与医疗援助、教育资助、改善住房条件、鼓励发展社会慈善事业等。

第三，劳动立法保护。比如立法规定最低工资水平、改善工作条件和环境等。

习题

1. 解释以下关键术语：

边际生产力　边际收益产品　准租　经济租　洛伦兹曲线

2. 解释单个劳动者的劳动供给曲线为什么向后弯曲。

3. 试述厂商的要素使用原则。

4. 假定厂商的生产函数是 $Q=12L-L^2$。其中，L 是每天的劳动投入，Q 是每天的产出。如果产品在竞争性市场上以 10 元出售，导出厂商的劳动需求曲线。当工资率分别为 30 元、60 元时，厂商将雇用多少工人？

5. 一厂商生产某产品，其单价为 10 元，月产量为 100 单位，每单位产品的市场可变成本为 5 元，平均不变成本为 4 元。试述其准租金和经济利润。

第八章　市场失灵与微观经济政策

引导案例

公地的悲剧

1968年，英国学者哈丁在《科学》杂志上发表了一篇题为《公地的悲剧》的文章。英国曾经有这样一种土地制度——封建主在自己的领地中划出一片尚未耕种的土地作为牧场（称为“公地”），无偿向牧民开放。这本来是一件造福于民的事，但由于是无偿放牧，每个牧民都养尽可能多的牛羊。随着牛羊数量无节制地增加，公地牧场最终因“超载”而成为不毛之地，牧民的牛羊最终全部饿死。

公地悲剧在英国是和“圈地运动”联系在一起的。15~16世纪的英国，草地、森林、沼泽等都属于公共用地，耕地虽然有主人，但是庄稼收割完以后，也要把栅栏拆除，敞开作为公共牧场。由于英国对外贸易的发展，养羊业飞速发展，于是大量羊群进入公共草场。不久，土地开始退化，公地悲剧出现了。于是一些贵族通过暴力手段非法获得土地，开始用围栏将公共用地圈起来，据为己有，这就是“圈地运动”。“圈地运动”使大批农民和牧民失去了维持生计的土地，历史书中称之为血淋淋的“羊吃人”事件。“圈地运动”后，英国人惊奇地发现，草场变好了，英国人整体的收益提高了。由于土地产权的确立，土地由公地变为私人领地的同时，拥有者对土地的管理更高效了，为了长远利益，土地所有者会尽力保持草场的质量。同时，土地兼并后以户为单位的生产单元演化为大规模流水线生产，劳动效率大为提高。英国正是从“圈地运动”开始，在历史上一度发展为“日不落帝国”。

教学目的

现实经济生活中，市场并不总是有效的，在解决有些经济问题（如污染）时，市场并不能充分发挥作用甚至无用。市场并不总是能够有效地配置资源的这种情况称为市场失灵。本章主要讨论导致市场失灵的几种情况——垄断、外部性、公共物品和不完全信息，阐述在市场失灵的情况下，政府如何采用微观经济政策对其加以弥补和矫正。

本章重难点

市场失灵，外部性，公共物品，科斯定理，搭便车，寻租。

经济学的核心问题是社会资源的有效配置。前述各章的微观经济学理论论证了所谓“看不见的手”的原理，即完全竞争市场经济在一系列理想化假定条件下，可以导致整个经济实现一般均衡，资源配置达到帕累托最优状态。但是现实的经济生活中，经济并不完全符合上述理想化的假设条件，因此在很多场合，现实的市场机制不能或者不能完全有效地发挥作用而导致资源无法得到最有效配置。这种情况被称为市场失灵。

第一节　垄断与反垄断政策

在前面几章关于市场经济的分析中，实际上我们已经看到市场失灵的情况。在非完全竞争的几种结构中，尤其是垄断竞争和寡头垄断的市场结构中，由于垄断力量的存在，经济资源并没有达到最优配置，因为产出达不到消费者所需求的量，同时消费者也必须支付高出边际成本很多的价格购买商品。因此，不同形式的垄断实质上就是市场运行失灵的情况，如果没有政府的介入，垄断市场就会带来经济效率的损失。

一、垄断的经济效应

从社会角度评价完全垄断的效率，我们使用的参考标准是完全竞争市场中的长期有效结果，即 $P=MC=\min LAC$。如前所述，从经济学的观点看，一个垄断者的关键特征就是在某种程度上具有市场影响力。表现在市场的需求曲线上，就是垄断生产厂商面临的需求曲线，是一条向右下方倾斜的线。与竞争市场中厂商是价格接受者不同，垄断厂商是价格制定者。事实上，只要市场是不完全竞争的，厂商面临的需求曲线就是向右下方倾斜的。若其他条件不变，垄断程度越高，厂商面临的需求曲线越陡峭；相反，竞争程度越高，厂商面临的需求曲线越平缓。

根据完全垄断企业均衡条件我们知道，与完全竞争企业相比，垄断厂商能以较高的价格和较低的产量获得更多的经济利润。这意味着垄断厂商均衡时的产量低于平均成本最低点的产量，垄断厂商的产品价格高于最低平均总成本，即 $P>\min LAC$，这表明垄断没有达到生产有效的产量和价格水平。不仅如此，垄断厂商均衡时的价格也大大高于边际成本，即 $P>MC$，这表明社会对额外单位垄断厂商生产的产品的价值评估远远高于其所需资源可生产的其他产品。因此，垄断企业的利润最大化导致了资源在垄断产品上的配置不足。垄断企业为盈利而限制产量，其使用的资源水平要比从社会的角度看低，即垄断不能做到分配有效。

以上分析表明，由于垄断导致较高的价格和较低的产量，会使消费者受损而使生产者受益。但是，如果我们将消费者的福利和生产者的利益看成一样重要的，那么垄断使得消费者和生产者作为一个整体是受益还是受损呢？

为简单起见，我们假定竞争市场和垄断市场具有相同的成本曲线。图 8-1 给出了垄断者的平均收益曲线和边际收益曲线以及边际成本曲线。为了使利润最大化，厂商在 $MR=MC$ 相交之处生产，因此价格和产量分别为 P_m 和 Q_m。在一个竞争市场中，价格必须等于边际成本，因而竞争价格和产量（P_c和Q_c）由平均收益（即需求）曲线与边际成本曲线的交点决定。

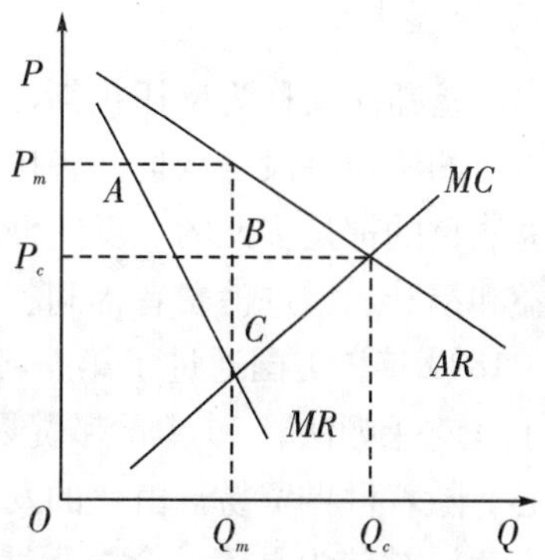

图 8-1　垄断造成的福利损失

比较竞争时的价格和产量组合与垄断时的价格和产量组合，我们会发现，由于垄断时的价格高，并且消费者购买量也较少，消费者减少了四边形 A 和三角形 B 部分面积所表示的消费者剩余，生产者增加了四边形 A 部分面积所表示的生产者剩余，但减少了三角形 B 部分面积所表示的生产者剩余。垄断条件下由生产者剩余和消费者剩余共同构成的社会剩余，净损失为三角形 B 和 C 部分面积来表示，这就是由于垄断造成的社会福利净损失，也称纯损。

由于垄断可以使厂商获得更多的利润，因而为了保持这种超额利润，垄断厂商的往往会采取各种形式的维持垄断的措施，包括游说政府制定更有利于自身的政策。这种为了寻求额外的利润而进行的活动称为寻租行为。寻租不仅要花费成本，而且会滋生政府腐败。寻租导致无谓损失，因为这里没有新的生产性活动。寻租活动的经济损失究竟有多大呢？就单个寻租者而言，通常其愿意花费在寻租活动上的代价不应超过垄断地位可能给它带来的经济利润，否则就得不偿失。然而，在很多情况下，由于争夺垄断地位的竞争非常激烈，寻租的代价常常要接近于甚至等于全部的垄断利润。

从企业成本角度看，所谓的 X—非效率，指的是企业生产任一产量的实际生产成本高于它可能达到的与该产量对应的最低平均总成本。具体来说，X—非效率主要体现在三个方面：一是企业内不同集团的利益目标的不一致；二是由于企业经济效益与每个职工工作努力程度的关系模糊，导致激励机制弱化；三是由于管理层次增加，信息沟通的速度和质量下降，从而导致组织、管理费用增加。

尽管垄断带来的经济利润为垄断企业提供了充裕的研究与开发活动所需的资金，但垄断企业几乎没有使用新技术的动力。因为一旦垄断形成后，竞争的压力就大大减少了，从而推动技术创新的动力也相应减弱。由此，大多数经济学家认为，垄断是缺乏效率的，建议政府采取反垄断政策。但也有经济学家认为，研究和技术进步可能成为垄断企业设立的进入壁垒之一，因此在有潜在外部竞争压力时，垄断厂商为了维护垄断地位，会不断地进行技术创新，通过技术上的不断革新来阻止其他厂商进入，这种现象在现实经济生活中是存在的。但此时，实际上是潜在的竞争而非垄断的市场结构驱动着技术创新。在理论上，完全垄断模型中不存在这种竞争，进入被完全封锁。

由此，经济学家断言，垄断是缺乏效率的，建议政府采取反垄断政策。

二、反垄断法与政府管制

针对垄断造成的市场失灵，政府可采取经济的、行政的和法律的手段限制垄断行为，包括行业的重新组合、经济和行政处罚以及实施反垄断法。

(一)反垄断法

反垄断法又称为反托拉斯法，是政府反对垄断及垄断行为、保护和促进市场竞争的重要的法律手段。从世界各国的立法和司法实践来看，大部分国家和地区反垄断法的立法目的都是多元的。反垄断法的立法目的通常包括保护竞争机制、促进社会经济效益和福利、增进消费者福利、促进经济民主等。许多国家和地区都有反垄断法。

1890 年，美国通过了第一部反垄断法——《谢尔曼法》。1914 年，美国又相继通过了《克莱顿法》和《联邦贸易委员会法》，这三部法律共同构成了美国反垄断法的核心。随着世界贸易自由化的发展，反垄断法在国际领域得以产生。1948 年的《哈瓦那宪章》被认为是第一个国际性的反垄断法。随着第二次世界大战后国家干预主义的兴起，世界各国掀起了反垄断法的立法高潮，主要有 1947 年日本的《禁止私人垄断及确保公正交易法》、1948 年英国的《独占及限制行为调查管制法》、1957 年德国的《反限制竞争法》等。

针对不同的垄断，政府可以分别或同时采取行业的重新组合和处罚等手段，而这些手段往往是根据反垄断法制定的。

1. 行业的重新组合

如果一个垄断的行业被重新组合成包含许多厂商的行业，那么厂商之间的竞争就可以把市场价格降下来。被重新组合的行业竞争程度越高，市场价格就越接近于竞争性价格。政府采取的手段是分解原有的垄断厂商或扫除进入垄断行业的障碍并为进入厂商提供优惠条件。

(1) 如果一个行业垄断是通过行业中的厂商兼并或者一家厂商依靠较大的规模设置进入障碍而形成的，那么就可以依靠政府力量把行业中的垄断厂商分解为几个或多个较少的厂商，例如，1983 年之前，美国的电话电报公司是一家具有垄断力量的厂商，它在全国范围内提供 95%以上的长途电话服务和 85%的地方电话服务，并出售大部分电信设备。为加强这一行业的竞争，美国政府迫使美国电报电话公司将地方电报电话公司卖掉，使其规模减少了 80%，从而降低了电信市场的垄断程度而增强了竞争。

(2) 一般而言，对垄断行业的重新组合并不能马上形成完全竞争的市场结构。即使大厂商被分解后形成的小厂商也具有一定程度的市场支配力，为配合把竞争因素引入垄断行业，让新加入一个垄断行业经营的厂商有能力与原有的厂商竞争，政府要对新厂商给予一定的优惠，减少进入障碍。

2. 处罚

如果一个行业不存在进入障碍，那么一般厂商不会在长期内获取超额利润。因此，已经取得垄断地位的厂商总是试图设置进入障碍，或者采取不正当竞争手段排挤竞争者，以维护自身市场的支配力，为此政府可以利用各种处罚手段加以制止。对垄断行为的制止重点在于清除进入障碍，鼓励更多的厂商进行竞争。对不执行反垄断规定的厂商或个人，政府可以对其实行经济制裁，包括要求其对垄断行为受害者支付赔偿金和向相关部门缴纳罚金。

（二）政府管制

政府针对垄断采取的另一种可供选择的矫正手段是对垄断厂商实行管制，管制的措施主要包括价格控制、价格和产量的双重控制、税收或补贴以及国家直接经营。

1. 对垄断厂商的管制

为了便于分析，我们借助图 8-2 进行讨论。$D=AR$ 为厂商面临的需求曲线，MR 为厂商的边际收益曲线，AC 和 MC 分别为厂商的平均成本和边际成本曲线。首先考虑不存在政府管制的情况。依前述分析类推可知，垄断厂商在利润最大化条件下决定生产的垄断产量为 Q_m，垄断价格为 P_m。此时，垄断造成了低效率，因而需要政府进行管制。现在考虑政府对垄断厂商实行价格管制的情况。现在的问题是，政府应将价格定在何处才能消除因垄断而造成的无谓损失？显然，将价格定在垄断厂商边际成本与边际收益相等的水平时，即管制价格等于边际成本，此时价格水平定在 P_1，资源配置不存在帕累托改进。可以看出，价格水平为 P_1时，垄断厂商仍然可以获取一部分经济利润。如果要消除这一部分经济利润，政府应把垄断的价格水平定在与平均成本相等之处，即 P_z 处。但是，这会导致边际成本大于价格，造成资源在整个社会配置的低效。

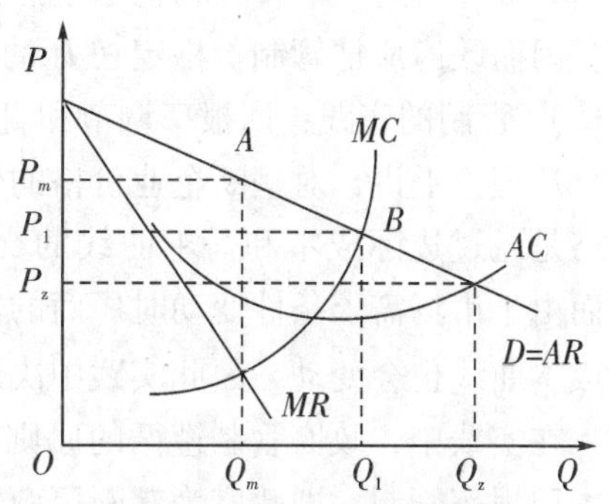

图 8-2　对垄断厂商的管制

2. 对自然垄断厂商的管制

上述讨论针对的是垄断厂商平均成本具有向上方倾斜的情况（平均成本曲线是 U 形），但并不是所有的垄断厂商面临的情况，如自然垄断型产业。所谓自然垄断，是指在行业中，规模经济在很大的产量范围内存在，以至于相对于市场需求决定的范围而言，随着产量增加，厂商的平均成本是递减的。这类行业通常需要大型的资本设备和大量的固定生产要素，如城市自来水公司、公用电话局等。在这样的行业，任何低于市场需求量需要的生产成本都较高，这就意味着试图通过竞争来消除垄断是不现实的，因为生产规模小于现有厂商时，进入该行业的厂商不可能与原有厂商进行竞争；反之，如果进行竞争，就会花费更大的固定投入量，从而使生产能力过剩。

如图 8-3 所示，当政府不进行价格管制时，利润最大化时垄断厂商的产量和价格分别为 P_m 和 Q_m。显然，此时的价格过高，产量过低，因而导致了社会福利损失。当政府进行价格管制时，应如何定价呢？

政府对自然垄断行业的管制不能只是价格管制，可供选择的管制政策措施是既管制价格，又管制厂商的产量。从理论上说，在市场需求曲线上的任何一个价格与产量组合都可以作为政府对垄断厂商的管制。之所以要对产量进行限制，是因为在这一价格下，如果允许厂商自主决策，它会按照价格等于边际成本的原则决定产量，从而使得产量并不等于市场需求量。但在实践中，政府往往按平均成本定价，厂商只获得正常利润。如图 8-3 所示，如果价格定为 P_c时，产量为 Q_c，资源配置最有效率，达到帕

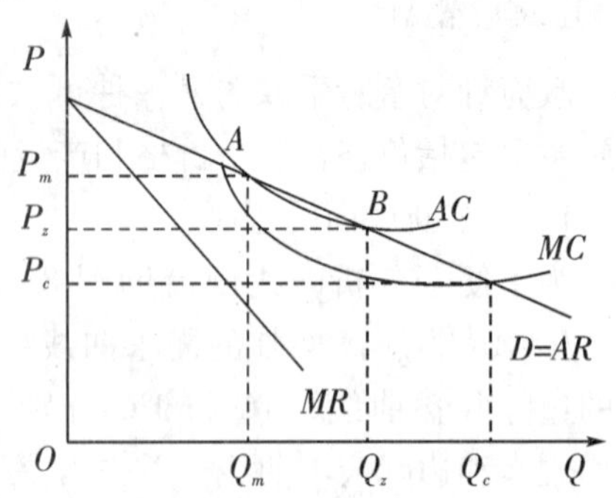

图 8-3　对自然垄断厂商的管制

累托效率。但这时出现一个问题，那就是垄断厂商的平均收益小于平均成本，从而出现亏损，进而导致该厂商退出市场。否则，政府必须对其进行补贴。如果把价格定为 P_z 时，则垄断厂商不至于亏损，而且又增加了社会福利，因而政府应把管制价格定在 P_z 的水平。

3. 管制的实践：回报率调节和直接经营

从理论上讲，对垄断企业价格的管制最低价格是通过边际成本和需求曲线的交点得到，然而由于市场需求条件变动时厂商的需求曲线和成本曲线也会变动，因此实践中决定这些价格非常困难。

在实践中，政府管制遵循的原则是“对公道的价值给予一个公道的报酬”。例如，资本回报率管制，即政府为垄断厂商规定一个接近于“竞争的”或“公平的”资本回报率，它相当于等量的资本在相似技术、相似风险条件下所能得到的平均市场报酬。为实现这一原则，配合价格及价格和数量管制，政府往往采取补贴或税收手段，如果垄断厂商因为政府的价格管制或者价格和数量双重管制而蒙受损失，政府应给予适当的补贴，以便使垄断厂商获得正常利润；如果在政府管制后，厂商仍可以获得超额利润，那么政府就应征收一定的特殊税收，以有利于公平分配。

对垄断行业，政府也可以采取直接经营的方式来解决由于垄断造成的市场失灵。由于政府经营的目的不在于利润最大化，因此可以按照边际成本或者平均边际成本决定价格，以便部分地解决由于垄断产生的产量低和价格高等低效率问题。

也有些经济学家对政府实行价格管制的成效提出了质疑。乔治·施蒂格勒通过对美国各州供电情况的考察，认为政府的价格管制只会导致垄断企业变相地降低服务质量，而无法真正地达到管制的目标，同时只要有来自其他能源的竞争，即使厂商完全垄断了电力的供应，也无法对能源市场实施完全的垄断。

第二节　公共物品

一、公共物品的特征

物品有公共物品和私人物品之分。私人物品是指所有权属于个人，具备竞争性和排他性，能够通过市场机制达到资源优化配置的产品。公共物品并不一定指由政府或公共部门提供的物品，而是指那些具有非竞争性和非排他性，不能依靠市场机制实现有效配置的产品。具体来说，公共物品是指这样一类物品，其一旦提供出来，生产者就无法排斥那些不为物品付费的个人使用，或者排他的成本过高以至于变得难以实现，如国防、灯塔、警务、道路、广播电视等。

一种物品要成为公共物品必须具备以下特征：

（一）消费的非竞争性

竞争性是指消费者或消费数量的增加引起的商品的生产成本的增加，私人物品大都具有竞争性。但是，公共物品都不具有消费的竞争性，如广播、电视、航标灯等，它们共同的特点是消费者人数的增加并不对生产成本产生影响。增加一些人听广播、看电视并会影响电台的信号发射成本；汽车通过桥梁只要不是太拥挤，则就是非竞争性的，因为通过一辆汽车对桥造成的折旧很小，接近于零。

公共物品的非竞争性特点说明，尽管有些公共物品的排他性可以很容易就能被发现，如在桥头设立收费站，但这样做并不一定有效率。依照有效率的条件，厂商的定价原则应该是价格等于边际成本，如果桥梁由私人部门提供，其会索要等于边际成本的费用，既然每辆车花费厂商的边际成本接近于零，那么厂商的价格也应该等于零，结果私人不可能供给这些物品。

（二）消费的非排他性

排他性是指某个消费者在购买并得到一种商品的消费权之后，就可以把其他消费者排斥在获得该商品的利益之外，私人物品在使用上具有排他性。非排他性是指某个消费者在消费某个特定商品时，无法排斥其他消费者消费此商品并获得效用。

公共物品的非排他性使得通过市场交换获得公共物品的消费权力机制出现失灵。对厂商而言，必须把那些不付钱的人排斥在消费商品之外，否则其就很难弥补生产成本。对于一个消费者而言，市场上的购买行为，显示了其对于商品的偏好。由于公共物品的非排他性，公共物品一旦被生产出来，每一个消费者可以不支付就获得消费权力，每一个消费者都可以“搭便车”。消费者的这种行为意味着生产公共物品的厂商很有可能得不到抵补生产成本的收益。在长期，厂商不会提供这种物品，可见公共物品很难要求市场提供。

（三）效用的不可分割性

公共物品的不可分割性是指公共物品的供给与消费不是面向哪一部分人或利益集团，而是面向所有人的；公共物品也不能分成细小的部分，只能作为一个整体被大家享用。

从严格意义上来讲，只有同时具备非竞争性和非排他性的物品才是公共物品，但是这样纯粹的公共物品是非常少的。例如，对公园的消费只在一定限度内具有非竞争性。如果一个不大的公园内挤满了游客，则每个游客对公园的消费都影响到了其他游客对公园的消费。公园也不具有非排他性，很多公园有围墙和售票处，只有买了门票的人才有资格消费公园提供的闲适环境。但在一般情况下，公园还是被经济学家们当成公共物品来看待。因此，一般来说，只要某种物品具有一定的非竞争性或非排他性以致对这种物品的市场提供造成了困难，我们就可以将其作为公共物品来看待。

根据非排他性和非竞争性的程度来看，公共物品可分为以下三类：

第一，同时具有非排他性与非竞争性的纯公共物品，如路灯、外交、国防、治安、法律制定等。

第二，具有非排他性和竞争性的准公共物品，也称公共资源，如公海的渔业资源。

第三，具有排他性和非竞争性的准公共物品，也称俱乐部物品，如电信、电力、石油等。

二、公共物品的供给与市场失灵

星期一的早上，你准备乘公共汽车去上学，正巧碰见一熟人开车将路过你的学校，于是你便搭乘他的车到学校去。在这个行为中，你乘坐了熟人的车，但是你并不需要向他支付费用，这种行为被称为“搭便车”。经济学将其借用过来表示一类行为，即某人不进行购买而消费某种物品的行为。每个消费者在经济上都是理性的，而公共物品具有非竞争性和非排他性，那么每个消费者都将利用这一点，主观上是不愿意为集体消费的公共物品支付价格的。例如，不少地方的有线电视安装，很多人利用邻居安装的有线电视，自己接一插口逃避价格，从而必然产生“搭便车”行为。

在公共物品的供给问题上，往往存在着“搭便车”问题，即每个人都想着最好由别人来提供公共物品，自己免费享用，最终往往私人不愿意提供这种物品。这就产生了典型的市场失灵，即市场机制不可能自发产生公共物品的供给。公共物品的供给通常由政府负责。

此外，公共资源被过度使用从而造成灾难性的后果的现象，即经济学者常说的“公地悲剧”在经济生活中也是很普遍的。例如，公共场所的脏、乱、差，一些企业随意使用老字号，旅游公司组团免费参观著名高校等等，最后造成公共场所几乎没法使用、老字号被“砸”、高校的正常秩序受到干扰或草地被破坏等“悲剧”。之所以“公地悲剧”如此普遍，是因为这些场所、老字号或学校至少在某些方面的活动中是没有排他性的，谁都可以从中受益而不需承担成本。在可以不顾及其造成的社会成本的情况下，只要个人的边际收益大于等于个人的边际成本，个人都会无限地使用公共资源，最终酿成“公地悲剧”。

三、公共物品的供给机制

公共物品的供给面临的关键问题是如何克服“搭便车”难题，如何提高公共物品提供的效率问题。

在现实社会中，人们通过各种不同的社会体制去决定公共物品的生产。一种是用集权决策的办法，即由一个人或少数人去决定各种公共物品的生产数量。这种办法的优点是决策成本较低，所费时间也少，但是这种方法不一定能体现大多数人的意见，因而可能会引起多数人的不满。如果把这种不满作为决策的外部成本的话，则这种集权决策的外部成本是比较大的。另一种是用投票的办法，即社会全体成员用投票的方式来决定公共物品的生产数量。现代微观经济学中出现的公共选择理论，就是用经济学来分析、研究政府对公共物品的决策和选择。第二次世界大战后，西方发达国家的公共物品在社会产品中的比重有了很大的增长。这促使了经济学家来研究政府机构在公共物品选择方面的运行机制，即所谓的非市场集体决策机制。这里说的“非市场”是指公共物品的供求不像私人物品那样通过市场来决定；这里说的“集体决策”是指公众通过投票来把个人关于公共物品的需求偏好反映出来，并取得协调，然后政府官员根据投票结果进行决策，作为社会对公共物品的选择加以贯彻执行。

公共选择理论就是以经济学中“所有个人都追求自身利益的最大化”的基本假设为前提，依据自由的市场交换能使双方都获利的经济学原理来分析政府的决策行为、民众的公共选择行为以及两者关系的一种理论。

公共选择有两个基本特点：一是建立在对消费者偏好充分了解的基础之上的；二是公共物品的提供决策是集中做出的。其中，“多数票机制”是西方国家使用最广泛的公共投票选择的原则。

公共选择的投票（即集团选择）规则如下：

第一，一致同意规则，即一项集体行动方案只有在所有参加者都认可的情况下才能实施。这里的“认可”意味着赞成或者至少不反对；如果有一个人反对，则相关议案即被否决。这样通过的方案，能够充分保证每个投票人的利益，避免“搭便车”的行为，但决策成本太高，决策时间太长，很多情况下甚至根本无法达成协议。

第二，多数同意规则，即一项集体行动方案只有在所有参加者中的多数认可的情况下才能实施。与一致同意规则相比，其决策成本相对较低，也更容易达成协议，但忽略了少数人的利益，可能出现“收买选票”的可能，最后的集体选择结果也可能不是唯一的。

第三，加权规则。按照一个集体行动方案对不同参加者的不同的重要性给予“加权”，即分配选举的票数，相对重要的拥有更多选举票数，反之亦然。按实际得到的票数（而非人数）的多少决定集体行动方案。

第四，否决规则。首先让每一个参与者提出自己认为可行的行动方案进行汇总，然后让每一个参与者否定自己不同意的那些方案，最后剩下的没有被否决的方案就是可选择方案。如果剩下的方案多于一个，可以再借助于其他规则进行选择。

公共选择理论还分析了政府官员制度的运行机制，认为这个制度在动作上是缺乏效率的。其理由是政府各部门向社会提供的产品和服务带有垄断的性质。因为没有竞争，必然缺乏促使其提高效率的压力。另外，政府官员制度有一个扩大编制机构的内在动力。机构规模越大，官员的官位级别也就越高，相应的权力也就越大。英国的帕金森所讲述的“官场病”对此有较详细的描述，各级政府机构的经费靠政府财政拨款，因此官员们总是尽可能多地申请经费，以便在繁琐的办公程序中使用。至于这中间究竟有多少是必须使用的，很值得怀疑。许多人认为，其中相当一部分经费实际上是在繁琐的办公程序中被浪费掉的。这甚至比一般的浪费更糟，很可能是花了钱反而给正常的工作程序制造了麻烦。

为了让政府更有效地提供公共物品，公共选择理论认为，主要途径是引入竞争机制。具体做法是：第一，打破或降低政府管理公共部门的垄断程度，使公共部门的权力分散化。在不失去规模经济的前提下，政府可以允许建立业务内容有重复的公共机构，使它们之间也有个竞争，促使它们提高效率。例如，把原来的邮电局分成独立核算的邮局和电信局；在普通邮递系统之外，还可以有特快专递系统等。第二，由私人企业承担公共物品的生产，让它们和政府管理的公共部门进行竞争。例如，政府进行基础设施建设时，可以用招标的方式让私人企业参加承包竞争。又如，有些公共部门的工作，如环境卫生、医疗保健、治理污染等工作也可由私营企业来承办。在缩小政府管理的生产部门规模的同时加强了工作的竞争性，提高了效率。

第三节　外部性

一、外部性及其分类

现实经济生活中往往会有这样的情况：某个人的行为给他人造成了消极的影响，但他却不需要为此付出代价。例如，一栋居民楼某个楼层的某个单元房决定进行内部装修，历时一个月，该层楼的其他单元房和这栋楼与之相邻的上下层甚至更大范围的居民都在这个月里被装修发出的噪音、建筑垃圾的产生与堆放所困扰，生活质量下降。或者相反的情况，某个人的行为给其他人带来了积极的影响，但他却得不到好处。例如，一栋楼的某居民精心养育和布置阳台上的鲜花，盛开的鲜花不仅美化了阳台，也使整个居住小区的其他居民赏心悦目。在经济学中，我们把这两类现象统称为外部性。

外部性是指某一经济单位的经济活动对其他经济单位施加的非市场性影响。非市场性是指一种活动产生的成本或利益未能通过市场价格反映出来，而是无意识强加于他人的。换句话说，一个人的一项经济活动对他人造成的影响未计入市场交易的成本与价格之中，使得这个人从该活动中得到的私人利益与该活动带来的社会利益不一致，或者这个人为其活动付出的私人成本与该活动造成的社会成本不一致。这种现象就被称为外部性。

根据外部影响的“好”与“坏”，外部性分为正外部性和负外部性。如果某人的行为给他个人带来的收益小于该行为带来的社会收益，则他的这一行为就具有正外部性（外部经济）；如果某人的某个行为给他个人带来的成本小于该行为造成的社会成本，那他的这一行为就具有负外部性（外部不经济）。

从生产和消费两个角度可以把外部性分为生产的外部经济性、消费的外部经济性、生产的外部不经济性和消费的外部不经济性四种类型。

（一）生产的外部经济性

当一个生产者采取的经济行为对他人产生了有利的影响，而自己却不能从中获得利益时，便产生了生产的外部经济性。例如，果园主扩大果树面积会使养蜂者受益，而养蜂者无须向果园主支付费用。

（二）消费的外部经济性

当一个消费者采取的行为对他人产生了有利的影响，而自己却不能从中得到补偿时，便产生了消费的外部经济性。例如，有人在自己的花园里种植花草树木时，路人得到了美感并可能使附近的房地产价值升高。

（三）生产的外部不经济性

当一个生产者采取的行为使他人付出了代价而又未给他人以补偿时，便产生了生产的外部不经济。在环境保护领域，更多见到的是环境的外部不经济性。例如，假设一条小河的流域内只有一个造纸厂和一个游乐场，造纸厂在河上游，游乐场在河下游，造纸厂向河流排放废水会导致游乐场收入减少。

（四）消费的外部不经济性

当一个消费者采取的行为使他人付出了代价而又未给他人以补偿时，便产生了消费的外部不经济性。当一个消费者在公众场合吸烟时，会影响他人的健康，但他并不因此而向受害者支付任何补偿。

二、外部性对资源配置的影响

外部性产生于个人的成本收益与社会的成本收益之间的差异。外部性对经济效率的影响在于它使得私人行为与社会需要的数量出现差异，这一点可以由私人成本和社会成本加以说明。私人成本是指一个经济单位从事某次经济活动所需要支付的费用，一项经济活动的社会成本是指全社会为了这项经济活动需要支付的费用，包括从事该项经济活动的私人成本加上这一活动给其他经济单位带来的成本。如果一项经济活动产生外部不经济，则社会成本大于私人成本；如果一项经济活动产生外部经济，则社会成本小于私人成本。

由于市场是通过每个理性经济人追求其个人利益最大化的行为来配置资源的，因此当存在外部性时，从社会的角度看，市场配置资源的结果往往不是最优的。下面我们以生产的外部不经济性为例来说明外部性对资源配置的影响。

图 8-4 反映了造纸厂在完全竞争性市场中的生产决策。横轴表示造纸厂的产量，纵轴表示生产成本或产品价格。MC_H曲线表示造纸厂的边际成本，假定纸的价格为 P_1，厂商面临的产品需求曲线为 D。由 $MR=MC_H$，确定该厂商的利润最大化均衡点为 B，此时最优产量为 Q_1。当造纸厂在生产时，给下游的养殖场带来了负面影响，从而增加了外部成本，我们称之为边际外部成本（MEC）。MC_S表示边际社会成本，由边际生产成本和边际外部成本两部分组成，即 $MC_S=MC_H+MEC$。显然，从社会的角度而言，该厂商的生产均衡应该在价格等于边际社会成本的 A 点，最优生产规模为 Q^*。综上所述，该厂商由于没有考虑废水排放对下游养殖场造成的危害而生产的纸太多。

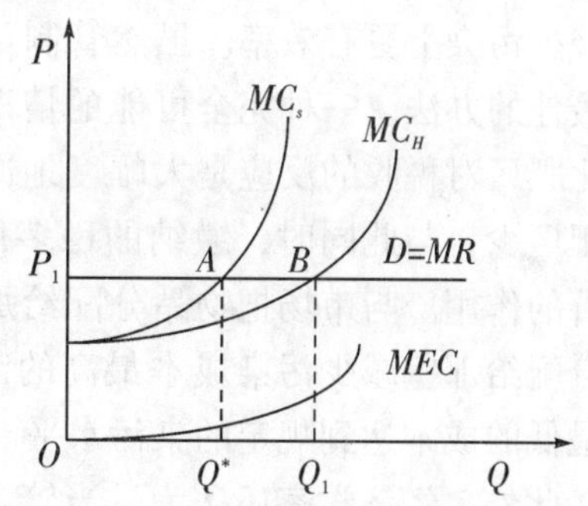

图 8-4　外部性不经济对资源配置的影响

一般而言，在存在外部不经济的条件下，对个人而言的最优产量要大于对社会而言的最优产量；在存在外部经济的条件下，对个人而言的最优产量要小于对社会而言的最优产量。

三、针对外部性的公共政策

由于外部性造成资源配置缺乏效率的原因是由于私人部门用于决策的成本与社会实际付出的成本之间出现偏差，因此矫正外部性影响的指导思想是外部经济影响内在化，为决策者提供衡量其决策的外部性的动机。其主要措施有税收、补贴、企业合并以及明确产权。

（一）庇古税和补贴

对制造外部性的经济主体进行征税（或补贴），是一种解决外部性问题的可行方法。这一方法最先由英国的经济学家庇古提出，也被称为庇古税。但是，如何制定征税或补贴标准呢？从理论上来说，对造成外部不经济的家庭或厂商实行征税，其征税额应该等于该家庭或厂商给其他家庭或厂商造成的损失额，从而使该家庭或厂商的私人成本等于社会成本。对于产生外部经济的家庭或厂商，政府应给予补贴，其补贴额应该等于该家庭或厂商给其他家庭或厂商带来的收益额，从而使该家庭或厂商的私人利益和社会利益相等。

与管制相比，经济学家们普遍更倾向于庇古税。为了更好地说明问题，我们来看下面的例子。假设某地有一造纸厂和化肥厂，它们每家都要排放 4 000 吨的废弃物。现在，当地环保部门试图控制它们的排放量，以改善环境，并为此而设计了两种办法：其一，管制政策，即环保部门命令每家厂商只能排放 2 000 吨的废弃物；其二，征收庇古税，即对每家厂商征收每吨废弃物 2 万元的税收。

在大多数经济学家看来，在减少污染总水平上，管制政策与征收庇古税两者同样有效。因为环保部门可以把税收确定在某一适当水平，从而使得每家厂商的排放废弃物量与环保部门所期望的管制量一致。经济学家之所以偏爱税收，主要原因在于税收在减少污染上更有效率。虽然管制可以要求每个厂商减少相同量的废弃物，但这并不是最佳的办法。一种完全可能的情况是，化肥厂减少污染的成本比造纸厂低。其结果是化肥厂对税收的反应是大幅度地减少污染，以少纳税，而造纸厂减少的污染则要比化肥厂少，与此同时，缴纳的税多；反之亦然。换句话说，庇古税实际上起到给污染定价的作用。与市场把物品分配给那些对物品评价最高的消费者一样，庇古税把污染权分配给那些减少污染成本最高的工厂。总而言之，通过征收庇古税，环保部门能够以最低的成本达到规定的染污水平。

此外，经济学家还认为，当管制政策制定后，那么厂商的废弃物排放量一旦达到 2 000 吨后，就没有理由再减少排放量了。而税收则可以激励厂商开发更为先进的技术，以减少废弃物排放量，从而减少厂商支付的税收量。

（二）企业合并

将施加和接受外部成本或利益的经济单位合并是解决外部性的第二种手段。无论是外部经济还是外部不经济的厂商，政府如果把这两个厂商合并或两个厂商自愿合并，则外部性就“消失”了或被“内部化”了。合并后的厂商为了自己的利益，使生产确定在 $MR=MC$ 水平上，容易实现资源配置的帕累托最优状态。如果外部性的影响是小范围的，如一家小餐馆对一家洗衣店造成了污染，则由政府出面，以适合的价格把洗衣店卖给这家餐馆，通过合并，外部成本内部化了。

（三）明确产权

明确产权措施的思想来源于以科斯为代表的产权学派经济学家。科斯认为，之所以会产生外部性问题，关键在于权利没有得到明确的界定。如果不存在交易费用，只要从法律上规定了外部性问题中双方的权利，那么双方会通过自主的交易重新调整最初的权利安排，从而使资源配置达到帕累托最优，于是也就不存在外部性了，这一观点也被称为科斯定理。只要产权是明确的，则在交易成本为零的条件下，无论最初的产权赋予谁，最终效果都是有效率的。

可以用一个例子来说明科斯定理。假设有一个湖泊，周围住着 10 户人家，他们都需要以湖水作为饮用水；湖边还有一家造纸厂，要向湖中排放污水。于是，造纸厂的生产活动就造成了负的外部效应，它排放的污水使湖水水质变坏，不能饮用了。假定这 10 户人家因饮用这种受污染的水而遭受的损害可以用货币来衡量，并且这种损害是每户人家 10 万元，那么这 10 户人家受到总损失就是 100 万元。为了避免这种损失，可以有两种办法：一种办法是给造纸厂安装一个污水处理系统，使造纸厂的污水经过处理以后再排放入湖泊，从而不会使湖水水质变坏，假设这种污水处理系统需要 20 万元支出。另一种办法是这 10 户人家每家安装一个湖水净化器，使受污染的湖水经过处理后符合饮用标准。假设每个湖水净化器要 4 万元，那么这 10 户人家就总共需要 40 万元支出。这两种办法一比较，就可以看出，给造纸厂安装污水处理系统是比较经济的，也就是说，这种方法消除污染的成本最低。

科斯定理的意思就是不论把使用湖泊的产权给了造纸厂还是给了这 10 户居民，只要交易成本为零，市场机制自动会找到最经济的处理办法。假设法定的湖泊使用权给了造纸厂，那造纸厂就会认为向湖泊排放污水是它的权利，它自然不会为处理污水而多花 20 万元支出，于是这 10 户居民就要考虑了：与其自己每家花 4 万元安装一个湖水净化器，不如大家拼凑 20 万元给造纸厂安装一个污水处理系统来得合算。于是这 10 户人家就会互相商量，达成一致意见以后，再和造纸厂商量，并说服造纸厂，由这 10 户人家给造纸厂安装一个污水处理系统。相反，要是法定的湖泊使用权给了这 10 户人家，那他们绝不会同意造纸厂污染湖水的，他们会向造纸厂提出赔偿损失的要求，于是造纸厂就要考虑了：与其赔偿 10 户人家的 100 万元的损失，不如自己用 20 万元安装一个污水处理系统来得合算。

从上面的论述中可以看出，科斯定理对庇古税的方法和结论进行了反驳。按照科斯定理，如果没有交易费用，最初的权利安排不影响资源配置的结果，无论权利界定给了哪一方，市场都会通过交易费用达到帕累托最优的结果。因此，科斯定理大大削弱了政府在外部性问题中的作用，认为政府不应对制造外部性的一方征税，政府应该使权利得到清楚的界定。

然而，通过更深入的考察，我们发现，只有在满足一些特定的假设前提下，科斯定理的结论才能成立。科斯定理要求不存在收入效应的影响，如果行为主体的效用函数受收入多少的影响，则初始的权利安排仍然会对资源的配置产生影响。

科斯定理的条件是不存在交易费用。而在现实的世界中，普遍存在的交易费用是无法忽略的。例如，在造纸厂污染湖水的例子中，居民和造纸厂之间的谈判是需要费用的。在居民之间也存在着组织的费用，如果每一个居民都等着别人“出头”去和造纸厂谈判，那么就不会有任何一个居民去进行谈判。在存在交易费用的情况下，产权的初始界定无疑就是非常重要的了。

通过以上分析，我们可以看出，在外部性问题上，无论是从庇古税的角度来看还是从科斯定理的角度来看，政府的干预都是不可或缺的。从科斯定理的角度出发，政府的作用主要表现在对权利的界定以及保证这些权利的实施。庇古税实际上隐含着权利已经界定这个假设条件，因此庇古税在某种意义上也可以理解为为了降低交易费用而由政府代表全体居民与企业进行交易。

第四节　信息不对称

一、信息、信息的不完全和不对称

在经济学中，信息可以归结为包括物品（劳务）和生产要素的价格、质量和数量等，不同经济主体（如买方和卖方）讨价还价的能力、信誉度等知识。

在本书前面的部分，我们关于市场的描述中隐含一个重要的假设：经济行为人拥有完全信息，即参与经济交易的各方都拥有其从事的经济活动有关的所有变量的全部信息。在信息完全的情况下，交易各方对经济行为结果的了解是确切无误的，未来没有不确定性。不确定性是指经济活动的当事人事先不能准确地知道自己决策的结果。

显而易见，上述关于完全信息的假定并不符合现实。在现实经济中，信息常常是不完全的，甚至是很不完全的。在这里，信息不完全不仅是指绝对意义上的不完全，即由于认识能力的限制，人们不可能知道在任何时候、任何地方发生的或将要发生的任何情况，而且是指相对意义上的不完全，即市场经济本身不能够生产出足够的信息并有效地配置它们。这是因为作为一种有价值的资源，信息不同于普通的商品。人们在购买普通商品时，先要了解它的价值，看看值不值得买，但是信息就完全不同了。人们之所以愿意出钱购买信息，是因为还不知道它，一旦知道了它，就没有人会愿意再为此进行支付。这就出现了一个困难的问题：卖者让不让买者在购买之前就充分地了解出售的信息的价值呢？如果不让，买者就可能因为不知道究竟值不值得而不去购买它；如果让，买者又可能因为已经知道了该信息而不去购买它。在这种情况下，要能够做成“生意”，只能靠买卖双方的并不十分可靠的相互信赖：卖者让买者充分了解信息的用处，而买者则答应在了解信息的用处之后便购买它。显而易见，市场的作用在这里受到了很大的限制。

信息不完全的一个主要体现就是信息不对称，即在经济交易中，交易的双方（或多方）对于同一交易掌握的信息通常是不一样的，往往一方掌握的信息比另一方多，掌握信息多的一方在交易中通常占有优势，而另一方则处于劣势。

信息不对称一般有两种情况：一种情况是市场上卖方掌握的信息多于买方，一般商品市场和要素市场上都是这种情况，如在电脑、相机、衣服等商品买卖中，卖者比买者更了解商品的质量，劳动力的卖者比买者更了解劳动力的水平及技能；另一种情况是市场上买方掌握的信息比卖方掌握的信息更多，如保险购买者比保险公司更了解保险标的物，如自己身体状况。

信息不对称会导致资源配置不当，减弱市场效率。从信息不对称发生的时间来看，不对称性可能发生在当事人签约之前，形成"逆向选择"问题，即在买卖双方信息不对称的情况下，差的商品总是将好的商品驱逐出市场；或者说拥有信息优势的一方，在交易中总是趋向于做出尽可能地有利于自己而不利于别人的选择。不对称性也可能发生在当事人签约之后，形成"道德风险"问题，即在当事人签约后，其中一方或几方当事人在最大限度地增进自身利益时做出不利于他人的行动。

在很多情况下，市场机制并不能解决信息不对称问题。只能通过其他的一些机制来解决，特别是运用博弈论的相关知识来解决机制设计问题。下面以不同市场上的不完全信息为例，具体说明各种情况下的市场失灵问题。

二、信息不完全与商品市场

通常情况下，商品的需求曲线向右下方倾斜，供给曲线向右上方倾斜。但是，当消费者掌握的市场信息不完全时，他们对商品的需求量就可能不随价格的下降而增加，而是恰恰相反，随价格的下降而减少。当生产者掌握的市场信息不完全时，他们对商品的供给量也可能不随着价格的上升而增加，而是相反，随价格的上升而减少。当商品的需求变化或者供给变化出现异常时，我们就遇到了逆向选择问题。对于市场机制来说，逆向选择的存在是一个麻烦，因为它意味着市场的低效率，意味着市场的失灵。

考虑某种商品如 X 商品市场。在以前的市场分析时，我们并没有讨论商品的质量问题。现在假定，在 X 商品市场中，商品的质量不一，有的好些，有的差些。引入质量问题以后，对我们以前的分析会有什么样的影响呢？如果消费者（以及其他人）具有完全的信息，则不会有什么影响。消费者会把不同质量的 X 商品看成不同的商品。例如，把其中质量最好的看成 X_1，把质量稍差一些的看成 X_2，把质量更差一些的看成是 X_3，如此等等。对于不同质量的 X 商品，消费者愿意支付的价格当然不同，对高质量商品愿意支付较高的价格。对于同一质量的商品，如 X_1，如果价格越高，则显然消费者将购买得越少。因此，消费者对任意一种质量的商品的需求曲线仍然是向右下方倾斜的。这就是说，即使考虑不同质量的商品，但只要消费者的信息是完全的，我们的分析就不会与以前的完全竞争模型有什么不同。

现在来看信息不完全的后果。假定消费者只知道 X 商品有不同的质量，但并不具体知道其中哪一个质量高，哪一个质量低。在这种情况下，消费者如何进行判断呢？消费者可以根据生产者的商品保修期限的长短来判断。保修期限长常常意味着产品质量高，因为对于低质产品来说，较长的保修期是不划算的，它会大大提高维修成本。消费者也可以根据生产者的生产规模的大小来判断。大规模生产者的产品似乎要更加可靠一些，不会像“小本经营”者那样可能突然“消失”。

除了保修期限和生产规模之外，消费者还常常根据商品的价格来判断商品的“平均”质量。图 8-5 描绘了商品的价格与其平均质量之间的关系。图 8-5 中横轴 P 代表商品价格，纵轴 q 代表商品的平均质量。曲线 qc 为价格—质量曲线。价格—质量曲线的特点是向右上方倾斜，表示商品的平均质量将随其价格的上升而上升。除此之外，该曲线还具有两个特点：一是它向上凸出，二是它与横轴的交点大于零。向上凸出意味着尽管商品的平均质量是随着价格的上升而上升的，但上升的速度却越来越慢。换句话说，价格变动对平均质量的影响是递减的。与横轴的交点大于零意味着在价格下降到零之前，平均质量就将已经下降到零。从商品的价格与其质量之间的关系，可以得到商品的价格与其所谓价值之间的关系，从而可以进一步推导出在消费者信息不完全条件下的商品需求曲线。消费者在购买商品时不仅要考虑它的价格，而且要考虑它的质量。一件商品，即使价格很低，如果质量太差，也不会有人问津；反之，如果价格较高，但质量很好，也值得购买。价格和质量这两个指标可以综合在一起构成一个新的指标，即每单位价格上的质量 q/P，这个指标可以称为商品的价值。消费者购买时要考虑他在该商品上支出的每单位价格得到的质量，即要考虑该商品的价值。在不同的价格水平上，商品的平均质量是不同的，该平均质量与价格的比值，即商品的价值也是不同的。在图 8-5 中，每一价格水平上的商品价值 q/P 的几何表示是价格—质量曲线在相应价格水平上的点到原点的连线的斜率。由图可见，这个连线的斜率在价格为 P^* 时达到最大。换句话说，商品的价值在一开始时随着价格的上升而上升，上升到最高点之后，再随着价格的上升而下降。

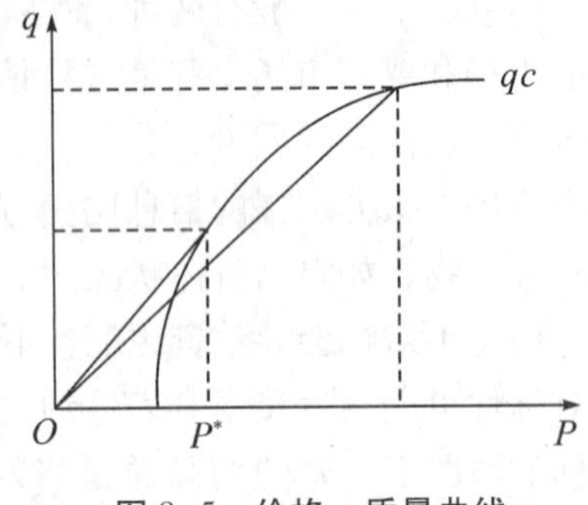

图 8-5　价格—质量曲线

现在可以来看消费者的需求曲线了。消费者追求的是商品的最大价值。这个最大价值根据图 8-5 在价格为 P^* 时达到。因此，我们可以认为，消费者对商品的需求在价格为 P^* 时达到最大。当价格由 P^* 水平上上升或者下降时，由于商品的价值都是下降的，故消费者对商品的需求量也将是下降的。由此，我们就得到了一条与以前遇到的很不相同的需求曲线：它不再只是向右下方倾斜，而且还包含有一段向右上方倾斜的部分。需求曲线现在是向后弯曲的。这条向后弯曲的需求曲线在图 8-6 中表示为曲线 D。

在图 8-6 中，当纵轴代表的价格 P 恰好为 P^* 时，横轴的需求量 Q 达到最大，为 Q_d。当价格高于 P^* 时，需求曲线与通常的一样，向右下方倾斜，当价格低于 P^* 时，需求曲线出现“异常”，向右上方倾斜。

由于假定不完全信息只出现在消费者一方，故只有消费者的需求方面出现“异常”，生产者的供给方面仍然是与以前一样，不会有任何变化。特别地，生产者的供给曲线将仍然是向右上方倾斜的。现在把向右上方倾斜的供给曲线与向后弯曲的需求曲线合在一起考虑市场的均衡情况。

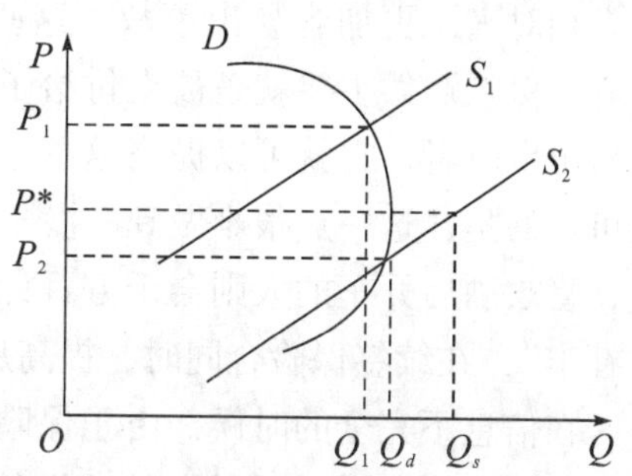

图 8-6　信息不完全与市场失灵

供给曲线的位置有两种情况：或者与需求曲线向右下方倾斜的部分相交，如图 8-6 中的 S_1；或者与需求曲线向右上方倾斜的部分相交，如图 8-6 中的 S_2。当供给曲线为 S_1，与需求曲线向右下方倾斜部分相交时，结果就与以前一样，没有什么不同，即市场将均衡于供求曲线的交点上，该交点决定了均衡的价格和产量分别为 P_1 和 Q_1。这里不存在任何的低效率市场失灵。但是，当供给曲线为 S_2，与需求曲线的向右上方倾斜部分相交时，结果将与以前大不相同。此时，尽管供求均衡时的价格为 P_2，但它却不是最优的价格。这是因为如果我们把价格从 P_2 往上稍微提高一点，则根据需求曲线，就可以增加产量，而在较高的产量上，需求曲线高于供给曲线，即需求价格高于供给价格，消费者和生产者都将获得更大的利益。价格也不能提高到超过 P^*。如果价格超过了 P^*，则根据需求曲线，产量不仅不增加，反而会减少，从而消费者和生产者的利益都将受到损失。因此，最优价格应当就是 P^*。当价格为 P^* 时，我们却可以注意到，生产者的供给将大于消费者的需求，出现了非均衡状态。这种非均衡状态显然违背了帕累托最优标准。例如，当价格为 P^* 时，产量为 Q_d，但是在 Q_d 产量水平上，需求价格超过了供给价格。这意味着消费者愿意为最后一单位产品支付的价格超过了生产者生产最后一单位产品花费的成本。也可以说，在产量 Q_d 上，社会的边际收益大于社会的边际成本。因此，从社会的观点来看，消费者在产品质量上的信息不完全导致了生产过低的产量。

2001 年诺贝尔经济学奖获得者乔治·阿克劳夫（George Akerlof）在 1970 年发表了名为《柠檬市场：质量不确定性和市场机制》的论文，提出了“柠檬原理”——旧车市场模型（“柠檬”一词在美国俚语中表示“次品”）。阿克劳夫利用这个模型说明了信息不对称的后果：信息不对称会造成交易困难，通过逆向选择导致一些市场如旧车市场（柠檬市场）消失，以至于在这些产品方面市场不再是充分有效的。市场不再充分有效也就意味着市场失灵。

在信息不对称的情况下，市场的运行可能是无效率的。因为在上述各项例子中，有买主愿出高价购买好的产品或劳务，而市场——“看不见的手”无法实现将好的产品或劳务从卖主手里转移到需要的买主手中。此时，市场是无效的，即市场失灵。这种市场失灵具有逆向选择的特征，即市场上只剩下残次品，形成“劣币驱逐良币”或“劣剩优汰”的现象，而市场的竞争机制本应形成“良币驱逐劣币”或“优剩劣汰”的结果。

三、信息不对称与保险市场

保险实际上是一种特殊的商品，它由专门的保险公司提供。这种特殊商品的价格就是保险费用。保险公司的信息也是不完全的。它对于投保人的情况既有所了解，又不很了解。例如，拿汽车保险来说，保险公司知道，在购买汽车保险的人当中，有一些人相对来说更加容易出事故。这些人开车时总是漫不经心，有时还喜欢喝一点酒，等等。保险赔偿主要就是被支付给了这些人。如果保险公司能够事先从投保人中区分出易出事故者，它就可以提高这些“高危”人群的保险价格，用来弥补可能的损失。但可惜的是，这一点很难做到。漫不经心的开车者不会自动向保险公司承认自己的弱点，喜欢酒后开车的人则会千方百计对保险公司隐瞒。保险公司所能做的不过是“亡羊补牢”：在续签保险合同时，提高那些已经出过事故的人的保险价格。

在信息不完全的时候，由于保险公司很难了解到投保人具体情况，保险这种商品的特殊性往往会诱发投保人的“败德”行为：在没有购买到保险以前，那些潜在的投保人总是小心翼翼地提防着风险，随时随地准备采取避免风险的行动，以尽量减少由于风险出现而可能导致的损失。然而，一旦购买到保险之后，这些投保人往往就不再像以前一样谨慎，因为此时出现风险的损失不再只有投保人自己承担，而是由保险公司承担一部分甚至全部。从保险公司的角度来看，投保人的这种“败德”行为，就是它们面临的道德风险问题。

问题还不仅仅局限于此。对保险公司来说，更坏的情况是那些最容易出事故的开车人常常也是购买保险最积极的人。保险公司不知道他们的底细，但他们自己知道自己的底细。他们知道自己出事故的可能性比较大，因而更加需要保险公司的帮助，也愿意接受较高的费用。与此不同，那些一直谨慎驾驶的人，也知道自己的“优点”——出事故的可能性较小。这些“好”的投保人购买保险的心情就不如“坏”的投保人那么迫切，也不像后者那么愿意为保险支付高费用。

这就产生了一个重要的结果：提高保险价格当然会减少人们对保险这种商品的需求，但是在减少的保险需求中，主要减少的却是那些相对“好”的投保人对保险的需求，他们现在不再愿意为保险支付过高的价格；而在留下来的投保人中，主要的则是那些相对“坏”的投保人，因为他们宁愿为得到保险支付更高一些的价格。这样一来，随着保险价格的上升，投保人的结构就发生了变化：“坏”的投保人所占的比例越来越高，“好”的投保人所占的比例越来越低。随着“坏”投保人的比例越来越高，保险公司对每一投保人的平均赔偿也将增加，因为平均赔偿要取决于出事故的平均概率的大小。如果为简单起见，假定保险公司的全部成本就是对投保人遭受损失的赔偿，而不考虑如工作人员的工资等其他成本，则在这种情况下，保险公司的平均损失就等于它的平均赔偿。由此便可得到这样的结论：保险公司的平均损失将随保险价格的提高而提高。特别地，当保险价格在较高水平上继续增加时，投保人的结构会急剧恶化，从而平均损失会急剧上升，超过上升的保险价格所带来的好处。

从保险价格与平均损失之间的关系可以了解到保险供给的特殊性质。一方面，如果保险价格过低，经营保险肯定亏损，保险公司将不再愿意提供保险；另一方面，如果保险价格过高，经营保险也会发生亏损，保险公司也不会愿意提供保险，由此可以推出一个结论：存在一个对保险公司来说是“最优”的保险价格，当保险价格恰好等于该价格时，保险供给量达到最大。如果让保险价格从这个最优水平上开始上升，保险供给量就将不是增加，而是下降。

四、信息不对称与劳动市场

在劳动市场上，招聘者应该实行什么样的工资策略呢？是用较低的工资来降低经营的成本呢，还是用较高的工资来吸引高效率的人才呢？什么是招聘者的最优工资策略呢？

对这个问题的回答在很大程度上取决于劳动市场的性质。和其他市场一样，劳动市场的一个典型特点也是信息不完全。其中一个重要方面是招聘者的信息不完全。招聘者对应聘者的情况是既有所了解又不是很了解。招聘者知道，不同的应聘者具有不同的工作效率，有的高些，有的低些，但却不知道究竟哪一个或者哪一些人的效率高，哪一个或者哪一些人的效率低。招聘者可以通过面谈、审查简历、看推荐信等方法来试图尽可能多地了解应聘者的情况。这些做法尽管有所帮助，但无论如何不能真正确定应聘者效率的实际高低。招聘者也可以对决定雇用的人员规定一个试用期。如果在试用期中发现应聘者的表现并不令人满意，就可以及时解聘他们。不过，这种补救措施的作用也不会很大。无论解聘如何及时，已经造成的损失是无法挽回的，而且雇用有用人才的机会也可能已经丧失，不会再来。

信息不完全对招聘者行为的影响是很重要的。如果招聘者能够真正了解应聘者，他就会设定不同的工资水平来招收具有不同工作效率的应聘者，即用高工资招聘高效率者，用低工资招聘低效率者。总之，他会力图做到使所支付的工资与从相应应聘者身上得到的回报相等。但是，招聘者实际上并不能够真正了解每一个具体的应聘者，更无法做到使工资与回报相等。在这种情况下，招聘者常常只好对所有的（或至少是很大一批数量的）应聘者“一视同仁”，即用相同的工资水平来招聘他们。

现在的问题是，招聘者如何来确定这个“一视同仁”的工资水平呢？招聘者当然知道，如果他降低工资，应聘者的数量肯定就会减少。但是，他还会发现，在由于低工资而减少的应聘者中，主要的是那些工作效率较高的人，而不是那些工作效率较低的人。这是因为工作效率较高的人明白自己的价值，认为不值得为低工资而工作；而工作效率较低的人也清楚自己的底细，尽管工资低一些，还是愿意接受。这样一来，工资下降的结果就是应聘队伍结构的变化：高效率应聘者所占比例不断下降，低效率应聘者所占比例不断上升。这种应聘队伍结构的变化意味着什么呢？它当然意味着整个应聘队伍的平均效率的下降。反过来说，如果招聘者提高工资，应聘者的数量就会增加，而在这些增加的应聘者中主要的可能是一些工作效率较高的人才，这些人认为现在的高工资才值得他们应聘，结果整个应聘队伍的平均效率就上升了。

由此可见，在招聘者所出的工资水平与应聘者的平均效率之间存在着一个同方向变化的关系：平均效率随着工资水平的下降而下降，反之亦然。进一步研究这个关系还会发现，它具有如下两个特点：第一个特点是当工资水平下降到一个很低水平（但仍然大于零）时，平均效率就可能已经下降到零——因为此时应聘者的数量将减少到零。即使是那些工作效率很低的人也会认为这样的工资水平太低了，从而拒绝应聘。第二个特点是随着工资水平的不断提高，尽管应聘者的平均效率也在不断提高，但提高的速度却是越来越慢的，也就是说，工资增加对平均效率的影响是递减的。例如，当工资处于较低水平时，应聘队伍的平均效率较低，仍在应聘队伍之外的高效率人才也较多，故此时提高工资水平吸引高效率人才参聘能够较大程度地提高平均效率。但是，当工资水平已经处于较高水平时，情况就不一样了。一方面，应聘队伍的平均效率比以前高了许多；另一方面，仍在“局外观光”的高效率人才比以前也少了许多，此时继续提高工资水平对平均效率的影响也将比以前小许多。

招聘者在招聘时不仅要考虑支付的工资水平，而且要考虑应聘者的工作效率。一个应聘者，即使要求的工资很低，如果工作效率更差，也不会有人问津；反之，如果应聘者要求的工资很高，但其工作效率更高，也值得雇用。工资和效率这两个指标可以综合在一起构成一个新的指标，即每单位工资水平上的效率。这个指标可以称为“工资效率”。于是，招聘者在招聘时要考虑的就是他在支付的每单位工资上能够得到的效率，即“工资效率”。招聘者在招聘中追求的显然就是最大的工资效率。

五、信息不完全和激励机制：委托—代理问题

在现实经济中，委托—代理关系是非常普遍的。拥有更多私人信息的一方称为代理人，而另一方则可称为委托人。委托人委托代理人处理与自己有关的一些事务，并支付相应报酬，但代理人的利益和委托人的利益往往并不一致；当代理人为委托人工作时，因为代理人的行为具有隐藏性，委托人无法监督代理人的行为，因此代理人为了追求自己的利益而忽视或牺牲委托人利益。这也就是所谓的委托—代理问题。

那么，如何解决委托—代理问题呢？从委托者的角度看，解决委托—代理问题实际上就是解决如何让代理人替自己做好某项事情的问题。委托人可以设计一些机制来约束或激励代理人努力工作。

有效激励机制的设计应同时满足参与约束和激励相容约束两个条件。

参与约束又称个人理性约束，是指如果要一个理性的代理人有任何兴趣接受委托人设计的机制从而参与博弈的话，代理人在该机制下得到的期望效用必须不小于他不接受这个机制时得到的最大期望效用。这就是说，每一个代理人有一个“保留收益”，如果他不参与此项工作，他也可能获得一个基本的收益，如失业救济金等。代理人如果参与此项工作，他要付出劳动或努力的成本，而且边际成本递增。代理人获得的报酬减去他的劳动成本后的剩余，应不小于他的保留收益。否则，代理人将根本不愿意参加此项工作。

激励相容约束是指给定委托人在不完全了解代理人的情况下，代理人在所设计的机制下必须有积极性选择委托人希望他选择的行为。在劳动力市场中，参与工作的代理人还不一定愿意付出委托人所期望的努力水平，他可能会偷懒。委托人又无法直接观察到他付出的真实劳动，因为产量不仅仅取决于真实劳动，还取决于其他因素，如天气等。这样委托人必须使激励机制——激励相容约束的设计能诱使代理人不偷懒，即让代理人努力工作的净收益大于偷懒得到的净收益。

解决委托—代理问题的方法之一就是采用“木马计”，即委托人把自己的利益“植入”到代理人的利益之中，或者“搭载”到代理人的利益之上，这样当代理人为自己的利益而采取行动时，他同时也就是在为委托人的利益服务了。针对股东—经理方面

的委托—代理问题所采用的“股票期权计划”和针对雇主—雇员方面的委托—代理问题而采用的“工资报酬计划”，都是“木马计”的具体例子。

六、信息调控与信号传递

信息的不完全和不对称带来许多问题，市场机制本身可以解决其中一部分。例如，为了利润最大化，生产商必然根据消费者的偏好进行生产。虽然生产者很难知道每个消费者的偏好的具体情况，但这并不影响他们的正确决策——因为他们知道商品的价格，就可以计算生产该商品的边际收益，从而确定他们的利润最大化产量。

通过市场机制本身来解决信息不完全和不对称问题的另外一个方法是建立信誉。信誉在解决信息不完全和不对称问题上所起的最大作用就是“区分市场”。

但是，市场机制并不能够解决所有的信息不完全和不对称问题。在这种情况下，政府有必要在信息方面进行调控，以增加市场的“透明度”，保证消费者和生产者都能够得到充分和正确的信息，以便他们能够做出正确的选择。例如，就保护消费者方面来说，常见的政府措施就包括这样一些规定：发行新股票或新债券的公司必须公布公司的有关情况。产品广告上不得有不合乎实际的夸大之辞。在旧车市场中，为防止出现逆向选择问题，政府或汽车行业协会可以规定旧车出售者必须向购买者发送有关旧车质量的信号，如提供旧车质量证明书、运行里程数以及事故或大修次数等；规定销售者负责一定时间的保修期，在此期间内出现的质量问题由销售者负责一定的经济赔偿；或者汽车销售者自行做出一些可信的承诺或发出一些关于汽车质量的信号。

习题

1. 解释以下关键术语：

外部性　交易成本　科斯定理　公共物品　搭便车　寻租　非竞争性　非排他性
公共选择　不对称信息　公地悲剧　逆向选择　道德风险　委托—代理

2. 什么是市场失灵？其原因有哪些？
3. 简述公共产品的特性，举出两种公共产品，并说明为什么它们是公共产品。
4. 外部影响是如何导致市场失灵的？政府应采取哪些措施矫正市场失灵？

第九章　宏观经济学导论

引导案例

亚当·斯密于1776年在《国富论》里提出了著名的“看不见的手”的理论。“看不见的手”，即市场机制，价格机制是在市场中价格作为一种信息引导着资源的配置，最终达到的均衡是有效率的。传统经济理论认为，在市场机制中，个人追求自身利益最大化，最终会导致集体利益最大化，即是有效率的。

著名经济学家纳什通过纳什均衡否定了亚当·斯密关于经济学的基本假设——个人利益最大化一定会导致集体利益最大化。纳什的创新之处就是否定了这样一种观点：个人按照自身利益最大化去决策，达到的结果并不一定意味着集体利益最大化，即个人利益最大化与集体利益最大化并不总是一致的，是有冲突的。

那么为什么经济生活中的每一个个人都追求自身的利益最大化并不能使集体利益最大化呢？这就是宏观经济学所要讨论的内容。

教学目的

本章介绍与宏观经济学有关的概念及相关理论。通过本章的学习，要求掌握宏观经济学的发展阶段以及宏观经济学的研究对象。

本章重难点

宏观经济学的概念、宏观经济学的研究对象、宏观经济学的发展阶段。

第一节　什么是宏观经济学

在经济学导论中，我们已经提到，经济学一般分为微观经济学和宏观经济学两部分，微观经济学研究的是个体，即个人、家庭和厂商的行为；而宏观经济学研究的是总量，即对经济运行的整体进行研究，如国内生产总值、就业、通货膨胀等。微观经济学由于以价格为中心可称为价格理论，宏观经济学由于以收入和就业为中心可称为收入理论或就业理论。

微观和宏观两大部分并不是截然分开的，而是相互补充的两个组成部分。经济学的目的是既要实现资源的最优配置，又要实现资源的充分利用。微观经济学在假定资源配置已实现充分利用的前提下，分析如何达到最优配置的问题；宏观经济学在假定资源已实现最优配置的前提下，分析如何达到充分利用的问题。它们从不同的角度分析社会经济问题。从这一意义来说，微观和宏观并不是相互排斥的，它们共同组成经济学的基本原理。而当我们研究整个经济时，必须考虑个别经济行为者的决策。由于总量只是描述许多个别决策变量的总和，所以宏观经济理论是以微观经济理论为基础的。

宏观经济分析尽管有其微观基础，但宏观经济理论并不是微观经济理论的简单的加总。对微观经济学正确的东西，对宏观经济学来说不一定正确。例如，个人或家庭增加储蓄就可增加个人财富，但若整个社会中的每个个人或家庭都增加储蓄，那么国家的财富不会增加，反而会减少，因为带动国家经济增长主要依靠的是消费。

第二节　宏观经济学的发展阶段

宏观经济学的产生与发展，迄今为止大体上经历了三个阶段：第一阶段（17 世纪中期到 19 世纪中期）是早期宏观经济学阶段，或称古典宏观经济学阶段；第二阶段（19 世纪后期到 20 世纪 30 年代）是现代宏观经济学的奠基阶段；第三阶段（20 世纪 60 年代以后）是宏观经济学进一步发展和演变的阶段。

一、宏观经济学的早期发展

早期宏观经济学的理论可追溯到威廉·配第的理论。他不仅注意观察流通领域，而且深入研究生产领域，还从国民收入核算的角度考察了宏观经济的运行。大卫·休谟研究了货币供给、国际贸易平衡和价格水平之间的关系，提出了著名的货币数量公式：$PQ=MV$，即物价总水平由流通中的货币数量来决定，这一公式是一切货币数量理论的基础，也是当代货币分析的理论基础。

早期的宏观经济理论也被称为古典经济学，这一学派是由亚当·斯密于 1776 年开创的。其主要追随者包括大卫·李嘉图、托马斯·马尔萨斯和约翰·穆勒。一般来说，该学派相信经济规律（如个人利益、竞争）决定着价格和要素报酬，并且相信价格体系是最好的资源配置方法。

古典经济学者重经济总量研究，这涉及经济增长、国际贸易、货币经济和财政等问题。这与 1870 年以后盛行的研究个人利益最大化的经济学是有区别的。古典经济学关心的是国家经济的问题，虽然那时候的学者也非常强调个人利益必须尊重，但他们更强调的是如何使个人利益与国家利益保持协调。亚当·斯密在讲到这一点时，总是谆谆开导人们，国家大事比个人更重要。

二、现代宏观经济学的建立

1929 年以前，由于第二次产业革命的推动，资本主义社会取得了相对稳定的发展。以电力、内燃机和化工为代表的第二次产业革命起始于 19 世纪中叶，所有这一切都要求并造成大量的投资，而资本的发展又使资本主义稳定而迅速的发展成为可能。前一时期形成的巨大生产不可避免地造成了商品的相对过剩，而生产的相对过剩最终酝酿成一次资本主义的空前巨大的经济危机。1929—1933 年，资本主义国家普遍爆发经济危机，伴随着工业生产和国内生产总值的下降，投资崩溃、金融动荡、贸易萎缩、失业出现了惊人的上升。这是资本主义国家从未经历过的经济情况的严重衰落。

当时的西方政治当局坚信传统的西方经济学者广为传播的一个基本教条，即在一个无阻力的自由放任的资本主义社会，严重的和长期的危机和萧条状态不可能出现。然而，1929—1933 年的经济大萧条暴露了市场经济的重大缺陷，同时也动摇了传统经济学的正统地位。

在这种时代背景下，1936 年，经济学家凯恩斯所著《就业、利息和货币通论》（简称《通论》）的出版，标志着凯恩斯宏观经济学的确立，也标志着现代宏观经济学的产生。凯恩斯的理论与亚当·斯密刚好相反，凯恩斯认为当经济出现波动时，市场若出现失灵，政府应当进行宏观调控。

三、现代宏观经济学的发展

凯恩斯的理论在西方经济学界产生了非常重大的影响，并为大多数西方经济学家所接受。但 20 世纪 70 年代初期以后，西方国家普遍发生了“滞胀”现象：一方面，经济停滞不前，失业大量存在；另一方面，通货膨胀日益严重，物价持续上涨。面对这种情况，凯恩斯学派既提不出恰当的理论解释，又找不到合适的应对措施。凯恩斯学派的地位因此受到动摇，非凯恩斯主义的宏观经济学派得到了发展。其中，比较有名的是货币主义学派和理性预期学派。

（一）货币主义学派

货币主义学派是 20 世纪五六十年代在美国出现的一个经济学流派，亦称货币学派。其创始人为美国芝加哥大学教授弗里德曼。货币学派在理论上和政策主张方面，强调货币供应量的变动是引起经济活动和物价水平发生变动的根本的和起支配作用的原因。布伦纳于 1968 年使用“货币主义”一词来表达这一流派的基本特点，此后被广泛沿用于经济学文献之中。

第二次世界大战后，美英等国家长期推行凯恩斯主义扩大有效需求的管理政策，虽然在刺激生产发展、延缓经济危机等方面起了一定作用，但同时却引起了持续的通货膨胀。弗里德曼从 20 世纪 50 年代起，以制止通货膨胀和反对国家干预经济相标榜，向凯恩斯主义的理论和政策主张提出挑战。他在 1956 年发表的《货币数量论——重新表述》一文，对传统的货币数量说进行了新的论述，为货币主义奠定了理论基础。

此后，弗里德曼和他的同事们在理论细节方面不断进行琢磨补充，并且利用美国有关国民收入和货币金融的统计资料，进行了大量经济计量学方面的工作，为他的主要理论观点提供了论据。自 20 世纪 60 年代末期以来，美国的通货膨胀日益严重，特别是 1973—1974 年在所有发达资本主义国家出现的剧烈的物价上涨与严重的失业同时并存的“滞胀”现象。凯恩斯主义理论无法对此做出解释，更难以提出对付这一进退维谷处境的对策。于是，货币主义开始流行起来，并对美英等国的经济政策产生了重要影响。

（二）理性预期学派

理性预期学派是20世纪70年代在美国出现的一个经济学流派，是从货币学派中分化出来的，由穆斯在《理性预期与价格变动理论》一文中首次提出。穆斯假定预期总是以尽可能收集到的信息作为依据。这一假定被一些青年学者接受并传播。

理性预期学派的基本观点是人们在经济活动中，根据过去价格变化的资料，在进入市场之前就对价格做出预期，这样他们的决策是有根据的。市场会发生一些偶然情况，成为干扰因素，但可以事先计算其概率分布，因此可以选出最小风险的方案，以预防不利后果的侵害。例如，在确定房租、计算债券利息、议定工资、规定供给价格时，都可以把未来价格波动估计进去，定得高一些，以防止因通货膨胀而降低实际收入。因此，合理预期起了加速通货膨胀的作用。同时，由于政府对经济信息的反应不如公众那样灵活及时，因此政府的决策不可能像个人决策那样灵活，政府的任何一项稳定经济的措施，都会被公众的合理预期抵消，成为无效措施，迫使政府放弃实行。因此，理性预期学派认为，国家干预经济的任何措施都是无效的，要保持经济稳定，就应该听任市场经济的自动调节，反对任何形式的国家干预。一般认为，理性预期学派是比货币学派更彻底的经济自由主义。

第三节　宏观经济学的研究对象

一、经济增长

宏观经济学关注的第一个问题是一个国家的长期繁荣。世界各国的经济发展过程不同，使得各国的贫富程度也不同，经济的快速增长导致国民生活水平有了极大的提高。但经济增长与经济发展的定义是不一样的。一般来说，经济发展的范围比经济增长要更广，经济增长和经济发展虽然都追求个人所得和国民生产总值的提高，但经济增长关注的重点是物质方面的进步、生活水准的提高，而经济发展不仅关心国民生产总值的增长，更关心经济结构的改变以及社会制度、经济制度、价值判断、意识形态的变革。在宏观经济学中，主要考察的是经济增长。

宏观经济学的一个最重要的任务就是要回答是什么因素决定了一个国家的经济增长。

二、就业与失业

失业是宏观经济学重点研究的一个问题。因为失业不仅仅是一个经济问题，还是一个社会问题，若一个国家某一时期失业人数增加，会对整个社会的稳定产生影响。世界各国都曾面临过很严重的失业问题，长期持续的高失业率有时甚至会长达10年。失业成为困扰各国政府的一个主要因素。

那么为什么产出和就业会不时地下降？怎样才能减少失业？这也是宏观经济学研究的一个很重要的问题。

三、通货膨胀

价格是市场经济价值的衡量尺度和引导经济行为的主要手段，经济学家和大部分居民都能意识到通货膨胀对经济生活的危害，因此宏观经济政策的第三大目标是价格稳定。现实中我们用来衡量物价水平的指标主要有三个：国内生产总值平减指数、国民消费价格指数和生产者物价指数。我们在以后的章节会进行详细的介绍。

宏观经济学要回答的问题是什么原因导致了通货膨胀的产生、通货膨胀的类型是什么、通货膨胀会带来什么危害、如何维持低通货膨胀又不会引发经济的衰退？

四、开放经济

在当前的世界经济格局中，没有一个有一定规模的国家可以不跟别的国家接触来发展本国的经济，或者说任何一个国家都是与其他国家有着大量贸易和金融联系的经济体。因此，国际经济中贸易不平衡也是宏观经济学研究的一个重要问题。当一国的出口大于进口时就形成贸易顺差，当一国的出口小于进口时就形成贸易逆差。出现贸易逆差的国家需要向其他国家借钱，用以支付进口的商品和服务超出出口的部分。

那么是什么原因引起了贸易的不平衡？贸易逆差对逆差国及其贸易伙伴国的经济会产生什么样的影响？这都是宏观经济学需要回答的问题。

五、宏观经济政策

当一个国家的经济发展速度过快或过慢时，政府都会采用宏观经济政策来进行干预。财政政策和货币政策是两种最主要的宏观经济政策形式。财政政策是指国家根据一定时期政治、经济、社会发展的任务而规定的财政工作的指导原则，通过财政支出与税收政策的变动来影响和调节总需求进而影响就业和国民收入的政策。货币政策是指中央银行为实现既定的目标，运用各种工具调节货币供应量来调节市场利率，通过市场利率的变化来影响民间的资本投资，影响总需求来影响宏观经济运行的各种方针措施。

那么宏观经济学需要讨论的问题是宏观经济政策能否帮助一个国家摆脱困境；当一个国家的经济过度繁荣或衰退时，应该采用什么样的宏观经济政策；采用宏观经济政策时会带来什么样的问题；宏观经济政策在具体实施过程中应该注意什么问题。

习题

1. 什么是宏观经济学？宏观经济学与微观经济学有什么联系与区别？
2. 简述宏观经济学的发展历程。

第十章　总体经济活动的衡量

引导案例

国家统计局发布的数据显示，2015 全年我国国内生产总值（GDP）为 67.67 万亿元，同比增长 6.9%，1990 年来首次跌破 7%。这一增速完成了 2015 年年初政府工作报告中设定的 7%左右的 GDP 增速目标。以 2015 年 12 月 31 日人民币兑美元中间价计算，2015 年中国 GDP 总量相当于 10.42 万亿美元。2014 年，美国 GDP 总量为 17.4 万亿美元，根据世界银行的预计，2015 年美国 GDP 同比增速为 2.7%，因此 2015 年美国经济总量大约为 17.87 万亿美元，相当于中国的 1.7 倍。从一个直观的角度理解，中国的经济规模和美国的经济规模之间还差了一个德国加一个英国的经济规模，德国、英国分别是世界第四、第五经济大国。

GDP 是衡量一个国家实力的主要指标。那么什么是 GDP？它是如何核算的？这就是本章要讲述的内容。

教学目的

国民收入核算是宏观经济学的基础，其计算的各种指标是衡量宏观经济运行状况的标准。本章将介绍与国民收入有关的几个重要概念和国民收入核算原理。通过本章的学习，要求掌握国内生产总值、国民生产总值等几个重要的概念。

本章重难点

国内生产总值的概念及核算方法、国民生产总值与国内生产总值的关系、名义 GDP 与实际 GDP。

第一节　国内生产总值及其核算方法

一、国内生产总值的概念

国内生产总值是指一个国家或地区在一定时期内所生产的所有最终产品和服务的市场价值。对于这一概念的理解应注意以下几个方面的问题：

（一）在一定时期内

GDP 衡量的是某一特定时期内发生的生产的价值。这个时期通常是一年或者一个季度。GDP 衡量在这一段时期内经济收入与支出的流量。

（二）市场价值

GDP 是一个市场价值的概念。所谓市场价值，就是商品或服务的数量与价格的乘积，因此 GDP 的数值不仅会受到商品和服务数量的影响，也会受到商品价格变动的影响。

（三）产品和服务

GDP 衡量的既包括有形的产品（食物、衣服），又包括无形的服务（理发、打扫房屋、医疗）。当你购买了你最喜爱的牌子的化妆品时，你购买的是一种物品，化妆品的价格是 GDP 的一部分。当你花钱去理发店理发，你购买的是一种服务，理发的价格也是 GDP 的一部分。

（四）最终产品和服务

GDP 衡量的是最终产品和服务的市场价值。因此，在计算 GDP 时不应包括中间产品的价值，以防止重复计算。最终产品是在全社会范围内不再进行加工与转售，直接进入消费和使用的物品和服务。中间产品指用于再出售而供生产其他产品用的产品。

例如，A 公司是生产纸张的企业，A 公司将纸张出售给 B 公司用于生产贺卡。在这个例子中，纸张是中间产品，而贺卡为最终产品，在核算 GDP 时只应核算贺卡的价值，因为纸张的价值已经包含在贺卡中了。

当然，我们不能说一种物品就是最终产品或是中间产品，而是应该看这种物品是卖给了谁？若卖给了最终的使用者，则是最终产品，若是卖给了其他厂商，则是中间产品。

（五）生产的

GDP 衡量的是一定时期内生产的而不是销售的最终产品。因此，在计算时必须是当期的产品，不应包括以前生产的产品的价值。例如，某汽车公司生产并销售一辆新汽车时，这辆汽车的价格应包括在当年的 GDP 中。但当一个人把一辆二手车出售给另一个人时，二手车的价值不包含在 GDP 中，因为二手车不是当期生产的。

（六）市场活动产生的价值

人们生产的商品和服务可以分为两种：一种是为市场交换而生产的商品和服务；另一种是用于自己消费的自给性的商品和服务。自给性的商品和服务因为不用于市场交换，所以没有价格，不计入 GDP。

例如，家政公司的工作人员替别人打扫房屋所得的收入需计入 GDP，而家庭主妇清扫自家房屋时没有收入，故不能计入 GDP。同样地，若一个家庭主妇在市场上购买的蔬菜价格需要计入 GDP，但自家菜园里种的蔬菜是不能计入 GDP 的。

此外，地下经济、黑市交易不计入 GDP。地下经济是一种非法的市场交易，是市场经济国家普遍存在的经济现象。地下经济为什么不计入 GDP，是因为它的数据不好统计。

（七）一个国家范围内

GDP 衡量的价值是在一个国家的地理范围之内。国外某公民在中国生产的物品和劳务也是中国 GDP 的一部分，而某中国公民在国外生产创造的价值则不构成中国 GDP 的一部分。

因此，凡是在本国领土上创造的收入，不管是否为本国国民创造的都计入本国的 GDP，这就是所谓的国土原则。

二、GDP 与 GNP

国民生产总值（GNP）是指某国国民拥有的全部生产要素生产的最终产品和劳务的市场价值。

GDP 与 GNP 的统计内容大致一致。差别在于 GDP 使用的是国土原则，而 GNP 使用的是国民原则。国民原则，即凡是本国国民创造的收入，不管是否为在本国领土范围内创造的，都计入本国的 GNP。

三、GDP 的构成与核算方法

GDP 的核算方法有三种，即支出法、收入法和生产法。常用的是支出法和收入法。

（一）支出法

支出法也叫最终产品法。这种方法是从产品使用的角度（即消费者）出发，把一定时期内购买各项最终产品的支出加总，计算出该时期生产出的最终产品的市场价值的总和。那么，谁是最终产品的使用者呢？在现实生活中，商品和服务的最终使用者包括四个部分：消费支出（C）、投资支出（I）、政府购买（G）和净出口（NX）。用公式表示为：

$$GDP=C+I+G+NX$$

1. 消费支出（C）

消费支出是一个国家总支出中最重要的部分，并且较为稳定。消费支出主要包括以下几个方面：

（1）耐用消费品的支出，如购买汽车、电视机、洗衣机等使用寿命较长的消费品的支出。

（2）非耐用消费品的支出，如购买食物、服装、燃料等消费品的支出。

（3）服务，如用于教育、理发、保险等的费用。

2. 投资支出（I）

投资支出是指厂商在厂房、设备和存货上的支出以及家庭在住宅上的支出。投资支出主要包括以下几个方面：

（1）企业固定投资，如企业用于购买机器、厂房和设备方面的费用。

（2）居民固定投资，如家庭用于新住房的支出。

（3）存货投资，即某个公司生产了某样商品但并不出售它，而是将它加入其存货中，我们也可以理解为该公司自己购买了这样商品（若以后该公司卖出了存货中的这样商品，则这时存货投资是负的，抵消了买者的正支出）。用这种方法处理存货是因为GDP 衡量的是经济中当期生产的价值，而不是销售的价值。

3. 政府购买（G）

政府购买是指各级政府用于物品和劳务的支出，包括公务员的薪水和用于公务的支出，如政府建立法院，提供国防、外交、公共交通和公共教育等服务所支出的费用。但政府购买只是政府支出的一部分，政府还有另外一种支出，即政府的转移支付，如政府给老年人发放的社会保障津贴。需要注意的是，政府的转移支付不计入 GDP，但政府的转移支付可以通过接受者以消费的形式形成对 GDP 的贡献。

4. 净出口（NX）

净出口是指国外购买国内生产的物品（出口）与国内购买国外的物品（进口）的差额。净出口记入总支出，它以国外支出的形式反映总产值，可能是正值，也可能是负值。之所以要减去进口，是因为 GDP 的其他组成部分已经包括了进口的商品和劳务。例如，假设 A 国一个家庭向 B 国购买了一辆价值 4 万美元的汽车。这个交易增加了 A 国 4 万美元的消费，因为购买汽车是消费支出的一部分。但它同时还减少了 A 国 4 万美元的净出口，因为汽车是进口的。在这种情况下，A 国的消费增加了 4 万美元，但净出口减少了 4 万美元，所以总体来说，A 国的 GDP 是不变的。因此，当国内的家庭、企业或政府购买国外的商品与服务时，这种购买就减少了净出口，但由于它还增加了消费、投资或政府购买，因此并不影响 GDP。

（二）收入法

衡量 GDP 的收入法也称要素支付法，即从卖方的角度来衡量，这种方法是把生产过程中各种要素得到的收入相加起来计算国民收入的核算方法。用收入法核算的国内生产总值应包括以下一些项目：

1. 工资、利息和租金等生产要素的报酬

工资包括所有工人的工资、津贴和福利，也包括工资收入者必须缴纳的所得税及社会保险税。利息是指人们给企业提供的货币资金获得的利息收入，如银行存款利息、企业债券利息等，但政府公债利息及消费信贷利息不包括在内。租金包括出租土地、房屋等获得的收入及专利、版权等收入。

2. 非公司业主收入

非公司业主收入如医生、律师和小店铺主的收入，他们使用自有资金并且自我雇佣，其工资、利息、利润、租金经常混在一起作为非公司业主收入。

3. 企业税前利润

企业税前利润包括公司所得税、社会保险税、股东红利以及公司未分配利润等。

4. 企业转移支付及间接税

这些虽然不是生产要素创造的收入，但要通过产品价格转嫁给购买者，也应该视为成本。

5. 资本折旧

资本折旧虽然不是要素收入，但包括在总投资中，也应该计入国内生产总值。

第二节　名义 GDP 和实际 GDP

一、名义 GDP 和实际 GDP 的计算

GDP 核算是按照当前的市场价值来测量的。我们把所有这些用于当前市场价值来测算的变量称为名义变量，比如用当前价格测算的 GDP 称为名义 GDP。

但当我们要比较两个不同时期的宏观经济变量时，如比较一个国家今年的 GDP 与 15 年前的 GDP 时，虽然今年的 GDP 要高于 15 年前的 GDP 好几倍，但如果这 15 年来商品和服务的价格发生了很大的变化，那么我们就无法确定这两个不同的 GDP 中，多少成分是由商品和服务的增长所引起的、多少成分是由价格的变化引起的。

那么，如何来解决这个问题呢？

最常用的方法就是用不变价格来测算经济变量，即用以前某一年（称为基年）的价格为标准来测算经济变量，那么用不变价格测算的 GDP 即为实际 GDP。

从表 10-1～表 10-3 可以看出，15 年前的 GDP 为 150 000 元，而今年的 GDP 为 480 000 元，今年的 GDP 比 15 年前的 GDP 增长了很多倍，但这个变化中间有哪些是由商品数量变化因素引起的，我们需要核算的是今年的实际 GDP，以 15 年前为基年。

实际 GDP＝15 年前的价格×今年的商品数量

实际 GDP＝8 000×0. 5+8 000×3＝280 000（元）

表 10-1　　粮食和棉布产量变化情况

产出	15 年以前（基年）	今年	15 年变化
粮食（千克）	60 000	80 000	+20 000
棉布（米）	40 000	80 000	+40 000

表 10-2　　粮食和棉布单价变化情况

价格	15 年以前（基年）	今年	15 年变化
粮食（元/千克）	0. 5	1	+0. 5
棉布（元/米）	3	5	+2

表 10-3　　粮食和棉布产值变化情况　　单位：元

价值（元）	15 年以前（基年）	今年	15 年变化
粮食	30 000	80 000	+50 000
棉布	120 000	400 000	+280 000
总计	150 000	480 000	+330 000

二、GDP 平减指数

正如刚刚说明的，名义 GDP 既反映经济中生产的物品与服务的数量，又反映这些物品与服务的价格。与此相反，通过把价格固定在基年水平上，实际 GDP 只反映生产的数量。从这两个统计指标中，我们可以计算出第三个统计指标，即 GDP 平减指数。

GDP 平减指数的计算如下：

$$\text{GDP 平减指数}=\frac{\text{名义 GDP}}{\text{实际 GDP}}\times 100$$

由于基年的名义 GDP 与实际 GDP 必定是相同的，因此基年的 GDP 平减指数总是等于 100。以后各年的 GDP 平减指数衡量的是不能归因于实际 GDP 变动的相对于基年名义 GDP 的变动。

三、通货膨胀率

经济学家用通货膨胀这个词来描述经济中整体物价水平上升的情况。通货膨胀率是从一个时期到下一个时期某个物价水平衡量指标变动的百分比。如果用 GDP 平减指数表示，两个相连年份的通货膨胀率用如下方法表示：

$$\text{第二年的通货膨胀率}=\frac{\text{第二年的 GDP 平减指数}-\text{第一年的 GDP 平减指数}}{\text{第一年的 GDP 平减指数}}\times 100\%$$

四、流量与存量

流量是指一个经济主体（家庭、企业等）或一个国家在一定时期内（如一个月、一季度、一年等）测算获得的变量，如 GDP、工资、消费、投资等都属于流量。

存量是指一个经济主体或一个国家在某一时点（如 2007 年 12 月 31 日）测算获得的变量，如人口、财富总量、资本存量、就业与失业人口等。

把今天某一时点上的一个国家的财富存量用字母 W_t 来表示，把去年同一时点上的财富存量用 W_{t-1} 来表示，那么这两个存量之间的差就可以表达为这一年中的储蓄（流量）。

$$S_t=W_t-W_{t-1}$$

第三节　国民收入核算体系的局限

GDP 是国民经济核算体系的核心指标，被广泛用来计算国民经济增长速度，衡量一个国家或地区的经济发展水平。GDP 会体现一定的经济增长速度，但是 GDP 的增加并不完全意味着社会财富和福利的等量增加，GDP 这一国民收入核算体系中的核心指标存在诸多的局限。

一、GDP 不能很好地反映社会福利

对美好的生活做出贡献的某些东西，如闲暇等因素并没有包括在 GDP 的核算中。

例如，在某一经济体中，大部分人从今天开始，每天增加自己的工作量，而减少闲暇，那么他们就会生产出更多的产品与服务，GDP 会随之增加，但是我们并不能由此得出每个人的福利状况更好的结论。闲暇的减少引起的福利损失部分或全部抵消了 GDP 的增长或生产和消费更多物品引起的福利增长。

二、GDP 不能反映大量生产性非市场交易及非生产性市场交易

由于 GDP 是用市场价格来衡量产品和劳务的价值的，因此在 GDP 核算中，我们排除了家务活动和地下经济。从政府的角度看，地下经济是为了逃税和逃避管制或者生产的物品与劳务是非法的，由于这些活动并没有报告，因此在官方的 GDP 统计中是不包括在内的。但是家务活动也生产了物品与服务，也改善了人们的生活。而地下经济在一些国家所占的比重是非常高的，如津巴布韦的地下经济可以占到整个 GDP 的 63.2%，泰国的地下经济占 GDP 的 54.1%，玻利维亚的地下经济占 GDP 的 68.3%，格鲁吉亚的地下经济占 GDP 的 68%，但这么大比重的地下经济在官方的 GDP 统计中是无法反映的。

三、GDP 不能反映生产的社会成本

经济活动对环境质量有直接影响，同样数量的 GDP，采用的技术不同、生产条件不同、工作时间不同，其社会成本可能相差很大。一些国家空气质量下降、不可再生资源大量消耗、河流遭到污染等，环境问题与 GDP 增长同时出现，但在 GDP 的衡量中并没有反映环境问题。

四、GDP 不能反映社会的收入分配

相同的 GDP，如果分配结构不同，贫富悬殊时的社会总福利远小于公平合理的社会总福利。GDP 的增长可能伴随着贫富差距的扩大，而在同样的 GDP 水平下，不同国家收入分配的差距也可能相差很大。

概括起来，尽管 GDP 存在诸多局限性，如没有衡量人的健康，没有衡量社会公平，没有衡量经济中的资源损耗与环境污染，但是较高水平的 GDP 仍然反映了一个国家为实现以上目标所可能投资资源的能力。

由于 GDP 作为衡量指标存在诸多问题，因此人们不断探索新的方法和新的测度指标，如人均 GDP、绿色 GDP 等。世界银行于 1995 年开始利用绿色 GDP 来衡量一国或地区的真实国民财富，并于 1997 年首次提出真实国内储蓄的概念和计算方法。它是指扣除了自然资源损耗和环境污染损失之后的一个国家实际的储蓄率。目前，许多机构和国家在测算绿色 GDP，并在环境污染、人口拥挤、资源损耗、地下经济、闲暇等价值量的计算等方面取得了一些进展。但是，绿色 GDP 的实施、推广还有很长的一段路要走。

习题

1. A 以 20 美元的价格把羊毛卖给 B。B 织了两件毛衣，每件的市场价格为 40 美元。C 买了其中的一件，另一件仍在 B 的商店货架上等待以后卖出。这里的 GDP 是多少？(　　)。

A. 40 美元　　B. 60 美元

C. 80 美元　　D. 100 美元

2. 以下哪一项没有计入美国的 GDP 中？(　　)。

A. 法国空军向美国的飞机制造商波音公司购买了一架飞机。

B. 通用汽车在美国某州建立了一个新汽车生产厂。

C. 纽约市为一个警察支付工资。

D. 联邦政府向一个美国老年人送去一张社会保障支票。

3. 一个美国人买了一双意大利制造的鞋。美国的国民收入核算如何处理这笔交易？(　　)。

A. 净出口和 GDP 都增加　　B. 净出口和 GDP 都减少

C. 净出口减少，GDP 不变　　D. 净出口不变，GDP 增加

4. 下列每一种交易会影响 GDP 的哪一部分（如果有影响的话）？请进行相应的解释。

(1) 家庭购买了一台冰箱。

(2) 某人买了一套新房子。

(3) 某汽车公司从其存货中出售了一辆汽车。

(4) 某个省重新铺设了高速公路。

(5) 你的父母购买了一瓶红酒。

(6) 某公司扩大了其在某市的工厂。

第十一章　宏观经济的短期分析：总支出均衡

引导案例

20世纪60年代初，肯尼迪上台伊始，二战后美国的第四次经济危机尚未过去，最高失业率达7.1%。更为麻烦的是，当时发生了二战后第一次美元危机。1961年1月，肯尼迪就任美国总统，他发表的第一篇国情咨文中就悲观地宣布："目前的经济状况是令人不安的。我们是在经历7个月的衰退、3年半的萧条、7年的经济增长速度降低、9年的农业收入下降之后就任的。"作为肯尼迪政府的经济顾问，萨缪尔森提出了既保卫美元又实现经济增长的货币政策：对短期贷款提高利率，阻止美元外流；对长期贷款降低利率，以刺激国内投资。而在财政政策上，萨缪尔森提出，削减个人所得税可以促使家庭更多地消费。历史证明，肯尼迪政府的减税政策是成功的，此后数年，美国国民生产总值年增长率为5.6%，美元危机也顺利化解。

1981年里根上台，为克服美国经济发展中的滞胀问题，其采纳了供给学派的经济政策主张，以全面减税作为推动经济发展的良方。里根政府共实施了两次大规模的减税方案：第一次是1981年美国国会通过的《1981年经济复兴法案》。此法案主要包括将个人所得税最低税率14%和最高税率70%分别降至11%和50%；颁布了《加速折旧条例》（ACRS），允许企业以重置成本来计提折旧；减少政府对个人、企业和州政府工作的不必要干预；支持稳妥可靠的货币政策；增加国防开支，提高军事预算等内容。第二次是1986年通过的税制改革法案，在继续进行大规模减税的同时，进行税制改革，通过扩大税基、降低税率、加强公平、简化管理等方式来解决税制繁杂的弊端，以促进经济增长。这也是引发了世界范围内的税收体制改革的主要原因之一。里根政府的供给性减税扭转了20世纪70年代末高失业率、高通胀率的经济滞胀局面，为企业积累了资金，改善了居民的生活质量，刺激了20世纪80年代美国经济的发展。

始于2007年8月的美国次贷危机在全球范围内蔓延，把美国带入二战后最漫长的经济衰退的寒冬。为拯救美国经济，奥巴马提出了刺激就业增长的一揽子计划。奥巴马计划的关键词就是"减税"。他提议国会通过减税法案来鼓励小型企业投资并且雇用更多工人，新投资的资本收益税在1年时间内将降为零，而对投资支出的减税有效期将延长至2010年年底。2008年8月，金融危机形势日趋恶化，奥巴马政府又迅速通过了《2008年紧急经济稳定法案》和《2008年延长税收（优惠）和最低选择税减免法案》，提出减税约1 100亿美元的计划。其中包括对可再生能源、交通和能源安全等几个方面的税收优惠，延长灾害减免期限，提高子女抵免限额等。进入2009年以后，美国国会又通过了《刺激经济法案》，规定的减税规模约为2 810亿美元，创造350万个就业机会。为了进一步控制财政赤字，奥巴马陆续向美国国会递交了2010年度预算案和联邦政府预算案，均涉及了促进经济增长的税收计划。

教学目的

本章论述的国民收入理论是分析各种宏观经济问题的基础。国民收入理论是凯恩斯提出的，主要研究国民收入如何决定。通过本章的学习，应了解总需求的构成及其各自特点、总需求与国民收入的决定及变动、乘数效应；理解决定国民收入的因素，即消费函数、储蓄函数、投资函数等，领会储蓄与投资的关系和均衡国民收入。

本章重难点

国民收入的决定、消费函数与储蓄函数、乘数效应。

国民收入的决定是宏观经济学的核心问题，回答了国民收入水平取决于什么因素，如何根据这些因素决定国民收入水平。

当总需求等于总供给时，国民收入称为均衡国民收入。也就是说，国民收入是由总需求和总供给共同决定的。本章首先分析总需求如何决定国民收入水平。

第一节　总需求与均衡

总需求，即经济中对商品需求的总量，包括消费（C）、投资（I）、政府支出（G）与净出口（NX）。总需求可以用公式表示为：

$$AD=C+I+G+NX$$

当生产的产出数量等于需求的数量时，产出就处在均衡水平上。因此，均衡产出可用公式表示为：

$$Y=AD=C+I+G+NX$$

式中，Y表示一个经济的总支出，即国内生产总值。

当总需求，即人们想要购买的商品量与产出不相等时，就会存在库存或负投资，即：

$$IU=Y-AD$$

式中，IU为库存（或存货），若产出超过总需求，企业存货增加，因而企业会减少生产；若产出小于总需求，企业存货会减少，企业会增加生产。产出的均衡是通过库存调节来实现的。

第二节　均衡国民收入

从各国的统计资料来看，消费是一个国家宏观经济运行中最为重要的一个变量，消费一般要占一国 GDP 的 60%以上。我们首先来研究消费。

一、消费函数

消费函数是指居民的消费支出与决定消费的变量之间的依存关系。决定居民消费支出的变量很多，如家庭的收入水平、家庭的财产状况、商品市场上的价格水平及其变动趋势、家庭消费信贷状况和利率水平、社会保障制度、收入分配情况等。凯恩斯认为，在这些变量中，对消费最有影响的变量是居民的收入水平。因此，这里的消费函数集中研究消费和收入之间的关系。

根据凯恩斯的观点，随着消费的增加，收入也会增加，但消费的增加不及收入增加得快。因此，消费函数可表示为：

$$C = f(Y)$$

$$C = a + bY$$

式中，a 为常数，即自发性消费。自发性消费指消费者收入为 0 时举债或动用过去的储蓄也必须要有的基本生活保障（或不随收入变动而变动的消费）。对微观的家庭来说，这一部分就是维持生存所必需的消费，如食品、水以及基本医疗等。对宏观经济体（如一个国家或地区）来说，这一部分就是维持一个国家和地区基本的经济社会运转所必需的消费。

bY 表示有多大比例的收入用于消费，即引致消费。引致消费的大小取决于消费者的收入及边际消费倾向。

边际消费倾向（b）即每增加一单位的收入所引起的消费的增加量。b 通常是大于 0 而小于 1 的正数。这表明消费是随着收入的增加而相应增加的，但消费增加的幅度是低于收入增加的幅度，即边际消费倾向是随着收入的增加而递减的。图 11-1 即为消费曲线。

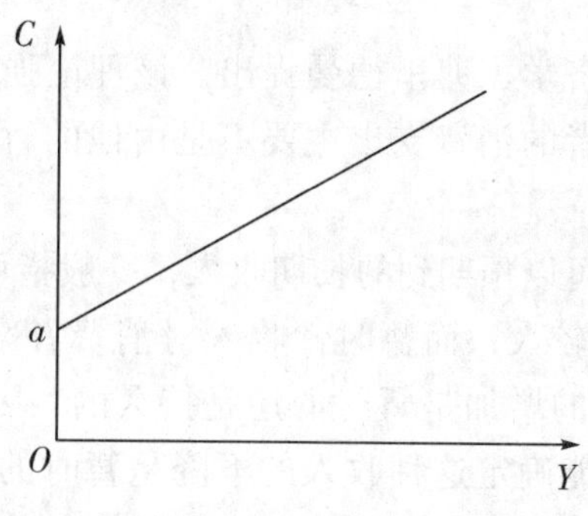

图 11-1　消费曲线

凯恩斯的消费理论从宏观的角度明确地将消费者支出作为收入水平的函数，并用边际消费倾向来说明消费与收入的关系，正是这一点使他成为现代消费函数的奠基者。（其消费理论的缺点是他的分析是一种心理分析，因而其结论在相当大程度上是一种主观推测，缺乏坚实的理论论证基础）。

二、消费函数理论的发展

凯恩斯是现代消费函数的奠基者，但由于其理论的缺陷，后来的经济学家也在其基础上对消费函数进行了进一步的研究。

（一）相对收入消费函数

美国经济学家杜生贝里提出，人们的消费不仅取决于绝对收入的量，更主要的是取决于相对收入的量，即取决于消费者过去的收入及消费习惯、其他人的消费水平等。也就是说，消费具有棘轮效应和示范效应。举例来说，较高的社会地位需要靠较高的收入和消费水平来体现，同时消费者的消费行为会受到周围人们消费水平的影响，这是消费的示范效应。消费行为具有不可逆性与棘轮效应，根据人们的习惯，增加消费容易，减少消费则比较难，即"由俭入奢易，由奢入俭难"。

（二）生命周期的消费函数

生命周期理论由美国经济学家莫迪格利安尼提出，强调了消费与个人生命周期阶段之间的关系以及收入与财产之间的关系。他认为，人们会在更长的时间范围内计划他们的生活消费开支，以使其消费在整个生命周期内实现最优配置。

一般来说，人的一生可以分为年轻时期、中年时期和老年时期三个阶段。年轻时期是工作时期，收入少，但很大一部分用于消费，储蓄很少或为0甚至为负；中年时期，收入日益增加，这时收入中只有少部分用于消费，一部分偿还年轻时的债务，一部分储备以供退休后使用；老年时期，收入减少，消费主要取决于积累的财产。

总体来说，消费者会根据一生的全部预期收入来安排自己的消费支出，其消费取决于他们在整个生命周期内获得的总收入与财产。生命周期的消费函数最主要的贡献在于说明了长期消费函数的稳定性。

（三）永久收入的消费函数

永久收入理论由美国经济学家弗里德曼提出。该理论强调了永久性收入与暂时性收入之间的区别，认为消费者的消费支出主要不是由他的暂时性收入决定的，而是由他的永久性收入决定的。

永久性收入，即消费者可以预期到的长期收入，一般指可以保持三年以上的收入。永久性收入对消费者的影响较大，而暂时性收入对消费者影响较小。当收入上升时，消费者并不能确定这种收入的增加是暂时的还是持久的，因此并不会立即增加消费；当收入下降时，消费者也不能确定这种收入的下降是暂时的还是持久的，因此也不会立即减少消费。但是，如果消费者确定收入的变动是永久的，就会根据其收入变动的情况调整其消费，即如果收入永久性地增加，消费者会增加消费；如果收入永久性地减少，则消费者会减少消费。

三、储蓄函数

储蓄函数是指居民的储蓄与决定储蓄的变量之间的关系。储蓄函数可以从消费函数中推导出来。储蓄是指没有用于消费的那一部分国民收入。公式表示如下：

$$S=Y-C=Y-a-bY=-a+(1-b)Y$$

式中，$-a$ 为自发储蓄，即收入为 0 时的储蓄。$1-b$ 为边际储蓄倾向，即每增加一单位收入引起的储蓄的增加量。图 11-2 为储蓄曲线。

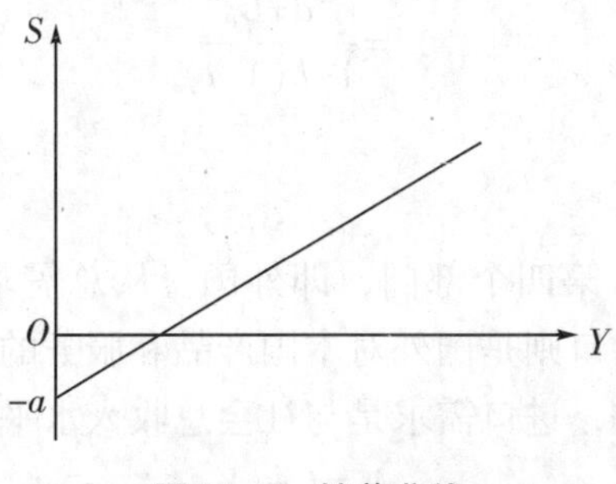

图 11-2　储蓄曲线

四、投资函数

投资函数是指厂商的投资与影响投资的变量之间的关系。影响投资的因素很多，如利率、预期通货膨胀、预期利润等，在所有这些影响因素中，最重要的因素是利率。但由于本章我们只考虑产品市场，不考虑金融市场及利率因素，因此我们假定厂商的投资不受其他因素的影响，由厂商自行决定。因此，投资函数可写为：

$$I=I_0$$

五、两部门均衡国民收入

现假设经济中，只有消费者和厂商两个部门，即总需求只包括消费与投资。那么两部门的均衡为：

$$Y=AD=C+I$$

$$Y=C+I=a+bY+I_0$$

$$Y^*=\frac{a+I_0}{1-b}$$

六、三部门均衡国民收入

在经济中，我们引入政府这一新的部门。政府需要通过征税来维持其本身的支出和行使各项功能，因此居民的全部收入除了消费、储蓄外，还增加了一项税收。这时人们可支配的就不是个人总收入，而是税后收入，即可支配收入。假定税收与总收入成正比，即 $T=tY$。T 是税收，t 是税率，可支配收入为：

$$Y_d=(1-t)Y$$

此时，消费函数变为：

$$C=a+bY_d=a+b(1-t)Y$$

政府支出是由政府的经济政策决定的，在总需求分析框架中作为外生变量处理。因此，只分析 G 变化时对整个国民经济产出的影响，而不解释 G 本身为什么变化。我们一般认为，$G=G_0$。

根据国民收入恒等式 $Y=AD$，可得：

$$Y=AD=C+I+G=a+b(1-t)Y+I_0+G_0$$

$$Y'=\frac{a+G_0}{1-b(1-t)}$$

七、四部门均衡国民收入

在经济中，我们再引入第四个部门，即外国。从总需求角度出发，进口是本国对国外产品和服务的需求，出口则是国外对本国产品和服务的需求。

从宏观分析的角度来讲，进口需求是与社会总收入水平成正比的，即：

$$M=f_1+nY$$

式中，M 表示进口，f_1 表示自发性进口，即与总收入水平无关的进口，或即使收入为 0 也要进口的产品与服务。在实践中，自发性进口通常指的是那些本国不能生产，但又是国计民生必需的产品，因此无论收入如何，都必须进口。n 为边际进口倾向，即每增加一单位收入带来的进口的增加量。对于某一具体的国家来说，一段时期内，n 是大致稳定的。

出口是国外对本国产品和服务的需求，与国外的收入相关，因此我们也将出口作为一个外生变量，即常数 f_2。

那么净出口的方程为：

$$NX=X-M=f_2-f_1-nY$$

根据国民收入恒等式 $Y=AD$，可得：

$$\begin{aligned}Y&=AD=C+I+G+NX\\&=a+b(1-t)Y+I_0+G_0+f_2-f_1-nY\end{aligned}$$

$$Y'=\frac{a+G_0+I_0+f_2-f_1}{1-[b(1-t)-n]}$$

八、乘数效应

乘数效应是指在一个有效需求不足的社会，如果某个需求部门有一个较小的变动，该变动就会影响到整个经济中的其他部门，从而使整个经济的总产出在各个部门都发生变动，这个变动的总和就是乘数效应。

我们可以用一个简单的运算推导出计算乘数效应大小的公式。假设在一个经济社会中，边际消费倾向是 3/4，这就意味着家庭每赚到 1 美元的额外收入，则支出 75 美分，储蓄 25 美分。在这种情况下，如果整个经济社会中政府购买增加了 200 亿美元。

那么这一增加对于整个国民经济会有什么样的影响呢？我们来分析这一过程。当政府支出增加 200 亿美元时这个过程开始，这意味着国民收入也增加了 200 亿美元这么多。国民收入增加了 200 亿美元又会增加消费，因为消费是关于国民收入的函数，消费支出的增加值为 200×3/4 亿美元，消费增加了，国民收入也会增加，而国民收入增加了，消费又会继续增加，这一次的增加量为 200×3/4×3/4。这种连锁反应会持续下去。

为了得出对物品与服务需求的总影响，我们把所有这些效应相加。

政府购买变动 = 200 亿美元

第一轮消费变动 = 3/4×200 亿美元

第二轮消费变动 = 3/4×3/4×200 亿美元

第三轮消费变动 $=\left(\frac{3}{4}\right)^3\times 200$ 亿美元

……

需求总变动 $=\left[1+\frac{3}{4}+\left(\frac{3}{4}\right)^2+\left(\frac{3}{4}\right)^3+\cdots\right]\times 200$ 亿美元

因此，我们可以把乘数写为：

乘数 $=1+\frac{3}{4}+\left(\frac{3}{4}\right)^2+\left(\frac{3}{4}\right)^3+\cdots$

根据数学上的计算，这个式子的结果并不是无穷的，最终的结果是一个常数 4，也就是说，当政府购买增加 200 亿美元，整个国民收入会增加 800 亿美元，我们会发现，这个结果和边际消费倾向是相关的。在这个例子中，3/4 为边际消费倾向，即 *MPC*，因此乘数 $=\frac{1}{1-MPC}$。这个乘数公式说明了一个重要结论：乘数的大小取决于边际消费倾向。*MPC* 越大，意味着乘数越大。

但乘数因子并不是越大越好，必须控制在合理的范围内。因为当经济衰退的时候，政府稍微增加支出或关税就可以刺激需求，把经济带出衰退。但当经济高涨的时候，想用减少政府支出的方式来给经济"降温"的时候，就有可能会引起经济的大衰退，从而不利于整个国民经济的平稳健康运行。

由于乘数效应，政府购买的 1 美元产生的总需求大于 1 美元。但是，乘数效应并不只限于政府购买的变动，它适用于改变 GDP 任何一个组成部分——消费、投资、政府购买或净出口——变动的任何一个事件。

例如，假设国外的经济衰退使其对美国净出口的需求减少了 100 亿美元。那么美国净出口的减少，又会减少美国消费者的支出。如果边际消费倾向是 3/4，乘数是 4，那么净出口减少 100 亿美元就意味着总需求减少了 400 亿美元。

在宏观经济学中，乘数是一个重要的概念，因为它说明了可以把支出变动的影响扩大多少。消费、投资、政府购买或净出口中较小的变动最终会对国民收入产生较大的影响。

习题

1. 某家庭在收入为 0 时，消费支出为 2 000 元，后来收入升至 6 000 元，消费支出亦升至 6 000 元，则该家庭的边际消费倾向是多少？（　　）。

A. 3/4　　　　B. 2/3

C. 1/3　　　　D. 1

2. 如果人们不是消费其所有收入，而是将未消费部分存入银行或购买证券，这在国民收入的生产中是（　　）。

A. 储蓄而不是投资　　　　B. 投资而不是储蓄

C. 既非储蓄又非投资　　　　D. 储蓄，但购买证券部分是投资

2. 假设某经济社会的消费函数 $C=100+0.8Y_d$，净税收 $T=50$ 亿美元，投资 $I=60$ 亿美元，政府支出 $G=50$ 亿美元，净出口函数 $NX=50-0.05Y$（单位：亿美元）。求：

（1）均衡的国民收入。

（2）在均衡国民收入水平下净出口余额。

（3）投资从 60 亿美元增加至 70 亿美元时的均衡国民收入和净出口。

第十二章　金融与货币市场

引导案例

中国人民银行2011年11月30日晚间宣布，从2011年12月5日起，下调存款类金融机构人民币存款准备金率0.5个百分点。这是中国人民银行自从2008年12月以来三年来首次下调存款准备金率。从2010年1月起，中国人民银行连续12次上调存款准备金率。2012年2月18日晚间，中国人民银行发布消息，决定从2月24日起再次下调存款准备金率0.5个百分点。这意味着中国人民银行继2011年12月1日起首次下调存款准备金率之后，又一次向市场投放大约4 000亿元人民币的资金。

2015年4月，中国人民银行决定，自2015年4月20日起下调各类存款类金融机构人民币存款准备金率1个百分点。

2015年10月23日晚间，中国人民银行网站公布，决定自2015年10月24日起，下调金融机构人民币贷款和存款基准利率，以进一步降低社会融资成本。其中，金融机构一年期贷款基准利率下调0.25个百分点至4.35%；一年期存款基准利率下调0.25个百分点至1.5%；其他各档次贷款及存款基准利率、人民银行对金融机构贷款利率相应调整；个人住房公积金贷款利率保持不变。

为什么中国人民银行会不断调整存款准备金与利率，这些与我们的货币市场有什么关系？这就是本章要研究的内容。

教学目的

本章介绍与货币市场有关的几个重要概念和货币需求以及货币供给原理。通过本章的学习，要求掌握货币供给、影响货币供给的因素以及货币需求。

本章重难点

货币乘数、货币需求、*IS*-*LM*曲线。

第一节　金融市场与货币

金融是指经济行为人为了达到消费和投资的目的从其他经济行为人那里借入或贷出资金的过程。

在金融市场上为金融产品的供给与需求行为提供交易服务的机构，我们称为金融中介，如银行、股票市场等。金融中介为实现金融交易活动而提供的各种产品被称为金融资产或金融产品，如货币、债券、股票等。当然我们这一章最主要研究的是货币。

货币由各国的中央银行发行，政府以法律形式保证它在市场上流通。

一、货币的职能

货币在经济中有五种职能：价值尺度、流通手段、储藏手段、支付手段以及世界货币。

价值尺度是指货币衡量和表现一切商品价值大小的作用。价值尺度是货币本质的体现。价值尺度的表现为价格标签。商品价值的大小就表现为货币的多少，如 1 斤大米 = 1 元；1 件上衣 = 200 元。货币执行这一职能，不需要现实货币，人们可以在观念上用货币来衡量商品价值。

流通手段是指货币充当商品交换的媒介。货币作为流通手段，不能是观念上的货币，必须是现实的货币。当你走进商店时，你确信商店会为出售商品而接受你的货币，因为货币是普遍接受的交换媒介。

储藏手段指货币作为一般财富的代表退出流通领域，被储藏起来。执行储藏手段的货币必须是现实的货币，并且必须是足值的货币，也就是黄金或白银。

货币被用来清偿债务或支付赋税、租金、工资等，就是货币执行支付手段的职能。支付手段是随着赊账买卖的产生而出现的，在赊销和赊购中，货币被用来支付债务。作为支付手段的货币，购买的主要是服务。作为支付手段的货币，在购买商品或服务时，可以是分次交付的，在时间和空间上是可以分开的。或先交钱，后服务；或先服务，后交钱。

世界货币是指货币在世界市场上执行一般等价物的职能。由于国际贸易的发生和发展，货币流通超出一国的范围，在世界市场上发挥作用，于是货币便有世界货币的职能。作为世界货币，必须是足值的金和银，而且必须脱去铸币的地域性外衣，以金块、银块的形状出现。原来在各国国内发挥作用的铸币以及纸币等在世界市场上都失去了作用。在国内流通中，一般只能由一种货币商品充当价值尺度。在国际上，由于有的国家用金作为价值尺度，有的国家用银作为价值尺度，因此在世界市场上金和银可以同时充当价值尺度的职能。后来，在世界市场上，金取得了支配地位，主要由金执行价值尺度的职能。

二、货币的层次

货币的层次是指各国中央银行在确定货币供给的统计口径时，以金融资产流动性的大小作为标准，并根据自身政策目的的特点和需要，划分了货币层次。货币层次的划分有利于中央银行进行宏观经济运行监测和货币政策操作。

货币的流动性在大部分西方经济学家眼里实质上就是货币的变现能力。根据大部分西方经济学家对货币层次的归纳，货币一般情况下可分为以下几个层次：

M_0 = 流通中的现金；

M_1=现金+活期存款；

M_2 = M_1 + 银行的储蓄存款 + 小额定期存款；

M_3 = M_2 + 各种非银行金融机构的存款 ；

M_4 = M_3 + 金融机构以外的所有短期金融工具。

以上只是一般情况，具体到每个国家都是不完全相同的。例如，有些国家只是很简单地划分为 M_1（狭义货币量）和 M_2（广义货币量）。但某些大型经济体，如美国、欧盟和日本等，对货币的划分复杂很多。

第二节　货币供给与货币需求

要讲清楚货币的供给与货币的需求，先要考虑一个基本问题：什么是货币量？

首先要包括在内的最明显的部分是通货——公众手中持有的纸币钞票和铸币。通货显然是我们经济中最被广泛接受的交换媒介。毫无疑问，通货是货币的一部分。

然而通货并不是可以用来购买物品和服务的唯一资产。许多商店还接受个人支票。你支票账户中拥有的财富几乎和你钱包中的财富一样，可以同样方便地购买物品。因此，为了衡量货币存量，货币包括通货与活期存款。

一、货币供给

到目前为止，我们已经介绍了货币的概念。在货币供给中，银行的作用是非常重要的。

刚才已经提到过，居民持有的货币量包括通货（你钱包中的钞票）和活期存款。由于活期存款放在银行，因此银行的行为也会影响经济中的活期存款量，从而影响货币供给。这一节我们将解释银行如何影响货币供给。

（一）百分之百准备金银行的简单情况

为了说明银行如何影响供给，首先让我们假设在整个国家中，没有一家银行。在这个简单的世界中，通货是唯一的货币形式。那么假如居民手中有 100 元通货，那么整个国家的货币供给就是 100 元。

现在假设某人开办了一家银行，该银行的目的是向储户提供一个安全保存货币的地方，它只接受存款，不发放贷款。只要有人存入一笔货币，银行就把货币放到它的金库中，直至储户来提取。银行得到但没有贷出去的存款称为准备金。在这个假想的经济中，所有存款都作为准备金持有，因此这种制度被称为百分之百准备金银行。

现在考虑这个假想经济中的货币供给。在这个银行开办之前，货币供给是人们持有的 100 元通货。在银行开办后人们把通货全部存入银行后，货币供给是 100 元活期存款。因此，如果银行以准备金形式持有所有存款，银行就不影响货币供给。

（二）部分准备金银行的货币创造

上述银行的老板认为将所有货币都闲置在金库中是不必要的。为什么不把一些货币用于发放贷款，并且通过对贷款收取利息来赚得利润呢？当然，该银行仍然要持有一些准备金，以应对储户提款的需要。因此，此银行采用了称为部分准备金银行的制度。

银行在总存款中作为准备金持有的比例称为准备金率。这个比率由政府管制和银行政策共同决定。现假设该银行的准备金率为10%，这就意味着该银行把存款的10%作为准备金，而把其余存款贷出。

根据这一情况，我们再来考虑经济中的货币供给。在银行发放贷款之前，货币供给是银行中的100元存款。但当银行发放了这笔贷款之后，货币供给增加了。储户的活期存款仍是100元，银行可以持有10元的准备金，把90元贷出去，因为货币包括通货和活期存款，所以现在经济中的货币供给等于190元（100元活期存款+90元通货）。因此，从这个意义上来说，当银行只把部分存款作为准备金时，银行创造了货币。

乍一看，很多人会认为银行可以无中生有地创造出货币。为了使这种货币创造看起来不那么神秘，要注意当银行把它的部分准备金贷出去并创造了货币时，它并没有创造出任何财富。银行的贷款给了借款人一些通货以及购买物品和服务的能力，但借款人也承担了债务，因此贷款并没有使他们变富。换句话说，当一个银行创造了货币资产时，它也创造了相应的借款人的负债。

（三）货币乘数

货币创造并没有在第一家商业银行这里停止。假设第一个银行的借款人用90元购买了某人的东西，这个人又把通货存入第二家银行。而第二家银行也是10%的准备金率，它把9元作为资产作为准备金，并发放81元的贷款。第二家银行用这种方法创造了额外的81元货币。如果这81元最终又存入了第三家银行，该银行也是10%的准备金率，它就留8.1元作为准备金，并发放贷款72.9元。那么这一过程会继续下去。货币每存入银行一次，银行就进行一次贷款，更多的货币就会被创造出来。

那么这个经济最终创造出了多少货币呢？

初始存款=100元

第一家银行贷款=90元(0.9×100元)

第二家银行贷款=81元(0.9×90元)

第三家银行贷款=72.9元(0.9×81元)

……

货币供给总量=1 000元

结果，尽管这个货币创造过程可以无限继续下去，但是它没有创造出无限的货币量。如果你耐心地把无限的一系列数字相加，你会发现100元准备金产生了1 000元货币。银行体系用1元准备金产生的货币量称为货币乘数。在这个假想的经济中，100元准备金产生了1 000元货币，货币乘数是10。

什么因素决定货币乘数的大小呢？答案很简单：货币乘数是准备金率的倒数。在我们的例子中，准备金率是10%，因此货币乘数是10。

（四）货币乘数的推导

以上情况是货币乘数最简单的情况，因为在上例中，居民把自己拥有的全部通货都存入银行，而在现实中，居民只可能把手中通货的一部分存入银行。因此，货币乘数应该比上例讲得更复杂一些。为了讲清楚货币乘数，我们要首先了解现代的银行体系。从货币市场的角度看，整个国民经济活动主体可以划分为三部分：大众、商业银行和中央银行。

大众是指所有的家庭和除了商业银行之外的厂商，包括一家一户的消费者、小型的农户和商贩、大型的企业和公司以及各种营利或非营利的机关团体等。

商业银行是一个国家的银行体系的主体。商业银行同其他任何厂商一样，其经营目的也是为了盈利。其盈利的主要手段是一方面接受顾客的存款，另一方面把存款的大部分用来放贷。由于放贷的利息率要高于存款的利息率，这就保证了商业银行“只赚不赔”的经营特点。由于放贷显然可以盈利，商业银行就希望尽可能多地将顾客存款拿去放贷。但是如果商业银行把所有的顾客存款都用于放贷，顾客的利益就会受到损害。因此，商业银行必须将存款的一部分以存款准备金的形式放入中央银行。

大众所要做出的选择是如何安排自己的钱财：多少钱财拿在手里作为通货，多少钱财放入银行作为存款。如果我们用字母 CU 表示通货，用字母 D 表示存款，那么整个经济中的全部货币量就是：

$$M=CU+D$$

通货与存款之比被称为通货储蓄率，即：

$$\frac{CU}{D}=c,\quad 0<c<1$$

这个通货储蓄率是由大众的行为确定的。

而总存款额 D 之中有一部分是被放贷的，那么我们用 RE 表示银行储备，那么储备率 r 就可以被定义为：

$$\frac{RE}{D}=r,\quad 0<r<1$$

由于通货和储备金都是由中央银行控制的，中央银行可以通过控制这两者之和，来达到控制货币供应的目的。我们把这两者之和称为基础货币，记作 M_b。

$$M_b=CU+RE$$

从中可以推导出货币乘数$=\dfrac{c+1}{c+r}$。

二、货币需求

在宏观经济研究中，人们一般将金融资产分为两类：货币和其他资产。货币既无风险也无收益，其他资产既有风险也有收益。为了分析方便，将所有能给人带来收入的金融资产统称为证券，而将不能给人带来收入的金融资产统称为货币。既然证券可以带来收入，而货币不能带来收入，那么人们为什么还要持有货币呢？

凯恩斯主义者认为，人们之所以愿意持有货币，是出于交易性动机、预防性动机和投机性动机三种动机，因此对货币的需求也就分为货币的交易需求、预防需求和投机需求三种需求。对货币的交易需求和预防需求统称为交易性货币需求。这样货币需求就分为交易性货币需求（L_1）和投机性货币需求（L_2）。

（一）交易性货币需求

一般认为，交易性货币需求主要受经济发展状况和收入水平两个客观因素的影响，收入水平越高，人们为应付日常开支及预防意外支出所需要的货币量就越大，这一货币需求量大体上与收入成正比，是关于收入的函数。

$$L_1=L_1(Y)$$

$$L_1=kY$$

式中，k 表示出于交易动机和预防动机所需要的货币需求量对收入水平变动的反应程度。

（二）投机性货币需求

货币的投机性需求来源于货币的价值贮藏职能。由于未来是难以确定的，人们便根据对利率变动的预期持有一定的货币。因此，出于投机动机对货币的需求主要受利率的影响，并与利率呈反方向变动。

$$L_2=L_2(r)$$

$$L_2=hr$$

式中，h 表示出于投机动机需求的货币对利率变动的反应程度。

此外，货币需求与价格水平也密切相关。物价水平较高，为了能够购买一定数量的商品，应付日常开销，人们需要持有更多的货币。因此，综上所述，货币的总需求可表示为：

$$M_d=(kY-hr)P$$

三、货币市场的均衡

上面我们已经讨论了货币供给与货币需求，接下来我们要研究的是货币市场的均衡。货币市场的均衡即将货币的供给曲线与需求曲线放在同一个坐标图中（如图 12-1 所示），两条曲线的交点即为货币市场的均衡点，这个均衡点决定了市场均衡的利率和均衡的货币数量。由于在货币市场上，货币供给量是一个由政策决定的外生变量，在通常情况下是一个固定不变的常量，因此在图 12-1 中，货币供给是一条垂直的直线。

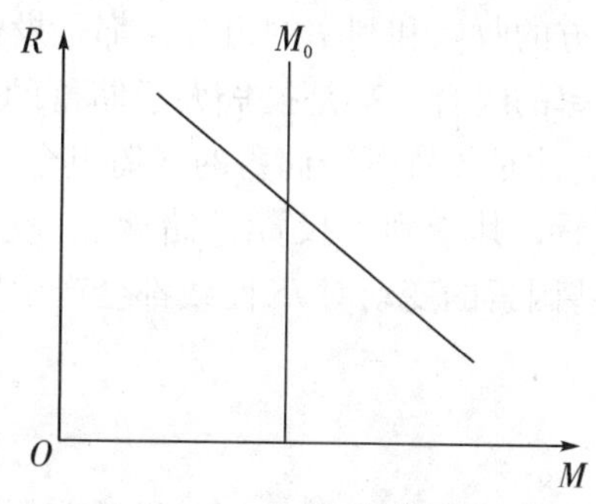

图 12-1　货币市场的均衡

均衡利率是由货币需求和货币供给共同决定的，因此货币需求曲线和货币供给曲线发生了变动，市场均衡利率都会发生变动。如果货币供给数量增加，供给曲线向右平移，那么均衡利率将下降；如果货币需求增加，货币需求曲线向右平移，那么均衡利率将上升。

通常情况下，央行通过控制市场上货币的供给来调整市场利率，而央行可以通过货币政策来调整市场上货币的供给，具体的货币政策在以后的章节会详细讲述。

第三节　*IS-LM* 模型

上一章我们讨论了商品市场的均衡问题，而本章前面的部分已经讨论了金融市场或者说货币市场的均衡问题。现将商品市场均衡和货币市场的均衡相结合，引入 *IS-LM* 模型。

在讨论商品市场的均衡时，由于还未涉及金融市场，所以我们假定投资是一个常数，但引入了金融市场后，情况发生了变动。

一、投资函数

在第十一章，我们就提到过在所有影响投资的因素中，利率是影响最大的一个因素。当国家货币供应非常充裕时，货币市场利率较低，企业从银行贷款的成本较低，企业会增加投资；反之，当利率上升，厂商预期通过贷款购置新机器或新建筑来赚取的利润减少，厂商会减少投资，因此投资和利率呈现负相关，即：

$$I=e-dr$$

二、*IS* 曲线

IS 曲线是描述产品市场达到均衡时，国民收入与利率之间存在着反方向变动关系的曲线。由于在两部门经济中产品市场均衡时 $I=S$，因此该曲线被称为 *IS* 曲线。

其中，I 表示投资，S 表示储蓄。在两部门经济中，*IS* 曲线的数学表达式为 $I(R)=S(Y)$，它的斜率为负，这表明 *IS* 曲线一般是一条向右下方倾斜的曲线。一般来说，在产品市场上，位于 *IS* 曲线右方的收入和利率的组合，都是投资小于储蓄的非均衡组合；位于 *IS* 曲线左方的收入和利率的组合，都是投资大于储蓄的非均衡组合；只有位于 *IS* 曲线上的收入和利率的组合，才是投资等于储蓄的均衡组合。

从 *IS* 曲线的推导过程来看，其受到了投资（储蓄）、政府购买、政府转移支付和税收等诸多因素的影响。这些因素的变动对 *IS* 曲线都会产生影响，都会引起 *IS* 曲线的移动。

（一）税收的变动

政府税收的变动对社会总需求的影响很大，如果政府增加税收，会让居民的消费减少，企业的投资也会减少，因而总需求下降，*IS* 曲线会向左平移；反之，若政府减税，则居民的消费和企业的投资都会增加，*IS* 曲线会向右平移。

（二）投资的变动

假如由于某种原因，如国外资本进入或者投资利润率上升等，在同样的利率水平下，投资需求增加，导致总需求增加，那么 *IS* 曲线向右平移，表明在同样的利率水平下，收入增加了。反之，如果由于某种原因导致投资下降，则 *IS* 曲线向左平移，说明在同样的利率水平下，收入下降了。

（三）政府购买支出和政府转移支付变动

政府购买增加导致总需求增加，国民收入随之增加，那么 *IS* 曲线向右平移；相反，政府购买支出减少导致总需求减少，国民收入减少，那么 *IS* 曲线向左平移。政府转移支付虽然不能直接增加总需求，但由于政府转移支付多是向弱势群体的单方面无偿支付，弱势群体在接受政府转移支付后多用于当期消费以改善生活，所以政府转移支付也可以间接增加社会总需求。因此，当政府转移支付增加时，*IS* 曲线向右平移；而政府转移支付减少时，*IS* 曲线向左平移。

三、*LM* 曲线

LM 曲线是描述货币市场达到均衡时，国民收入与利息率之间存在着同方向变动关系的曲线。换句话说，在 *LM* 曲线上，每一点都表示收入与利息率的组合，这些组合点恰好使得货币市场处于均衡。

一般来说，在货币市场上，位于 *LM* 曲线右方的收入和利率的组合，都是货币需求大于货币供给的非均衡组合；位于 *LM* 曲线左方的收入和利率的组合，都是货币需求小于货币供给的非均衡组合；只有位于 *LM* 曲线上的收入和利率的组合，才是货币需求等于货币供给的均衡组合。

与 *IS* 曲线一样，*LM* 曲线也会发生移动。影响 *LM* 曲线移动的因素主要如下：

（一）货币供给量的变动

如果货币的供给量增加，则 *LM* 曲线会向右平移；如果货币的供给量减少，则 *LM* 曲线会向左平移。因为在价格水平不变的条件下，货币供给量的增加（或减少）意味着相同的利率下会产生更多（或更少）的国民收入。这是因为在利率不变，从而货币的投机需求不变的情况下，货币供给量的增加（或减少）会使货币的交易需求量增加（或减少）；货币的交易需求量增加（或减少），意味着国民收入的增加（或减少），从而使 *LM* 曲线向右（或向左）平移。

（二）货币需求量的变动

如果在相同的利率水平下，货币的投机需求增加，或在相同的国民收入水平下，货币的交易需求量增加，则 *LM* 曲线会向左平移；反之，*LM* 曲线会向右平移。

四、*IS–LM* 模型

IS 曲线、*LM* 曲线分别代表了产品市场和货币市场的均衡，并各自决定了利率与国民收入的对应关系，把 *IS* 曲线与 *LM* 曲线放在同一个坐标图上，就可以得到两个市场同时均衡时，国民收入与利率决定的 *IS–LM* 模型（见图 12–2）。

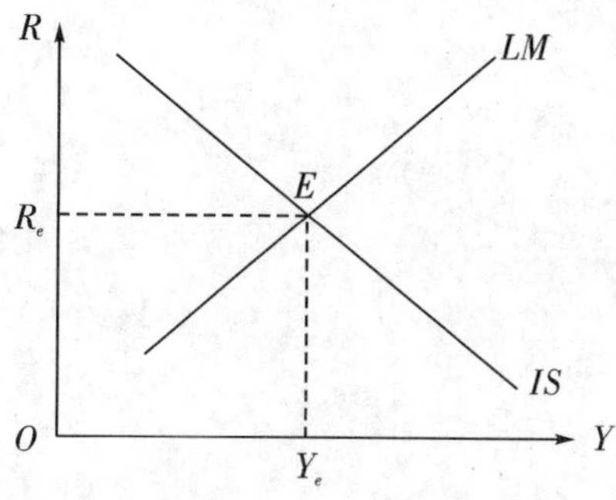

图 12–2　*IS–LM* 模型

在图 12–2 中，*IS* 曲线与 *LM* 曲线相交于 *E* 点，*E* 点便是两个市场同时均衡的点，*E* 点决定了均衡的利率水平为 r_e，均衡的国民收入水平为 Y_e，两个市场才能同时达到均衡。

IS 曲线和 *LM* 曲线的移动，都会导致均衡的国民收入和均衡的利率发生变动。

在其他条件不变的情况下，如果 *IS* 曲线向右平移，均衡国民收入增加，均衡利率上升；如果 *IS* 曲线向左平移，均衡国民收入减少，均衡利率下降。

在其他条件不变的情况下，如果 *LM* 曲线向右平移，均衡国民收入增加，均衡利率下降；如果 *LM* 曲线向左平移，均衡国民收入减少，均衡利率上升。

习题

1. 如果银行想把存款中的10%作为准备金，居民户和企业想把存款中的20%作为现金持有，则货币乘数是（　　）。

　A. 2.8　　　　B. 3.3

　C. 4　　　　D. 10

2. 若 *LM* 方程为 $Y=750+2\,000r$，当货币需求与供给均衡时，利率和收入为（　　）。

A. $r=0.10$，$Y=750$　　B. $r=0.10$，$Y=800$

C. $r=0.10$，$Y=950$　　D. $r=0.10$，$Y=900$

3. 假设一个只有家庭和企业的两部门经济，消费函数 $C=100+0.8Y$，投资函数 $I=150-6r$，货币供给 $m=150$，货币需求 $L=0.2Y-4r$。

（1）求 IS 和 LM 曲线。

（2）求产品市场和货币市场同时达到均衡时的利率和国民收入。

第十三章　经济增长与经济波动

引导案例

中国过去30余年创造了世界经济增长的奇迹

相对于1953—1977年的经济的大起大落而言，1978年改革开放以来的30余年，中国经历了较为平稳的经济高速增长时期，尤其是1990年以来，经济增长的速度更快，波动幅度更小，是典型的黄金增长时期。从增长时间来看，在所有工业化和城市化的国家中中国算是非常罕见的。在可以比较的大国工业化和城市化历史来看，美国从1870—1910年前后完成工业化，基本上维持了40多年的经济高速增长，但经济高速增长时期的平均增长速度不超过6%，而新加坡、日本、韩国虽然增速较高，最高时平均增速也能超过10%，但波动幅度明显高于中国。中国经济的未来能否续写高速增长的奇迹呢？

国家发改委宏观经济研究院王一鸣认为，中国经济已经持续高速增长了30余年，今后8%的增长应该是常态，但是越往后越会逐步降低，这是经济发展的普遍规律，就像一个人的发育，在青春期迅速长个儿，以后就会逐步稳定下来。

那么为什么每个国家的经济增长速度不同？有什么因素会影响一个国家的经济增长呢？为什么一国的经济在不同的时期增长速度不一样，有时还会发生衰退？这就是宏观经济学所要讨论的内容。

教学目的

本章介绍经济的长期增长问题，并分析影响经济增长的因素。通过本章的学习，要求掌握经济增长和经济周期的含义及其基本理论。

本章重难点

经济增长的概念、经济增长的源泉、经济周期的含义及四个阶段。

第一节　经济增长的概念

经济增长通常是指在一个较长的时间跨度上，一个国家人均产出（或人均收入）水平的持续增加。经济增长率的高低体现了一个国家或地区在一定时期内经济总量的增长速度，也是衡量一个国家或地区总体经济实力增长速度的标志。一个国家的经济增长一般指的是 GDP 的增长。

作为研究长期增长的出发点，我们先考察世界上一些国家的经济发展历程。表 13-1 是 2014 年各国的 GDP 总量及排名。

表 13-1　　2014 年世界各国的 GDP 总量及排名

排名	国家或地区	GDP 总量（十亿美元）	所在地区
1	美国	16 197.96	北美洲
2	中国	10 385.66	亚洲
3	日本	4 817.52	亚洲
4	德国	3 373.3	欧洲
5	法国	2 565.62	欧洲
6	英国	2 532.05	欧洲
7	巴西	2 503.87	南美洲
8	印度	2 117.28	亚洲
9	俄罗斯	2 109.02	欧洲
10	意大利	1 953.82	欧洲
11	加拿大	1 839.14	北美洲
12	澳大利亚	1 598.07	大洋洲
13	西班牙	1 311.12	欧洲

从表 13-1 我们可以看出，表中的国家按其名义 GDP 的大小从高到低排序。美国的 GDP 位于世界第一位，而中国位于世界第二位。而对比历史上的情况，我们会发现一些国家的 GDP 发生了很大的变化。在约 100 年前，日本并不是一个富国。日本的人均 GDP 只比墨西哥高一点，而远远落后于美国、加拿大这些国家。但是，由于其惊人的增长速度，日本现在已经是一个超级经济大国。

由于增长率的差别，随着时间的推移，各国按 GDP 的排序会有很大的变动。世界上最富有的国家并不能保证它们将来也是最富有的，而世界上最贫困的国家也并不会永远处于贫困。那么，为什么有的国家经济快速增长，而有的国家经济增长缓慢呢？这就是我们以下要讨论的问题。

第二节　经济增长的源泉

一般来说，我们认为影响经济增长的因素有四个，即自然资源、物质资本、人力资本和技术知识。下面我们依次介绍每一个因素。

一、自然资源

经济增长的第一决定因素是自然资源。自然资源是自然界提供的生产投入，如土地、河流和矿藏。自然资源有两种形式：可再生的与不可再生的。

自然资源的差别引起了世界各国生活水平的一些差别。美国历史上的成功部分是由于有大量适于农耕的土地供给。现在中东地区的一些国家，如沙特阿拉伯等，这些国家之所以富有，是因为其石油资源十分丰富。

自然资源虽然很重要，但并不是一个国家经济增长的必要条件。有些国家自然资源并不是十分丰富，但经济增长仍然很快。例如，日本自然资源匮乏，而日本快速的经济增长所需要的自然资源依靠的是国际贸易，即日本向其他国家大量进口其所需要的自然资源，再向其他国家出口其工业制成品。有些国家自然资源十分丰富，但反而制约了其经济增长，这就是我们经济学上称之为“荷兰病”的情况。

“荷兰病”是指一个国家特别是指中小国家经济的某一初级产品部门异常繁荣而导致其他部门的衰落的现象。20世纪50年代，已是制成品出口主要国家的荷兰发现大量石油和天然气，荷兰政府大力发展石油、天然气业，出口剧增，国际收支出现顺差，经济显现繁荣景象。可是，蓬勃发展的天然气业却严重打击了荷兰的农业和其他工业部门，削弱了出口行业的国际竞争力，到20世纪80年代初期，荷兰遭受到通货膨胀率上升、制成品出口下降、收入增长率降低、失业率增加的困扰，国际上称之为“荷兰病”。

在中国，有很多因资源而兴起的城市，历史上这些资源型城市虽然由小到大、走向繁荣，但由于过于依赖资源优势，造成了经济构成单一，当资源由多变少，甚至枯竭时，危机也开始产生了。

二、物质资本

如果工人用工具进行工作，生产率就更高。用于生产物品与劳务的设备和建筑物存量称为物质资本，或简称为资本。例如，当木工制造家具时，他们用的锯、车床和电钻都是资本。工具越多，工人越能迅速而精确地生产更多的产品。只有基本手工工具的木工每周生产的家具少于使用更精密、更专业化设备的木工。

物质资本的重要特征是它是一种生产出来的生产要素。也就是说，物质资本是生产过程的投入，也是过去生产过程的产出。木工用一部车床制造桌子，而车床本身是制造车床的企业的产出，车床制造者又用其他设备来制造其产品。因此，物质资本是用于生产各种产品与劳务，包括更多资本的生产要素。

三、人力资本

人力资本是指劳动者受到教育、培训、实践经验、迁移、保健等方面的投资而获得的知识和技能的积累，亦称非物力资本。由于这种知识与技能可以为其所有者带来工资等收益，因而形成了一种特定的资本——人力资本。

人力资本比物质、货币等硬资本具有更大的增值空间，特别是在当今后工业时代和知识经济初期，人力资本将有着更大的增值潜力。因为作为“活资本”的人力资本，具有创新性、创造性以及具有有效配置资源、调整企业发展战略等市场应变能力。人力资本进行投资对 GDP 的增长具有更高的贡献率。

人力资本的积累和增加对经济增长与社会发展的贡献远比物质资本、劳动力数量增加重要得多，发达国家是最明显的例子。美国在 1990 年人均社会总财富大约为 42.1 万美元，其中 24.8 万美元为人力资本的形式，占人均社会总财富的 59%。其他几个发达国家，如加拿大、德国、日本的人均人力资本分别为 15.5 万美元、31.5 万美元、45.8 万美元。1978—1995 年，劳动力数量增长对于中国经济增长的贡献略低于劳动力质量提高的贡献。但是到 20 世纪末，这种情况发生重大转变，人力资本继续保持较高增长率，而劳动力数量增长率显著下降，由 1978—1995 年的 2.4%急剧下降到 1.0%。预计未来 20 年，劳动力增长率还将继续下降。相比之下，人力资本增长率虽有所下降，但是依旧保持较高的增长率，并且成为劳动力贡献于经济增长的主要方式。经济增长的这种模式转变，对人力资本积累提出了巨大需求。中国庞大的人力资源要转化为人力资本，关键在于提高人力素质，其重要途径在于形成全民学习、终身学习的学习型社会，把中国建成世界上最大的学习型社会。

四、技术知识

技术知识，即对生产物品与服务的最好方法的了解。100 多年前，大多数美国人在农场干活，这是因为农业技术要求大量的劳动力的投入才能养活所有人。而现在，由于农业技术的进步，只需要少数人从事农业生产就能养活所有人。

技术知识有多种形式。一种技术是公共知识，即某个人使用这种技术后，每个人就都了解了这种技术。例如，一旦亨利・福特成功地引入了流水线生产，其他汽车制造商就很快模仿了这种技术。另一种技术是由私人拥有的，只有发明它的公司知道。例如，只有可口可乐公司知道生产这种著名饮料的秘方。还有一种技术在短期内是由私人拥有的。例如，当某一家公司发明了一项新技术时，专利制度给予该公司暂时排他性地使用该技术的权利。然而，当专利期满时，就允许其他公司使用这项技术。不管是哪种形式的技术知识对整个国家的经济增长来说都是很重要的。

第三节　经济增长理论

在经济增长理论中，人们推崇的主要有三大理论，即哈罗德—多马经济增长理论、新古典经济增长理论和内生增长理论。

一、哈罗德—多马经济增长理论

哈罗德—多马模型是 20 世纪 40 年代分别由英国经济学家哈罗德和美国经济学家多马提出的，他们提出的模型基本相同，合称哈罗德—多马模型。

哈罗德—多马模型有着严格的假定条件，这些假设包括：第一，假设全社会只有一种产品，既是资本品又是消费品，即假定社会只存在一个生产部门、一种生产技术。第二，假定只有两种生产要素，即资本和劳动。两者按照一个固定的比例投入生产，不能相互替代。第三，假定规模收益不变，即单位产品的成本与生产规模无关。第四，假定不存在技术进步，因而资本—产出比 C 不变。

有了这些基本假定后，可以给出该模型的基本公式：

令 Y 为国民收入，K 为资本，I 为净投资（从一个时期到另一个时期资本存量的变化），S 为储蓄。

经济增长率 $G=\Delta Y/Y$。

储蓄率 $s=S/Y$。

由于储蓄等于投资即 $S=I$，因此 $s=S/Y=I/Y$。

资本—产出比 $C=\Delta K/\Delta Y$。

因为资本存量的变化（$\triangle K$）就是投资（I），因此有：

$$C=\Delta K/\Delta Y=I/\Delta Y$$

从而有：

$$G=\Delta Y/Y=\frac{S/Y}{\Delta K/\Delta Y}=\frac{S/Y}{I/\Delta Y}=s/C$$

即：

$$G=s/C$$

哈罗德认为，这一方程式是投资必须总是等于储蓄这一事实的动态化的表述。因此，他的理论是以凯恩斯的理论为依据的，不同的是他将凯恩斯的理论动态化和长期化了，即在公式中引入了时间因素和资本—产出比概念，强调了投资既增加收入，又增加生产能力的双重效应。从上述公式中，我们可以看出，经济增长率实际上就取决于储蓄率。在资本—产量比率不变的条件下，储蓄率高，则经济增长率高；储蓄率低，则经济增长率低。可见，这一模型强调的是资本增长对经济增长的作用，分析的资本增加与经济增长的关系。

根据以上公式，哈罗德提出了有保证的增长率、实际增长率和自然增长率三个概念。

实际增长率是单位时间内经济的实际增长率。它是由实际发生的储蓄率与实际发生的资本—产出比决定的，即：

$$G=s/C$$

有保证的增长率是与人们想要进行的那个储蓄以及人们拥有为实现其目的而需要的资本货物额相适应的增长率。其公式可表示为：

$$G_W=S_D/C_R$$

式中，G_W 代表有保证的增长率，S_D 代表人们在一定收入水平下满意的储蓄率，C_R 代表投资者满意并与其资本存量相适应的资本—产出比。

自然增长率是在人口增长和技术进步允许的范围内所能达到的长期最大增长率。它反映了人口与劳动力增长、技术进步与劳动生产率提高同经济增长的关系。其公式可表示为：

$$G_N = S_N / C_N$$

式中，G_N 是社会最适宜的自然增长率，S_N 是一定制度安排下最适宜的储蓄率（或投资率），C_N 是最适宜的预期资本—产出比，体现着人口增长与技术进步条件下现有的资本存量能够吸收全部劳动力，实现充分就业。

哈罗德—多马模型认为，长期中实现经济稳定的增长条件是实际增长率、有保证的增长率与自然增长率相一致，即 $G=G_W=G_N$。如果这三种增长率不一致，则会引起经济中的波动，若实际增长率与有保证的增长率不相等，会引起经济中的短期波动。当实际增长率大于有保证的增长率时，会引起累积性的扩张，因为这时实际的资本—产量比小于均衡资本—产量比，厂商会增加投资，使两者一致，从而就刺激了经济的扩张。反之，若实际增长率小于有保证的增长率，则会引起累积性的收缩。而若有保证的增长率与自然增长率不相等，则会引起长期经济波动，当有保证的增长率大于自然增长率时，由于有保证的增长率超过了人口增长和技术进步所允许的程度，将会出现经济停滞。反之，当有保证的增长率小于自然增长率时，则会出现经济繁荣。

二、新古典经济增长模型

新古典经济增长模型又称索洛经济增长模型，是由索洛提出的发展经济学中著名的模型，又称新古典经济增长模型、外生经济增长模型。

该模型的假设为：第一，该模型假设储蓄全部转化为投资，即储蓄—投资转化率假设为1；第二，该模型假设投资的边际收益率递减，即投资的规模收益是常数；第三，该模型修正了哈罗德—多马模型的生产技术假设，采用了资本和劳动可替代的新古典柯布—道格拉斯生产函数，从而解决了哈罗德—多马模型中经济增长率与人口增长率不能自发相等的问题。

用 a、$1-a$ 分别代表资本和劳动对总产出的贡献，$\Delta K/K$ 为资本增长率，$\Delta L/L$ 为劳动增长率。该模型用公式可以表示为：

$$G = a\Delta K/K + (1-a)\Delta L/L$$

从上式中可以看出，经济增长率 G 由资本和劳动增长率及其边际生产力决定。依据这一模型，人们可以通过调节生产要素投入的边际生产力，即调整资本和劳动的配合比例，来调节资本—产出比率，以实现理想的均衡增长。

新古典经济增长模型可以得出以下结论：无论从任何一点出发，经济向平衡增长路径收敛，在平衡增长路径上，每个变量的增长率都是常数。在其他外生变量相似的条件下，人均资本低的经济有更快的人均资本的提高，人均收入低的经济有更高的增长率。人均产出（Y/L）的增长来源于人均资本存量和技术进步，但只有技术进步才能够导致人均产出的永久性增长。

三、内生增长理论

内生增长理论是产生于20 世纪 80 年代中期的一个西方宏观经济理论分支，其核心思想是认为经济能够不依赖外力推动实现持续增长，内生的技术进步是保证经济持续增长的决定因素。内生增长理论强调不完全竞争和收益递增。

以往的增长理论将储蓄率、人口增长和技术进步等经济增长的重要因素视作为外生变量（即一个给定的量），也就是说这些因素是经济增长的动力而不是经济增长的后果。而在现实经济中，储蓄率的变化、人口增长率的变化和技术的变动不仅是经济增长的动力，也是经济增长的后果，因而这些因素不可能只是一个外生变量，而是随着经济增长而变化的量。内生增长理论试图避免这一缺陷，将这些重要因素作为内生变量，用规模收益递增和内生技术进步来说明各国经济如何增长，其显著特点是将增长率内生化，故称内生增长理论。

内生增长理论比较集中地讨论了技术进步这一因素在经济增长中的作用，该理论认为一个经济社会的技术进步快慢和路径是由这个经济体系中的家庭、企业在经济增长中的行为决定的。该理论的主要代表人物罗默认为，企业通过增加投资的行为，提高了知识水平，知识具有正外部性，从而引起物质资本和劳动等其他要素也具有收益递增的特点。该理论的另一位代表人物卢卡斯认为，发达国家拥有大量人力资本，经济持续增长是人力资本不断积累的结果。还有的学者强调从事生产过程也是获得知识的过程，即所谓的“干中学”。“干中学”积累起来的经验使劳动力和固定资产的效率在生产过程中不断提高。总之，技术进步是经济体系的内生变量。

内生增长理论对现实具有较强的指导意义，根据其观点，政府应当通过各种政策，如对研究和开发提高补贴、对文化教育事业给予支持、用税收等政策鼓励资本积累等，以促进经济增长。

随着理论的发展，不少经济学家已经意识到，内生增长理论面临的最大问题就是如何进行实证分析。从研究来看，这种实证研究事实上是沿着两条技术路线进行的：一条是进行国别间的研究，寻找内生增长证据。另一条是利用一国的长时段数据，研究一国的经济增长因素；或者单独讨论某个具体因素，如对外开放、税收、平等、金融进步、教育支出、创新等，对经济增长的作用。

第四节　经济波动的概念

经济周期也称商业周期、景气循环，经济周期一般是指经济活动沿着经济发展的总体趋势所经历的有规律的扩张和收缩。经济周期是国民总产出、总收入和总就业的波动，是国民收入或总体经济活动扩张与紧缩的交替或周期性波动变化。

我们一般把经济周期分为繁荣、衰退、萧条和复苏四个阶段，表现在图形上叫衰退、谷底、扩张和顶峰更为形象，也是现在普遍使用的名称。

经济衰退的普遍特征表现在消费者需求、投资急剧下降；对劳动的需求、产出下降；企业利润急剧下滑，股票价格和利率一般也会下降。

经济萧条指规模较大且持续时间较长的衰退，其明显特征是需求严重不足，生产相对严重过剩，销售量下降，价格低落，企业盈利水平极低，生产萎缩，出现大量破产倒闭现象，失业率增大。

第五节　经济波动理论

各国的经济为什么每隔一段时间就会出现衰退，为什么所有国家的经济都呈现波浪式的增长，经济学家认为这是有原因的。

一、外因论

外因论认为，周期源于经济体系之外的因素——太阳黑子、战争、革命、选举、金矿或新资源的发现、科学突破或技术创新等。

（一）太阳黑子理论

该理论是由英国经济学家杰文斯（W S Jevons）于1875年提出的。太阳黑子理论把经济的周期性波动归因于太阳黑子的周期性变化。因为据说太阳黑子的周期性变化会影响气候的周期变化，而这又会影响农业收成，而农业收成又会影响整个经济。根据统计，太阳黑子的出现是有规律的，大约每十年左右出现一次，而资本主义国家大约也是每十年出现一次经济危机。

（二）创新理论

创新是经济学家熊波特提出的用以解释经济波动与发展的一个概念。所谓创新，是指一种新的生产函数，或者说是生产要素的一种“新组合”。生产要素新组合的出现会刺激经济的发展与繁荣。当新组合出现时，老的生产要素组合仍然在市场上存在。新老组合的共存必然给新组合的创新者提供获利条件。一旦新组合的技术扩散，被大多数企业获得，最后的阶段——停滞阶段也就临近了。在停滞阶段，因为没有新的技术创新出现，很难刺激大规模投资，从而难以摆脱萧条。这种情况直到新的创新出现才被打破，才会有新的繁荣的出现。

总之，创新理论把周期性的原因归之为科学技术的创新，而科学技术的创新不可能始终如一地持续不断的出现，从而必然有经济的周期性波动。

（三）政治性理论

经济周期的一个主要例证就是政治性周期。政治性周期理论把经济周期性循环的原因归为政府的周期性的决策（主要是为了循环解决通货膨胀和失业问题）。政治性周期的产生有以下三个基本条件：

第一，凯恩斯国民收入决定理论为政策制定者提供了刺激经济的工具。

第二，选民喜欢高经济增长、低失业以及低通货膨胀的时期。

第三，政治家喜欢连选连任。

二、内因论

内因论认为，经济周期源于经济体系内部，是在市场机制作用下的必然现象。

（一）纯货币理论

纯货币理论主要由英国经济学家霍特里（R Hawtrey）在1913—1933年的一系列著作中提出的。纯货币理论认为经济的波动完全取决于经济中货币数量的增减，而货币数量的增减一般是由央行的货币政策来控制的，因此该理论认为经济中的波动主要是由于国家采用了不合理的货币政策引起的。

（二）投资过度理论

投资过度理论把经济的周期性循环归因于投资过度。由于投资过度，与生活资料的生产相比，生产资料的生产发展过快。生产资料生产的快速发展促使经济进入繁荣阶段，但同时生产资料过度生产导致的过剩又会促进经济进入萧条阶段。

（三）消费不足理论

消费不足理论的出现较为久远。该理论把经济的衰退归因于人们对生活资料的需求赶不上社会上生产生活资料的速度。但是该理论有一个很明显的缺陷，即只解释了经济周期中危机这一阶段产生的原因，而未说明其他三个阶段产生的原因。因此，在经济周期理论中，消费不足理论并不占有重要位置。

（四）心理理论

心理理论和投资过度理论是紧密相连的。该理论认为经济的循环周期取决于投资，而投资大小主要取决于业主对未来的预期。预期却是一种心理现象，而心理现象又具有不确定性的特点。因此，经济波动的最终原因取决于人们对未来的预期。当预期乐观时，增加投资，经济步入复苏与繁荣；当预期悲观时，减少投资，经济则陷入衰退与萧条。随着人们情绪的变化，经济也就周期性地发生波动。

习题

1. 决定经济增长的因素有哪些？
2. 什么是经济周期？用什么理论来解释经济周期？

第十四章 总需求与总供给

引导案例

从2007年12月正式开始至2009年6月初步结束的美国经济大衰退发端于其8万亿美元房产市场泡沫的破裂。泡沫破裂过程中，房屋价格急剧下降以及大量按揭贷款不能如期偿付，引起数百万幢房屋被银行收回和拍卖、屋主被扫地出门。房产市场的崩溃导致失业大增、消费者开支急剧减少，以上这一切再同金融市场的极度混乱结合在一起，对世界主要金融机构的全面崩溃造成了威胁。为对应危机，各国政府相继出手拯救多家濒临破产的大银行。金融海啸在全球范围内引发股票市场和债券市场的持续下跌和崩盘。金融危机在导致巨大数量的企业破产、以万亿美元计的美国家庭财富的损失方面发挥了关键作用。美国经济活动的显著下降又对2008—2012年全球经济衰退和欧洲国家的主权债务危机产生了重大影响。

是什么因素引起了经济活动的短期波动呢？如果可能的话，能够用什么公共政策来防止收入减少和失业增加的时期出现呢？当衰退或萧条发生时，决策者如何缩短其持续时间以及减轻其严重性呢？这些正是本章需要讨论的问题。

教学目的

在前面的章节中，我们已经学习了*IS*-*LM*曲线分析，但*IS*-*LM*模型有个局限，即没有考察一般价格水平对均衡国民收入的影响。本章在收入、利率之外，引入一般价格水平，考察产品市场、货币市场和劳动市场的同时均衡。通过本章的学习，应掌握这个模型的两部分——总需求曲线与总供给曲线，以及影响这两条曲线移动的因素。

本章重难点

总需求曲线、总供给曲线、影响总需求与总供给曲线移动的因素。

第一节 总需求曲线

在短期经济波动时，我们将价格作为一个外生变量来进行处理，本章我们将允许价格水平进行变动。在这个前提下，总需求曲线表示产品市场与货币市场同时达到均衡时的价格水平与产出水平之间的关系，即在第一种物价水平下，家庭、企业、政府和外国客户想要购买的物品与劳务的数量。

一、总需求曲线的推导

总需求曲线可以从 *IS-LM* 曲线中推导出来。我们可以先复习 *IS-LM* 曲线。*IS* 曲线描述的是产品市场均衡，即产品市场达到均衡时利率与产出的关系。*LM* 曲线描述的是货币市场的均衡，即货币市场达到均衡时利率与产出的关系。那么从 *IS-LM* 曲线中我们可以推导出总需求曲线。

IS 曲线：

$$Y=C+I+G+NX$$

$$Y=a+b(1-t)Y+e-dR+G_0+f-nY$$

$$R=\frac{a+e+f+G_0}{d}-\frac{1-b(1-t)+n}{d}Y$$

LM 曲线：

$$M=(kY-hR)P$$

$$R=-\frac{M}{hP}+\frac{kY}{h}$$

令 R 相等，有：

$$\frac{a+e+f+G_0}{d}-\frac{1-b(1-t)+n}{d}Y=-\frac{M}{hP}+\frac{kY}{h}$$

可以得到价格与产出的关系：

$$Y=\frac{\alpha_1 h}{\alpha_2 h+k}+\frac{M}{\alpha_2 h+k}\cdot\frac{1}{P}$$

其中：

$$\alpha_1=\frac{a+e+f+G_0}{d}$$

$$\alpha_2=\frac{1-b(1-t)+n}{d}$$

那么上式中价格与产出的关系即总需求函数。

当然，总需求曲线也可以从 *IS-LM* 曲线中推导出来，下面我们用 *IS-LM* 模型演示总需求曲线的生成过程。

图 14-1 为 *IS-LM* 曲线，图 14-2 表示的是价格水平与总需求之间的关系，即总需求曲线。

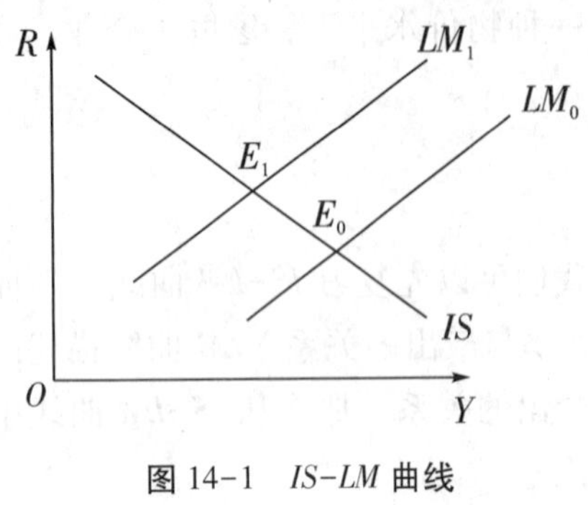

图 14-1 IS-LM 曲线

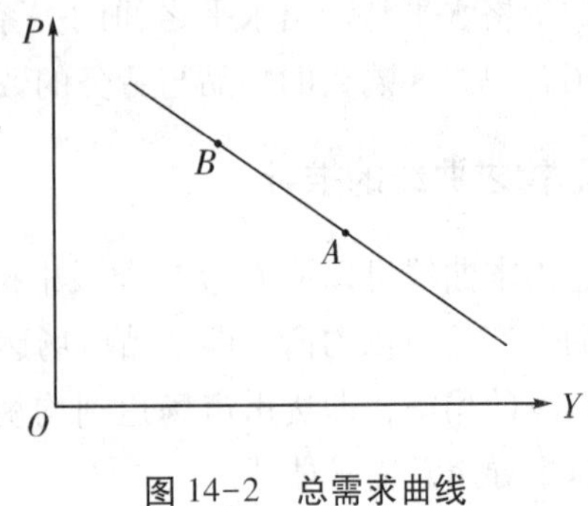

图 14-2 总需求曲线

在图 14-1 中，假设初始价格为 P_0，此时货币供给量为 M_0，货币市场与产品市场在 E_0点实现均衡，E_0决定了均衡的利率与均衡的国民收入，将 E_0点反映的货币市场和产品市场同时均衡时的价格水平 P_0与国民收入 Y_0标在图 14-2 中得到了总需求曲线上的一点 A。

现在假设价格水平变动，由 P_0上升到 P_1，价格变动只会影响 LM 曲线，根据 LM 曲线的公式，当价格上升时，LM 曲线左移（即由 LM_0移动到 LM_1）。这时，在图 14-1 中，LM_1与 IS 曲线相交，有了新的均衡点 E_1，新的均衡点决定了新的利率水平与新的均衡国民收入。将 E_1点所反映的货币市场和产品市场同时均衡时的价格水平 P_1（$P_1>P_0$）与新的国民收入反映在图 14-2 中，得到了总需求曲线上的一点 B。

随着价格水平的变动，会有很多个反映价格水平与国民收入组合的均衡点，将这些点连接起来便得到一条曲线，即总需求曲线。从图 14-2 我们可以发现，总需求曲线是一条从左上方向右下方倾斜的曲线。总需求曲线低斜率越大，曲线越陡峭，一定的价格水平变动引起的总需求与国民收入变动越小；相反，总需求曲线斜率越小，曲线越平坦，一定的价格水平变动引起的总需求与国民收入变动越大。

二、总需求曲线的移动

在上一部分中，我们已经证明过总需求曲线是从 IS-LM 曲线中推导出来的，因此 IS 曲线和 LM 曲线的移动都会引起总需求曲线的移动。财政政策的变动会引起 IS 曲线的移动，而货币政策的变动会引起 LM 曲线的移动。因此，无论是财政政策还是货币政策，都会引起总需求曲线的移动。下面我们具体来分析财政政策和货币政策会怎样影响总需求曲线。

（一）财政政策对总需求曲线的影响

财政政策通过使 IS 曲线移动来使总需求曲线的位置发生移动。假设其他条件不变，扩张性财政政策会使 IS 曲线向右平移，在价格水平不变的情况下，总需求曲线也会向右平移。相反，紧缩性财政政策会使 IS 曲线向左平移，进而使得总需求曲线向左平移。这说明，当政府采用扩张性财政政策时，在每一价格水平上，总需求都会增加；而当政府采用紧缩性财政政策时，在每一个价格水平上，总需求都会减少。

在图 14-3 中，原来的 IS_0曲线与 LM 曲线相交于 E_0点，确定了均衡的利率和均衡的国民收入，E_0点表示产品市场与货币市场同时均衡时价格为 P_0，均衡收入为 Y_0的组合点。与此相对应的总需求曲线为 AD_0。现假设其他条件都不变，政府实行了扩张性的财政政策，结果使得 IS_0曲线右移到 IS_1，IS_1曲线与 LM 曲线相交于 E_1点，决定了新的均衡国民收入 Y_1。

而在图 14-4 中，E_1点表示产品市场与货币市场同时均衡时价格为 P_1，均衡国民收入为 Y_1的组合点，与此相对应的总需求曲线为 AD_1。从上面两个图形可以看出，当价格水平不变（即都为 P_0时），政府实行扩张性的财政政策会使总需求曲线向右平移。

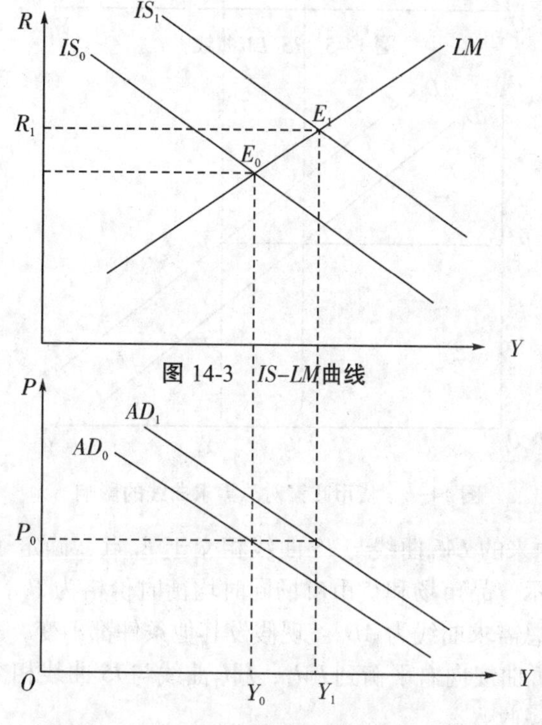

图 14-3　IS–LM曲线

图 14-4　财政政策对总需求曲线的影响

（二）货币政策对总需求曲线的影响

货币政策通过影响 LM 曲线的移动来影响总需求曲线的移动。假设其他条件不变，政府实行扩张性的货币政策，这会使得 LM 曲线向右平移，在价格水平不变的情况下，总需求曲线也会向右平移。相反，政府实行紧缩性的货币政策，这会使得 LM 曲线向左平移，从而使得总需求曲线也向左平移。这说明，当政府采用扩张性的货币政策时，在每一个价格水平上，总需求都增加了；而当政府采用紧缩性的货币政策时，在每一个价格水平上，总需求都会减少。

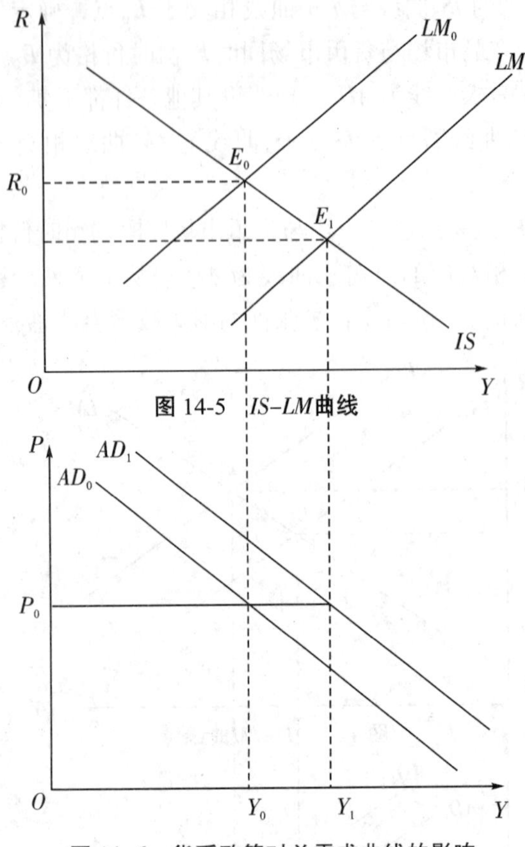

图 14-5 *IS-LM*曲线

图 14-6 货币政策对总需求曲线的影响

在图 14-5 中，原来的 LM_0曲线与 *IS* 曲线相交于 E_0点，确定了均衡的利率与均衡的国民收入，E_0点表示产品市场和货币市场同时均衡时价格为 P_0，均衡收入为 Y_0的组合点，与此相对应的总需求曲线为 AD_0。现假设其他条件都不变，政府实行扩张性的货币政策，结果使得 LM_0曲线向右平衡到 LM_1，LM_1曲线与 *IS* 曲线相交于 E_1点，决定了新的均衡利率与新的国民收入。

在图 14-6 中，E_1点表示产品市场与货币市场同时均衡时价格为 P_0，均衡国民收入为 Y_1的组合点，与此相对应的总需求曲线为 AD_1。从上面两个图形我们可以看出，当政府实行扩张性的货币政策时，总需求曲线会向右平移。

第二节　总供给曲线

总供给曲线是表明商品市场和货币市场同时达到均衡时，总供给和价格水平之间关系的曲线。总供给曲线反映在每一价格水平下，厂商愿意提供的产品和劳务的总和。但与总是向右下方倾斜的总需求曲线不同，总供给曲线的形状取决于研究时间的长短。在长期中，总供给曲线是垂直的，而在短期，总供给曲线是向右上方倾斜的。为了解释经济波动，我们必须既研究长期总供给曲线，又要研究短期总供给曲线。

一、长期总供给曲线

图 14-7 描述了长期总供给曲线的形状，我们可以看出，长期总供给曲线是一条垂直的直线，即物价水平的变动并不影响长期总供给。那么为什么长期总供给曲线是这种形状呢？上一章我们在分析经济增长时已经回答过这个问题了。在长期中，一个国家的物品与劳务生产取决于四个因素，即人力资本、物质资本、自然资源和技术知识。

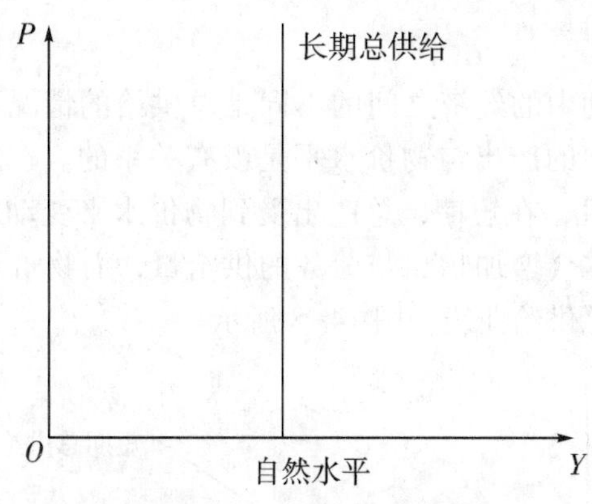

图 14-7　长期总供给曲线

当我们分析决定长期经济增长的这些因素时，我们没有提到价格水平。我们知道，如果两个国家的经济，除了一个国家流通中的货币是另一个国家流通中的货币的两倍之外，其他完全相同，那么货币多的国家的物价也是货币少的国家的物价的两倍。但是，这两个国家中物品与服务的数量还是完全相同的。

二、长期总供给曲线的移动

前面已经提到过，在长期中，一个国家的物品与劳务生产取决于四个因素，即人力资本、物质资本、自然资源和技术知识。因此，我们可以把长期总供给曲线的移动划分为这四个因素引起的移动。

（一）人力资本引起的移动

如果一个国家中工人的数量增加，因而物品与劳务的供给量也会增加，长期总供给曲线向右移。反之，如果一个国家中工人的数量减少，因而物品与劳务的供给量也会减少，长期总供给曲线向左移。

（二）物质资本引起的移动

如果一个国家中资本存量的增加提高了劳动生产率，因而物品与劳务的供给量也增加，长期总供给曲线向右平移。相反，国家中资本存量的减少会降低劳动生产率，因而物品与劳务的供给量会减少，长期总供给曲线向左平移。

（三）自然资源引起的移动

在经济学中，自然资源包括土地、森林、河流、矿藏和天气等。新的自然资源的发现会使得长期总供给曲线向右平移，而一些自然资源的减少甚至枯竭会使得长期总供给曲线向左移。

(四) 技术知识引起的移动

今天的产量较之前的产量更高的一个重要原因也许是我们技术知识的进步。新的技术知识的发明和使用使得经济中物品与劳务的数量增加，并使得长期总供给曲线向右平移。

三、短期总供给曲线

短期中的经济与长期中的经济之间的不同是总供给的情况不同。长期总供给曲线是垂直的，说明在长期中的产出与物价水平是没有关系的。在短期，总供给曲线是向右上方倾斜的，也就是说，在短期，总产出受到物价水平变动的影响。一般来说，经济中物价总水平上升往往会增加物品与劳务的供给量，而物价水平下降则会减少物品与劳务的供给量。短期总供给曲线如图 14-8 所示。

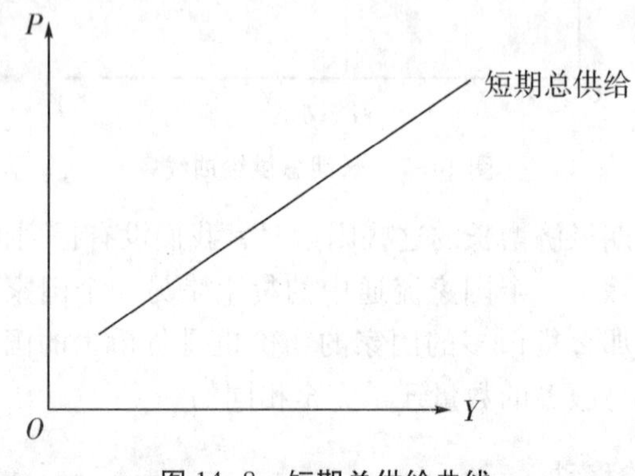

图 14-8 短期总供给曲线

为什么短期物价水平的变动会影响产量呢？宏观经济学家提出了三种说明短期总供给曲线向右上方倾斜的理论。虽然每一种理论在细节上不同，但都有一个共性：当物价水平高于人们预期的水平时，总产出就会高于其自然水平；当物价水平低于人们预期的水平时，总产出就会低于其自然水平。

(一) 黏性工资理论

对短期总供给曲线为什么向右上方倾斜的第一种理论解释是黏性工资理论。这种理论是研究总供给的三种方法最为简单的，并且一些经济学家认为该理论是短期中经济不同于长期中经济的重要原因，因此该理论也是我们在本书中重点强调的理论。

根据黏性工资理论，短期总供给曲线向右上方倾斜是因为名义工资调整缓慢，或者说在短期中是“黏性的”。在某种程度上，名义工资调整缓慢是由于工人和企业之间固定名义工资的长期合约，有时这种长期为 3 年。此外，这种名义工资调整缓慢，也可能是由于影响工资确定并使工资在某一时期中变动缓慢的社会规范和公正的概念。为了说明黏性名义工资对总供给意味着什么，设想企业根据预期的物价水平事先同意向其工人支付某种名义工资。如果物价水平 P 降到低于预期的水平而名义工资仍然在 W，那么实际工资 W/P 就上升到企业计划支付的水平之上。由于工资是企业生产成本的主要部分，较高的工资意味着企业的实际成本增加了。企业对这些较高成本的反应是少雇佣劳动，并生产较少的物品与劳务量。换句话说，由于工资不能根据物价水平迅速调整，较低的物价水平就使就业与生产不利，这就引起企业减少物品与劳务的供给量。

简单来说，根据黏性工资理论，短期总供给曲线之所以向右上方倾斜是因为名义工资是基于预期的物价确定的。工资的黏性激励了企业在实际物价水平低于预期水平时生产较少的产量，而在实际物价水平高于预期水平时生产较多的产量。

（二）黏性价格理论

近年来，一些经济学家提出了关于短期总供给曲线的第二种理论，这种理论称为黏性价格理论。正如刚才我们所讨论的，黏性工资理论强调名义工资在某一时期内调整缓慢。黏性价格理论强调一些物品与劳务的价格对经济状况变动的调整也是缓慢的。这种价格的缓慢调整的产生，部分是因为调整价格有成本，即所谓的菜单成本。这些菜单成本包括印刷和分发目录的成本和改变价格标签所需要的时间。由于这些成本，短期中价格和工资可能都是黏性的。为了说明黏性价格对总供给的含义，假设经济中每个企业都根据其预期的经济状况事先宣布了它的价格。在价格宣布之后，经济经历了未预期到的货币供给紧缩，这将降低长期的物价总水平。虽然一些企业根据经济状况的变动迅速降低了自己的价格，但还有一些企业不想引起额外的菜单成本，因此暂时不调整价格。由于这些滞后企业价格如此之高，因此它们的销售减少了。销售减少又引起企业削减生产和就业。换句话说，由于并不是所有价格都根据变动的状况而迅速调整，未预期到的物价水平下降使一些企业的价格高于合意水平，而这些高于合意水平的价格压低了销售，并引起企业减少它们生产的物品与劳务量。

（三）错觉理论

错觉理论是指物价水平的变动会使企业在短期内对其产品的市场变动发生错误，从而做出错误决策。

根据这种理论，物价总水平的变动会暂时误导供给者对他们出售其产品的市场发生的变动的看法。由于这些短期的错觉，供给者对物价水平的变动做出了反应，而这种反应引起了向右上方倾斜的总供给曲线。为了说明这种理论的作用，假设物价总水平降到低于预期水平。当供给者看到他们产品的价格下降时，他们可能会错误地认为，他们的相对价格下降了。

物价水平下降实际上是各种物品与劳务价格都下降，但企业会更关注自己的产品，没有看到其他产品的价格下降，而只觉得自己的产品价格下降了。企业由产品价格下降得出市场供大于求的悲观判断，从而就减少生产，引起总供给减少。同样，当物价水平上升时，企业也会没看到其他产品的价格上升，而误以为只有自己的产品价格上升了，从而做出市场供小于求的乐观判断，因而就增加生产，引起总供给增加。当物价水平变动时，企业产生的这些错觉会使物价水平与总供给同方向变动。这些错觉是因为企业家并不是完全理性的，并不能总拥有充分的信息，判断发生失误。在长期中，他们当然会纠正这些失误，但在短期中这些失误是难免的。

例如，整个市场上的物价水平都下降了，但种小麦的农民可能关注不到其他商品价格的下降，而只看到小麦价格的下降。他们可能从这种观察中推论出，生产小麦的报酬暂时是低的，那么他们的反应可能是减少所供给的小麦。同样，当整个市场上的物价水平下降时，企业中的工人关注不到他们购买的东西的价格下降了，他们只会看到自己的工资下降了。根据这种情况，他们会做出减少他们供给的劳动量的反应。在这两种情况下，低物价水平引起对相对价格的错觉，进而造成了供给者减少物品与劳务的供给量。

四、短期总供给曲线的移动

前面已经提到过，短期总供给曲线与长期总供给曲线不同，短期总供给曲线是向右上方倾斜的。因此，当考虑什么因素会影响短期总供给曲线的移动时，我们必须考虑使长期供给曲线移动的所有变量以及一些新的变量。

我们从影响长期总供给曲线的因素开始。前面已经讨论过，影响长期总供给曲线的因素只有四个：人力资本、物质资本、自然资源和技术知识。那么这些因素的变动同样也影响短期总供给曲线的移动。例如，当一个国家的人力资本增加时，这个国家的物品与劳务的产量就会增加，那么无论是长期总供给曲线还是短期总供给曲线都会向右平移。如果一个国家的自然资源减少，这个国家的物品与劳务的产量就会减少，那么无论是长期总供给曲线还是短期总供给曲线都会向左平移。

除了这四个因素外，还有一个新的变量会影响短期总供给曲线，即人们预期的物价水平。我们用黏性工资理论来解释。根据这种理论，当工人和企业预期物价水平会上升时，他们就倾向于达成一个高水平名义工资的合同。工人的高工资增加了企业的成本，而且在任何既定的实际物价水平下减少了企业供给的物品与劳务数量。因此，当预期物价水平会上升时，工人的工资会提高，企业的成本增加，企业在实际物价水平既定时生产的物品和劳务减少。这样短期总供给曲线会向左平移。相反，如果预期未来物价水平会下降，工人的工资会减少，企业的成本减少，企业在实际物价水平既定时会增加产量，那么短期总供给曲线会向右平移。

以上的逻辑也适用于其他供给理论。最后我们可以得出结论：预期物价水平上升会减少物品与劳务的供给量，使得短期总供给曲线向左平移。预期物价水平下降会增加物品与劳务的供给量，使得短期总供给曲线向右平移。

结论：所有影响长期总供给曲线的因素都会影响短期总供给曲线，除此之外，还有一个新的因素即预期物价水平也会影响短期总供给曲线。

第三节　*AD-AS* 模型

在前面，我们已经分别研究了总需求与总供给曲线，那么我们就有了分析经济波动所需的基本工具。我们可以用 *AD-AS* 模型来解释短期波动。

如图 14-9 所示，假设经济开始时处于长期均衡。均衡产量和均衡物价在长期是由总需求曲线与长期总供给曲线的交点决定的，即图中 A 点。由于经济总是处于短期均衡，因此短期总供给曲线也通过 A 点，表示预期物价水平已经调整到了这种长期均衡。也就是说，当一个经济处于长期均衡时，预期物价水平必定等于实际物价水平，从而总需求曲线与短期总供给曲线也相交于 A 点。总需求曲线与短期总供给曲线以及长期总供给曲线三条线相交于一个点。

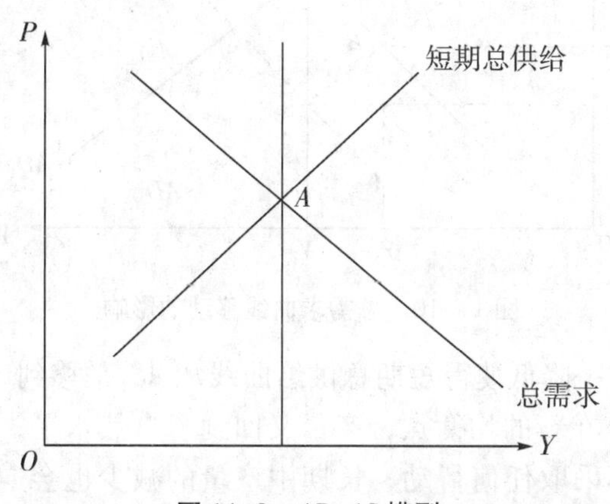

图 14-9　*AD-AS* 模型

当经济中某一变量发生变动时，会怎么样影响这种均衡呢？对于这个问题，我们可以确定四个步骤来进行分析：第一步，确定这一变量的变动是使总需求曲线移动，还是使总供给曲线移动（或者使两条曲线都移动）。第二步，确定曲线移动的方向（即向左还是向右平移）。第三步，用总需求和总供给模型来说明这种移动如何影响短期和长期的均衡。第四步，用总需求和总供给模型来分析经济如何从其新的短期均衡变动到长期均衡。

一、总需求曲线移动的影响

假设某国爆发了战争，悲观的情绪笼罩了经济，使得许多人对未来失去了信心并改变了他们的计划，很多家庭削减了开支，企业则放弃了采购新设备。那么这一变动会怎么影响一个国家的均衡呢？

首先我们判断悲观情绪影响了家庭和企业的购买，这一变动影响的是总需求曲线，使得企业和家庭现在在任何一种既定的物价水平时想购买的物品与劳务数量减少，因此这一变化会使得一国的总需求曲线向左平移。

从图 14-10 可以观察出：由于家庭和企业购买减少，使得总需求减少，总需求曲线向左移，即总需求曲线从 AD_1 移动到 AD_2，短期均衡点也从 A 点移动到 B 点，随着均衡点的移动，产量从 Y_1 下降到 Y_2，而物价从 P_1 下降到 P_2。产量水平的下降表明经济处于衰退中，那么面对这种情况，经济会如何从短期均衡向长期均衡转变呢？由于物价水平降低了，随着时间的推移，人们的预期也会发生变动，人们预期物价水平会降低。根据前面讲的，影响短期总供给曲线移动的因素，如果预期未来物价水平会下降，工人的工资会减少，企业的成本减少，企业在实际物价水平既定时会增加产量，那么短期总供给曲线会向右平移。

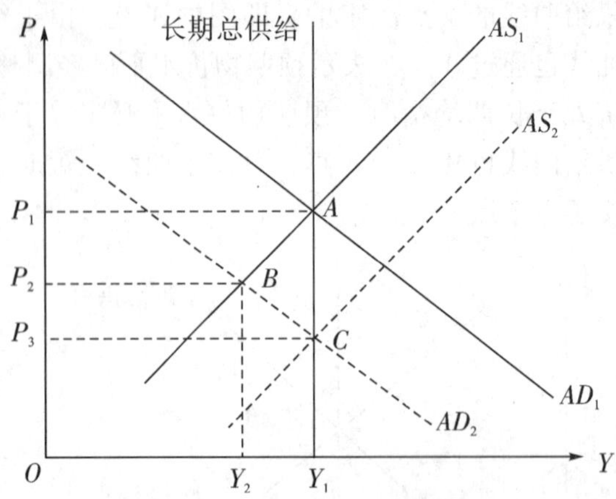

图 14-10 总需求曲线移动的影响

因此，预期物价水平降低使得短期总供给曲线从 AS_1 平移到 AS_2，这种移动使得经济的均衡点变为 C 点。在新的均衡点，产量又回到了自然水平，也就是说经济自己纠正了自己，即使政府不采取任何行动，长期中产量的减少也会逆转。尽管总需求减少了，但物价水平下降了，物价水平的下降抵消了总需求曲线移动的影响。因此，在长期中，总需求曲线的移动完全反应在物价水平上，而根本没有反映在产量水平上。

上面这种情况如果政府干预，会是怎样一种变动呢？如果总需求减少，总需求曲线向左平移，经济处于衰退，那么政府会采取扩张性的政策来刺激经济（具体的政策在十七章论述），从而增加总需求，使得总需求曲线向右平移。如果政府以足够快的速度采取足够准确的行动，那么就可以抵消总需求最初的移动，使得总需求曲线从 AD_2 又移回 AD_1，并使经济的均衡点又回到 A 点。

二、总供给曲线移动的影响

假设某国自然资源不断减少甚至枯竭，这一变量会如何影响经济呢？为了分析这种影响，我们同样采用上面提到的步骤。第一步，自然资源的减少影响的是总供给，并且既影响长期总供给，又影响短期总供给（为了使分析变得简单，我们假设长期总供给曲线不变）。第二步，这使得总供给曲线向哪儿移动？自然资源的减少会使得国家的总供给减少，因此总供给曲线向左平移。

刚才已经分析过，自然资源的减少会使得总供给减少，总供给曲线向左平移，从图 14-11 中来看，总供给曲线从 AS_1 平移到 AS_2，随着总供给曲线的移动，经济的均衡点从 A 点移动到 B 点。那么这个国家的经济产量会从 Y_1 降低到 Y_2，而物价水平从 P_1 上升到 P_2，由于经济既经历了产量下降，又经历了物价上升，这种情况我们称之为滞涨。那么面对这种情况，经济会如何从短期均衡向长期均衡转变呢？由于物价上升，企业和工人对于高物价的反应是提高对物价的预期。根据前面讲的，影响短期总供给曲线移动的因素，如果预期未来物价水平会上升，工人的工资会增加，企业的成本增加，企业在实际物价水平既定时会减少产量，那么短期总供给曲线会向左平移。在图 14-11 中反映出来即总供给曲线会不断地向左平移，而这将使得滞涨问题加剧。高物价引起高工资，高工资又引起更高的物价。

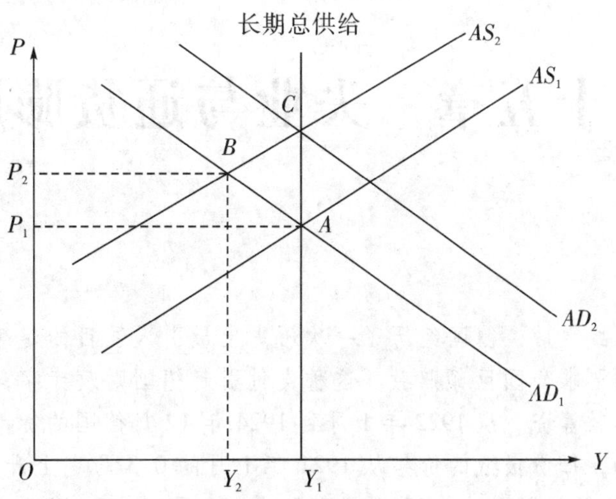

图 14-11　总供给曲线的影响

这种情况发展到一定程度，工资和物价上升的速度会放慢。低产量和低就业将压低工人的工资，使得工人的议价能力变小。当名义工资下降时，生产商品与劳务就变得有利可图，短期总供给就会增加，短期总供给曲线就会向右平移。当短期总供给曲线又移回到 AS_1 时，经济的均衡点又回到了 A 点。

我们刚才讨论的情况仍然是经济的自我调整，即没有政府的干预，因为在整个过程中，总需求曲线没有发生变动，但这在现实中是不可能的。当经济出现滞涨时，政府会采取扩张性的政策使得总需求增加，在图 14-11 中，总需求曲线会从 AD_1 向右平移到 AD_2，经济的均衡点从 A 点移动到 C 点，产量仍然为自然水平，但物价却从 P_1 上升到 P_3。在这种情况下，可以说，政府的政策为维持较高的产量和就业水平而接受了高物价。

习题

1. 请说明总需求曲线是怎么推导出来的，并说明影响总需求曲线移动的因素有哪些以及怎么影响。

2. 请说明短期总供给和长期总供给曲线有什么不同，并说明影响长期总供给曲线和短期总供给曲线移动的因素各有哪些以及怎么影响。

第十五章　失业与通货膨胀

引导案例

第一次世界大战之后，德国经历了一次历史上最引人注目的超速通货膨胀。在战争结束时，协约国要求德国巨额赔款。这种支付引起德国财政赤字，德国最终通过大量发行货币来为赔款筹资。从1922年1月到1924年12月德国的货币和物价都以惊人的比率上升。例如，每份报纸的价格从1921年1月的0.3马克上升到1922年5月的1马克、1922年10月的8马克、1923年2月的100马克直到1923年9月的1 000马克。在1923年秋季，价格实际上飞起来了：一份报纸的价格从10月1日的2 000马克、10月15日的12万马克、10月29日的100万马克、11月9日的500万马克直到11月17日的7 000万马克。1923年12月，货币供给和物价突然稳定下来。

通货膨胀使人们的生活受到很大的影响，那么到底什么是通货膨胀？这就是本章需要讲述的内容。

教学目的

本章分析了宏观经济中的两个重要的问题：失业和通货膨胀。通过本章的学习，要掌握充分就业的含义、失业的分类、货币的含义、通货膨胀的含义、通货膨胀的分类。

本章重难点

失业的定义、摩擦性失业、失业率、通货膨胀的定义、通货膨胀的分类。

第一节　失业

一、失业的概念与失业率的衡量

失业是指达到了法定的劳动年龄，在现有的工资水平下想要工作但是找不到工作的情况。

在现实中，大家经常接触到的一个概念便是失业率，而失业率到底是如何衡量的呢？我们首先把整个社会上的人分为三类以下：

第一类：就业者。这类人包括作为得到报酬的员工而工作的人、在自己的企业里工作且得到报酬的人以及在家族企业里工作但拿不到报酬的人。无论全职工作还是部分时间工作的工人都计算在内。这类人还包括现在不工作，但有工作岗位，只是由于度假、生病或天气恶劣等原因暂时不在工作岗位的人。

第二类：失业者。这类人包括能够工作且在之前四周内努力找工作但没有找到工作的人，还包括被解雇正在等待重新被召回工作岗位的人。

第三类：非劳动力。这类人包括不属于前两个类别的人，如全日制学生、家务劳动者和退休人员。

一旦把每个人归入各个类别，我们就可以计算出概括劳动力市场状况的各种统计数字。我们把劳动力定义为就业者与失业者之和，即：

$$劳动力=就业人数+失业人数$$

我们把失业率定义为失业者占劳动力的百分比，即：

$$失业率=\frac{失业者人数}{劳动力}\times 100\%$$

二、影响失业的因素与失业的类型

我们已经讨论了政府如何衡量失业量和失业率，现在大家对什么是失业应该有一个正确的概念了。

但是，这种讨论并没有解释为什么经济中存在失业。在大部分市场中，价格调整使供给量与需求量达到平衡。在一个理想的劳动市场中，工资的调整会使劳动的供给量与需求量平衡，这种工资的调整将保证所有工人总是充分就业的。

当然，现实与理想是不一致的。甚至在整个经济运行良好时，也总有一些工人是没有工作的。换句话说，失业率从未降至零；相反，失业率总是围绕着自然失业率波动。那么，我们就来分析有哪些因素会影响失业？

（一）影响失业的因素

1. 地区性差异

失业率在各国之间的差异很大。不同的国家，劳动市场大相径庭，有关失业、培训计划、解雇等方面的政策也千差万别，企业对待工人的态度更是各有千秋。

日本经济的特征之一是低失业率，即使是在经济处于不景气的时候，失业率上升也只是在4%~5%。与之相比较，美国即使是在经济景气的时候，失业率也是在5%左右，当经济处于不景气的时候，失业率接近10%左右。其他的发达国家，如英国、法国、加拿大等国在20世纪80年代前半期，失业率都超过了10%。

就是在一国范围内，不同地区之间的失业情况也大为不同。但是，一般来说，在很多国家，市中心的失业率要比郊区或农村高很多。

2. 性别

事实上，在所有发达国家，女性的失业率都高于男性的失业率。这反映了教育和培训方面的差异、雇主的歧视或其他社会相关因素。

3. 年龄

25岁以下群体的失业率要高于平均水平，而且很多国家都大体如此。之所以会是这种情况，原因包括离校生的条件是否符合要求、雇主对待年轻人的态度、年轻人更愿意花时间寻找更好的工作或等待开始进一步深造等。

除了这些之外，不同种族群体之间的失业率也存在差异。在很多国家，少数民族成员的失业率高于平均水平。在英国，黑人的失业率要比白人的失业率高出 2.5 倍。

小案例：　　　　机器人的兴起或将导致近半美国人失业

英国《卫报》援引最新的研究结果报道称，随着机器人逐步接管人类的各种工作，其引发的“机器人革命”将在未来 20 年改变全球经济，降低企业经营成本，但同时也将加剧社会的不平等现象。

目前，机器人可以从事打扫卫生以及组装零部件等体力工作，而人工智能的发展则意味着计算机的“思考”能力将不断加强，机器人进而可以承担一些以前需要人类进行判断的分析类工作。

在最为先进的制造行业，如日本汽车生产商，机器人已经可以在无需监管下不间断工作 30 天。虽然通过向低成本经济体外包制造工作可以最多节省 65% 的劳动力成本，但用机器人取代人类，劳动力成本可最高节省 90%。

（二）失业的类型

宏观经济学上通常把失业分为以下几种类型：

1. 自然失业

自然失业是指由于经济中某些难以避免的原因引起的失业，现实中 2%～3% 的失业率属于自然失业。自然失业又分为以下两种情况：

第一，摩擦性失业。摩擦性失业是由于信息的不通畅或者劳动者与岗位的匹配需要时间等因素，造成社会上总是有一部分人处于失业状态。摩擦性失业是由于经济运行中各种因素的变化和劳动力市场的功能缺陷造成的临时性失业。经济总是变动的，工人寻找最适合自己爱好和技能的工作需要时间，一定数量的摩擦性失业不可避免。

第二，结构性失业。结构性失业主要是由于经济结构（包括产业结构、产品结构、地区结构等）发生了变化，现有劳动力的知识、技能、观念、区域分布等不适应这种变化，与市场需求不匹配而引发的失业。结构性失业在性质上是长期的，而且通常起源于劳动力的需求方。结构性失业是由经济变化导致的，这些经济变化引起特定市场和区域中的特定类型劳动力的需求相对低于其供给。

2. 周期性失业

周期性失业又称为总需求不足的失业，是由于整体经济的支出和产出水平下降即总需求不足而引起的短期失业，一般出现在经济周期的萧条阶段。这种失业与经济中周期性波动是一致的。在复苏和繁荣阶段，各厂商争先扩充生产，就业人数普遍增加。在衰退和谷底阶段，由于社会需求不足，前景暗淡，各厂商又纷纷压缩生产，大量裁减雇员，形成令人头疼的失业大军。

周期性失业的原因主要是整体经济水平的衰退，因而周期性失业也是人们最不想看见的。20 世纪 30 年代经济大萧条时期的失业就完全属于周期性失业。与结构性失业、摩擦性失业等失业状况不同，周期性失业的失业人数众多且分布广泛，是经济发展最严峻的局面，通常需要较长时间才能有所恢复。在中国经济仍处于高速发展的阶段中，中国目前及未来几十年出现严重经济衰退和周期性失业的概率很低。

3. 自愿性失业

自愿性失业是指工人所要求得到的实际工资超过了其边际生产率，或在现行的工作条件能够就业，但不愿接受此工作条件而未被雇佣所造成的失业。

自愿性失业常常使人产生误解，其实人们在寻找工作和尝试不同工作时，失业在此情况下可能是一种有效率的产生。在现行的工资率下，自愿性失业更加偏好其他活动而不是工作。但是，当一个人的生活难以为继的时候，为了寻找一个养家糊口的工作，他们肯定不是那种在工作价值和闲暇之间权衡和挑剔的人，也不会为了寻找一份更好的工作而选择失业。

4. 隐蔽性失业

隐蔽性失业是指虽有工作岗位但未能充分发挥作用的失业，或在自然经济环境里被掩盖的失业。

隐蔽性失业大多发生在衰退时期，由于企业开工不足，即使未被解雇的工人也无法有效地使用，甚至在繁荣时期，过分膨胀的就业也会出现人员规模过于庞大的现象。后一种情况主要表现在发展中国家。

许多发展经济学家认为，不发达国家失业的特点之一就是隐蔽性失业。因为在这些国家里，人口压力问题是发生在货币工资经济发展之前的自给经济环境里的。由于大家庭制度的存在，许多家庭成员依靠有限的土地产品在低于自给的水平下也可以生存下去，许多在工资体系下本来要挨饿的人受亲属的维持而处于隐蔽性失业状态。

第二节　通货膨胀

一、通货膨胀的概念与衡量

通货膨胀是发行的纸币数量超过了流通中需要的货币数量，从而造成纸币贬值、物价上涨的情况。衡量通货膨胀的指标是物价指数，常用的通货膨胀率的衡量指标主要有以下三种：

（一）消费者物价指数（CPI）

消费者物价指数是普通消费者购买的物品与服务的总费用的衡量指标。当计算消费者物价指数和通货膨胀率时，要使用成千上万种物品与服务的价格数据。为了正确说明如何编制这些统计数字，我们这里只考虑消费者购买两种物品，即食物和衣服的简单经济。以下是我们计算 CPI 和通货膨胀率的五个步骤：

1. 固定篮子

确定哪些物价对普通消费者是最重要的。如果普通消费者买的食物比衣服多，那么食物的价格比衣服的价格重要。因此，在衡量生活费用时就应该给食物更大的权数。

在表 15-1 的例子中，普通消费者购买的一篮子物品包括 4 个单位的食物和 2 个单位的衣服。

当然现实中的国家在衡量 CPI 时，这个篮子中包括的东西应该很多。我国统计局一般把 200 多种商品和服务分为 8 个主要类别。我国 2011 年 CPI 衡量时的构成和比重是：食品 31.79%、烟酒及饮品 3.49%、住房 17.22%、交通通信 9.95%、医疗保健个人服务 9.64%、衣着 8.52%、家庭设备及维修服务 5.64%、娱乐教育文化用品及服务 13.75%。

2. 找出价格

找出每个时点上篮子中每种物品与服务的价格。表 15-1 中显示了三个不同年份的食物和衣服的价格。

表 15-1 不同年份的食物和衣服的价格 单位：单位货币

年份	食物的价格	衣服的价格
2014	1	2
2015	2	3
2016	3	4

3. 计算这一篮子东西的费用

用价格数据计算不同时期一篮子物品与服务的费用。表 15-1 显示了对三年中每一年的这种计算。需要注意的是，在这种计算中只有价格变动。通过使这一篮子物品与服务相同（4 个单位的食物和 2 个单位的衣服），我们可以把同时发生价格变动的影响与任何数量变动的影响区分开来。

2014 年一篮子的费用 $=1\times4+2\times2=8$（单位货币）

2015 年一篮子的费用 $=2\times4+3\times2=14$（单位货币）

2016 年一篮子的费用 $=3\times4+4\times2=20$（单位货币）

4. 选择基年并计算指数

指定一年为基年，即其他各年与之比较的基准。在以指数衡量生活费用的变动时，基年的选择是任意的。一旦选择了基年，指数的计算如下：

$$消费者物价指数=\frac{当年一篮子物品与服务的价格}{基年一篮子的价格}\times100$$

这就是说，每一年一篮子物品与服务的价格除以基年这一篮子物品与服务的价格，然后再用这个比率乘以 100，所得出的数字就是消费者物价指数。

在表 15-1 的例子中，我们以 2014 年为基年。在这一年，一篮子食物和衣服的费用是 8 单位货币。因此，各年的消费者物价指数等于各年的一篮子物品价格除以 8 单位货币并乘以 100。

5. 计算通货膨胀率

用消费者物价指数计算通货膨胀率。通货膨胀率是从前一个时期以来物价指数变动的百分比。计算连续两年之间通货膨胀率的公式如下：

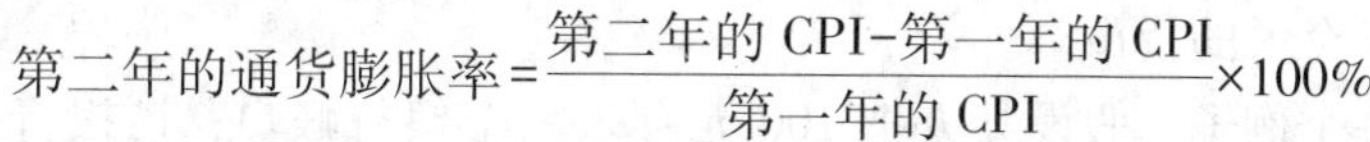

$$第二年的通货膨胀率=\frac{第二年的CPI-第一年的CPI}{第一年的CPI}\times 100\%$$

虽然这个例子通过只包括两种物品把现实世界简化了，但它说明了统计局是如何计算消费者物价指数和通货膨胀率的。

（二）生产物价指数（PPI）

除了整体经济的消费者物价指数之外，还有其他一些物价指数，如生产物价指数（PPI）。其衡量的是企业而不是消费者所购买的一篮子物品与服务的费用。由于企业最终要把它们的费用以更高消费价格的形式转移给消费者，因此通常认为生产物价指数的变动对预测消费者物价指数的变动是有用的。

（三）GDP 平减指数

在第十一章中，我们考察了经济中物价总水平的一个衡量指标——GDP 平减指数。经济学家和决策者为了判断物价上升的快慢，既要关注 GDP 平减指数，又要关注消费者物价指数。通常这两个统计数字说明了相似的情况，但存在两个重要的差别使这两个数字不一致。

第一个差别是 GDP 平减指数反映国内生产的所有物品与服务的价格变动，而 CPI 衡量的只是与消费者生活相关的物品与服务的价格变动。例如，政府购买的军火价格上升，这一价格的变动表现在 GDP 平减指数上，即 GDP 平减指数会发生变动，但 CPI 不会发生变动。

第二个差别是关于进口商品的价格。在核算 GDP 时，我们已经知道进口商品是未包括在 GDP 中间的，所以当进口商品的价格发生变动时，GDP 平减指数不发生变动。但若进口的商品是与消费者生活相关的，如进口汽车的价格发生变动，则 CPI 会发生变动。

二、根据通货膨胀率来较正经济学变量

（一）今天的货币与未来的货币

我们现在已经知道了如果计算物价指数，就可以用这个指数来较正经济学中的一些变量，如不同时期的货币数量。10 年前的 100 元和今天的 100 元是一个概念吗？与今天一些人的工资相比，10 年前的 3 万元年薪是高还是低呢？

为了回答这一问题，我们必须要知道 10 年前的物价水平和今天的物价水平。然后把 10 年前的货币换算成今天的货币的公式如下：

$$今天货币的数量=10年前货币的数量\times\frac{今天的物价水平}{10年前的物价水平}$$

（二）名义利率与实际利率

我们同样还能用通货膨胀率来较正名义利率与实际利率。

当你把钱存入银行时，现在你给了银行一些货币，未来银行就要偿还你的本金和利息。在这两种情况下，为了充分了解你与银行之间的交易，关键是要知道未来的货

币的价值不同于今天的货币。

我们来看一个例子。假设某人把100元存入一个银行账户，该银行每年支付10%的利息。也就是一年以后，此人的利息为10元，他可以提取110元。但这110元使他比一年前拥有100元更富有吗?

他确实比一年前多了10元，但也只能说明他拥有的货币数量增加了10%。但是此人并不关心货币数量本身，他只关心他可以用这些货币买到什么。如果他的货币存在银行时物价上升了，现在每一元钱买到的东西比一年前少了，在这种情况下，他的购买力，即他能买到的物品与服务量并没有上升10%。

为了使事情简单，我们假设此人只用这笔钱购买食物。当他存款时，食物的单价为10元，即他的存款可以购买到10单位的食物。一年后，在得到10元的利息后，他有110元，现在他能买到多少单位食物呢? 这取决于食物价格的变动。下面是一些例子:

零通货膨胀：如果食物的单价仍然是10元，那么他可以购买的食物从10单位增加到11单位。货币数量增加10%意味着他的购买力也增加了10%。

10%的通货膨胀：如果食物的价格从10元增加到11元，那么他能购买的食物的数量仍然是10单位，即尽管此人的货币数量增加了，但是他的购买力与一年前是相同的。

12%的通货膨胀：如果食物的价格从10元增加到11.2元。那么此人购买的食物数量从10单位减少到9.8单位。尽管他的货币数量增加了，但是他的购买力反而降低了约2%。

这些例子说明，通货膨胀率越高，购买力增加的就越少。那么，衡量货币数量变动的利率称为名义利率，根据通货膨胀校正的利率称为实际利率。名义利率、实际利率和通货膨胀率之间的关系接近于以下公式:

实际利率=名义利率-通货膨胀率

三、通货膨胀的类型

(一) 根据通货膨胀的剧烈程度，可将通货膨胀分为三类

1. 低通货膨胀

低通货膨胀的特点是价格上涨缓慢且可以预测。可以将其定义为年通货膨胀率为1位数的通货膨胀。此时的物价相对来说比较稳定，人们对货币比较信任。

2. 急剧通货膨胀

当总价格水平以每年20%、100%甚至200%的2位数或3位数的比率上涨时，即产生了急剧通货膨胀。这种通货膨胀局面一旦形成并稳固下来，便会出现严重的经济扭曲。

3. 恶性通货膨胀

严重的恶性的通货膨胀，货币几乎无固定价值，物价时刻在增长，其灾难性的影响使市场经济变得一无是处。

在这三种类型的通货膨胀中，恶性通货膨胀对于经济的破坏性最强，不仅会给证券市场和房地产市场带来大量的泡沫，而且还会严重破坏一个国家的货币体制，导致

经济的崩溃。

（二）根据引发通货膨胀的原因，可将通货膨胀分为四类

1. 需求拉动型通货膨胀

需求拉动型通货膨胀又叫超额需求拉动通货膨胀，这一概念是由凯恩斯最先提出来的，他认为总需求超过了总供给，拉开“膨胀性缺口”，造成物价水平普遍持续上涨，即以过多的货币追求过少的商品。

需求拉动型通货膨胀形成的因素主要有：第一，政府财政支出超过财政收入而形成财政赤字，并主要依靠财政透支来弥补；第二，国内投资总需求超过国内总储蓄和国外资本流入之和，形成所谓的投资膨胀；第三，国内消费总需求超过消费品供给和进口消费品之和，形成所谓的消费膨胀。上述三个因素中任何一个发生作用，在其他条件不变时都会导致总需求与总供给的缺口。

在实际生活中，当经济中实现了充分就业时，表明资源已得到充分利用，在此条件下，如果总需求继续增加，闲置的机器设备由于已全部使用上了，过度的需求不仅不会促使产量增加反而引起物价上涨，产生通货膨胀。此处，特别强调是超额需求（区别于成本推动型通货膨胀，成本推动型通货膨胀是在无超额需求的情况下，由于供给方面成本的上升而导致的）。后来又有人补充，当经济中未实现充分就业时，由于需求增加后，总供给的增加无法迅速满足总需求的要求便产生了暂时的供给短缺，从而推动了价格水平，产生通货膨胀。由于经济尚未达到充分就业，价格水平的上涨仍会刺激总供给逐渐增加，从而也使国民收入随之增加。

2. 成本推动型通货膨胀

成本推动型通货膨胀又称成本通货膨胀或供给通货膨胀，是指在没有超额需求的情况下由于供给方面成本的提高所引起的一般价格水平持续和显著的上涨。

成本推动型通货膨胀由于成本上升时的原因不同，可以分为三种类型：工资推进通货膨胀、利润推进通货膨胀、进口和出口推进通货膨胀。

（1）工资推进通货膨胀。总需求不变的条件下，如果工资的提高引起产品单位成本增加，便会导致物价上涨。在物价上涨后，如果工人又要求提高工资，而再度使成本增加，便会导致物价再次上涨。这种循环被称为工资—物价螺旋。许多经济学家将欧洲大多数国家在20世纪60年代末70年代初经历的通货膨胀认定为工资推动的通货膨胀。例如，在联邦德国，工时报酬的年增长率从1968年的7.5%跃居到1970年的17.5%。在同一时期，美国的工时报酬年增长率由7%上升到15.5%。

其主要原因在于：工会或某些非市场因素压力的存在，会使工人货币工资增长率超过劳动生产率的增长。

（2）利润推进通货膨胀。寡头企业和垄断企业为保持利润水平不变，依靠其垄断市场的力量，运用价格上涨的手段来抵消成本的增加；或者为追求更大利润，以成本增加作为借口提高商品价格，从而导致价格总水平上升。其中最为典型的是在1973—1974年，石油输出国组织（OPEC）历史性地将石油价格提高了4倍，到1979年，石油价格又被再一次提高，引发“石油危机”。

(3) 进口和出口推进通货膨胀

进口和出口推进通货膨胀是由于进口品价格上涨，特别是进口原材料价格上涨，引起的通货膨胀。由于出口猛增加，使国内市场产品不足，也能引起物价上涨和通货膨胀。

3. 混合型通货膨胀

单一的供给型通货膨胀，在现实生活中是不可能持续发展下去的。以工资推进通货膨胀为例，在经济运行中，要使工资推进通货膨胀继续下去，货币工资的增加就必须连续不断地进行下去。在需求不变的情况下，这会受到越来越严重的失业和产量下跌的限制。实际上，在现实经济运行中，供给型通货膨胀并不会如理论分析的那样，只有当失业率下跌到足以阻止货币工资率上升的程度或实际产量下跌到足以使价格的提高不会增加利润的时候才会停止。

在一般情况下，供给型通货膨胀会得到需求扩张的支持。因为如果出现了单一的供给型通货膨胀，政府是不会容忍实际产量的下跌和失业率的大幅度上升的，所以政府迟早会通过扩张性的宏观经济政策去增加需求。此时，供给型通货膨胀也就演化成供给—需求混合型的通货膨胀了。为了分析的方便，我们将混合型通货膨胀分为螺旋式混合型通货膨胀和直线式混合型通货膨胀。

4. 结构型通货膨胀

在没有需求拉动、成本推动的条件下，由于经济结构的变动，也会出现一般价格水平的持续上涨，这种情况称为结构型通货膨胀。这个理论的基本观点是在一国经济中，当一些产业和部门在需求方面或成本方面发生变动时，往往会通过部门之间的相互比较而传导到其他部门，并导致一般物价水平的普遍上升。

从生产率提高的速度来看，社会经济结构存在着这样的特点，一些部门的劳动生产率增长速度较快，而另一些部门的劳动生产率增长速度较慢，因此一个社会的经济结构会存在这样一种趋势，即一些部门正在发展，而另一些部门正在逐渐衰落。那些生产率提高速度快的部门工资提高快，而生产率提高速度慢的部门工资提高慢，但是处于生产率提高速度慢的部门的工人要求“公平”，由于工会的存在，这类部门提出的提高工资的要求通常会实现，从而使得整个社会的工资增长率要超过劳动生产率，从而引起通货膨胀。同样，在迅速发展的部门和日趋衰落的部门、开放部门和非开放部门之间也会存在这种情况。

四、通货膨胀的影响

通货膨胀对于整个经济生活的影响体现在以下几个方面：

(一) 影响社会财富的再分配

1. 通货膨胀会调整债权人和债务人的财富分配

在通常情况下，借贷的债务契约都是根据签约时的通货膨胀率来确定名义利息率的，因此当现实中发生了未预期的通货膨胀后，债务契约无法更改，从而使得实际利息率下降，债务人受益，而债权人受损。

2. 通货膨胀会调整雇主和工人的财富分配

通常情况下，工人会一次性和雇主签订几年的合同，在合同中会规定这几年的工资（当然会根据预期的物价上升来进行调整）。那么在这几年中，若发生了未预期到的通货膨胀，合同无法更改，从而使得工人拿到手的实际工资下降。

（二）皮鞋成本

当经济发生通货膨胀时，人们必然会频繁到银行去取钱，以期望把钱换成实物或是更保值的货币，如美元。这样频繁地光顾银行，必然使鞋底磨损得较快，因此将这种成本称为皮鞋成本。

皮鞋成本是一种形象化的说法，泛指为了减少货币持有量而产生的成本。

（三）菜单成本

大多数企业不会经常变动产品的价格。企业不改变价格的原因是因为改变价格是有成本的，这个成本即菜单成本。这个词来自餐馆印刷新菜单的成本。菜单成本包括印刷新清单和目录的成本、把这些新价格表和目录送给中间商和顾客的成本、为新价格做广告的成本、决定新价格的成本，甚至还包括处理顾客对价格变动怨言的成本。

通货膨胀增加了企业的菜单成本，因为如果发生通货膨胀，使得企业生产的成本增加，企业就会不断调整产品的价格。

（四）通货膨胀引起的税收扭曲

当经济中存在通货膨胀时，税收扭曲变成了问题。这是因为法律制定者在制定税法的时候没有考虑到通货膨胀，但通货膨胀往往会增加纳税负担。

我们以一个最简单的例子来说明。我国的个人所得税的免征额是 3 500 元，即当某人每月的收入超过 3 500 元，就需要缴纳个人所得税。某人 2015 年的月工资为 3 300 元，不需要缴纳个人所得税，但 2016 年的月工资增加到 3 600 元，就需要缴纳个人所得税。在这一过程中，表面上看是个人工资提高，缴纳了个人所得税。但若从 2015 年到 2016 年发生了很严重的通货膨胀，也就是说这个人的名义工资提高了，但实际工资不仅没有提高，反而降低了。但是税法并不考虑通货膨胀，而是要对新的名义工资进行征税，那么这在无形中会增加纳税人的负担。

此外，经济中还有很多这方面的例子，如通货膨胀会增加利息收入者的负担，因此在高通货膨胀率的国家，会抑制储蓄。

小案例：

我们上面列举了不少通货膨胀会对经济造成的危害，那么有人会认为通货紧缩会不会要好一点，而实际上，通货紧缩的影响可能会更坏。

1. 经济衰退

通货紧缩导致的经济衰退表现在三个方面：一是物价的持续、普遍下跌使得企业产品价格下跌，企业利润减少甚至亏损，这将严重打击生产者的积极性，使生产者减少生产甚至停产，结果社会的经济增长受到抑制。二是物价的持续、普遍下跌使得实际利率升高，这将有利于债权人而损害债务人的利益。而社会上的债务人大多是生产者和投资者，债务负担的加重无疑会影响他们的生产与投资活动，从而对经济增长造成负面影响。三是物价下跌引起的企业利润减少和生产积极性降低，将使失业率上升，实际就业率低于充分就业率，实际经济增长低于自然增长。

2. 导致社会财富缩水

通货紧缩发生时，全社会总物价水平下降，企业的产品价格自然也跟着下降，企业的利润随之减少。企业盈利能力的下降使得企业资产的市场价格也相应降低。产品价格水平的下降使得单个企业的产品难以卖出，企业为了维持生产周转不得不增加负债，负债率的提高进一步使企业资产的价格下降。企业资产价格的下降意味着企业净值的下降和财富的减少，通货紧缩的条件下，供给的相对过剩必然会使众多劳动者失业，此时劳动力市场供过于求的状况将使工人的工资降低，个人财富减少。即使工资不降低，失业人数的增多也使社会居民总体的收入减少，导致社会个体的财富缩水。

3. 可能引发银行危机

与通货膨胀相反，通货紧缩有利于债权人而有损于债务人。通货紧缩使货币越来越昂贵。这实际上加重了借款人的债务负担，使借款人无力偿还贷款，从而导致银行形成大量不良资产，甚至使银行倒闭，金融体系崩溃。

第三节　失业与通货膨胀的关系：菲利普斯曲线

1958 年，菲利普斯根据英国 1861—1913 年失业率和货币工资变动率的经验统计资料，提出了一条用以表示失业率和货币工资变动率之间交替关系的曲线。这条曲线表明：当失业率较低时，货币工资增长率较高；反之，当失业率较高时，货币工资增长率较低，甚至是负数。根据成本推动型通货膨胀理论，货币工资可以表示通货膨胀率。因此，这条曲线就可以表示失业率与通货膨胀率之间的交替关系，即失业率高表明经济处于萧条阶段，这时工资与物价水平都较低，从而通货膨胀率也就低；反之，失业率低表明经济处于繁荣阶段，这时工资与物价水平都较高，从而通货膨胀率也就高。失业率和通货膨胀率之间存在着反方向变动的关系（见图 15-1）。

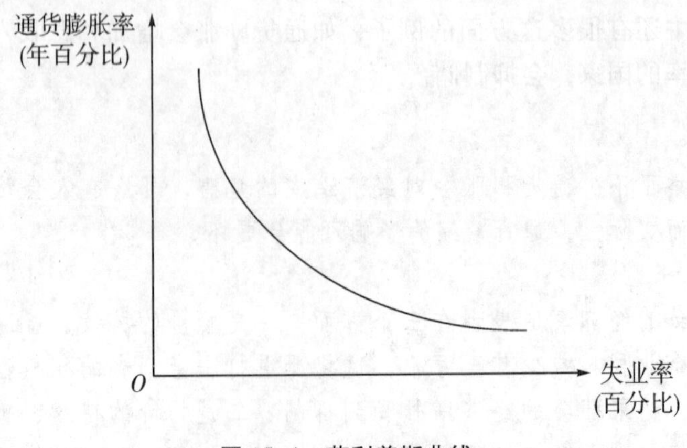

图 15-1　菲利普斯曲线

习题

1. 若一国16周岁以上的人口是2.5亿人，工作人数是2亿人，失业人数是2 000万人，则失业率为（　　）。

A. 0%　　B. 9%

C. 10%　　D. 8%

2. 由经济萧条造成的失业属于（　　）。

A. 摩擦性失业　　B. 结构性失业

C. 周期性失业　　D. 自愿失业

第十六章 开放经济

引导案例

人民币汇率韧性增强

2016年6月末以来，英国脱欧公投结果震动全球金融市场，人民币与英镑、欧元等国际主要非美货币汇率出现阶段性走贬。回顾人民币汇率自6月24日英国脱欧公投以来的表现，在英镑、欧元等主要非美货币汇率一度猛烈下挫的背景下，人民币对美元汇率虽也出现持续小幅走贬，但与全球主要非美货币相比调整幅度较为有限。

数据显示，截至7月12日，人民币对美元汇率中间价报6.695 0，较英国脱欧公投前下跌1.97%；人民币对美元即期汇价收报6.685 0，较6月23日收盘价下跌1.63%。而截至北京时间7月12日16时30分（境内银行间外汇市场日内交易收盘），欧元、英镑对美元汇价较英国脱欧公投之前的跌幅分别高达2.67%和12.44%。此外，加拿大元、瑞士法郎等非美货币汇价均有接近3%的跌幅，在此期间全球主要非美货币中仅有日元、澳大利亚元没有出现明显贬值。

整体来看，人民币对美元的走软幅度虽然在近年来较少见，但在英国脱欧对国际汇市产生巨震的大环境下，人民币汇率的整体表现相对于其他主要非美货币仍称得上稳健。在此前国外部分金融机构持续大幅唱空人民币汇率的背景下，人民币汇率在外部重磅金融事件带来一定冲击时，没有出现超出预期的走贬。

汇率是衡量一国经济实力的重要指标。那么什么是汇率？国与国之间的汇率是如何决定的？这就是本章要讲述的内容。

教学目的

本章介绍与开放经济有关的几个重要概念。通过本章的学习，要求掌握汇率、FDI、购买力平价等几个重要的概念。

本章重难点

汇率的概念及表示方法、名义汇率与实际汇率的关系、购买力平价。

亚当·斯密用绝对优势来说明国际贸易的好处，而大卫·李嘉图用比较优势来说明国际贸易的好处。贸易使得人们生产自己最擅长生产的东西，并消费世界各国生产的各种各样的物品与劳务。贸易可以使得每个人的状况变得更好。而在现实中，几乎世界上的每一个国家都是开放经济，即几乎所有的国家都与其他国家有经济贸易往来。

本章我们讨论与开放经济相关的一些定义与原理。

第一节　物品与资本的国际流动

一个开放经济以两种形式与其他经济体发生联系：一种是大家比较熟悉的在世界市场上购买和出售自己的产品和服务；另一种是在世界金融市场上购买和出售自己的股票、债券等金融资产。

一、产品和服务的流动

出口是指在国内生产并在国外销售的产品与服务，进口是指在国外生产并在国内销售的产品与服务。举一个最简单的例子，当中国一家公司生产的衣服卖到美国一家公司时，这对于中国来说是出口，而对于美国来说是进口。

一国的净出口等于出口减去进口。如果净出口为正，也即出口大于进口，这种情况我们称之为贸易盈余（贸易顺差）。而如果净出口为负，即出口小于进口，我们称之为贸易赤字（贸易逆差）。如果一国的净出口为零，即出口等于进口，我们称之为贸易平衡。

据中国海关统计，2016 年上半年，我国货物贸易进出口总值 11. 13 万亿元人民币，比 2015 年同期（下同）下降 3. 3%。其中，出口 6. 4 万亿元，下降 2. 1%；进口 4. 73 万亿元，下降 4. 7%；贸易顺差 1. 67 万亿元，扩大 5. 9%。

二、金融资本的流动

一个开放经济的居民可以参与世界物品与服务市场，一个开放经济的居民还可以参与世界金融市场。举例来说，一个中国公民可以买一辆福特汽车，也可以购买福特公司的股票。前一种是这个公民参与了世界产品市场，而后一种是这个公民参与了世界金融市场。

在世界金融市场中，有一个名词类似于净出口，即资本净流出，它等于本国居民购买的外国资产减去外国居民购买的本国资产。同净出口一样，资本净流出可以为正，也可以为负。如果资本净流出为正，说明本国居民购买的外国资产大于外国居民购买的本国资产，此时可以说资本从一国流出。如果资本净流出为负，说明本国居民购买的外国资产小于外国居民购买的本国资产，此时可以说一国有资本流入。

国际资本流动主要有两种方式，一种是直接投资，另一种是间接投资。

（一）外商直接投资（FDI）

外商直接投资，即一国的投资者（自然人或法人）跨国境投入资本或其他生产要素，以获取或控制相应的企业经营管理权为核心，以获得利润或稀缺生产要素为目的的投资活动。FDI 是现代资本国际化的主要形式之一。

2014 年，流入发展中经济体的 FDI 达到历史最高水平，达 6 810 亿美元，上升

2%。发展中经济体在全球 FDI 流动格局中的地位进一步增强，占全球 FDI 流量的 55%。流入发达国家的 FDI 持续低迷，全年下降 28%，为 4 990 亿美元。中国首次超过美国成为全球最大的 FDI 流入国，2013 年吸引外资增加 4%，达 1 290 亿美元，而美国 FDI 流入同期大幅减少六成，仅为 924 亿美元。在全球十大外资流入地中，发展中经济体占据“半壁江山”，包括中国、新加坡、巴西和印度。

（二）国外间接投资

国外间接投资最主要的一种是国外有价证券投资，是指购买国外股票和其他有价证券为内容，以实现货币增值为目标而进行的投资活动。例如，我们刚才举过的一个例子，一个中国居民购买了美国某一家公司的股票。

直接投资和间接投资的区别在于直接投资是以获取或控制企业经营管理权为目的的，是一种主动管理投资；而间接投资（有价证券投资）是以实现自己的货币增值为目的的，不是一种更为直接有效的投资。

第二节　汇率与汇率的决定

一、与汇率有关的概念

（一）汇率

在现代经济生活中，货币作为价值尺度和支付手段，具有不可替代的作用，但是由于各国的货币是不同的，国际贸易活动中首先出现的一个问题是各国货币之间的兑换比率必须确定，而各国货币之间的兑换比率即汇率。

汇率有两种表示方法，一种是直接标价法，另一种是间接标价法。

直接标价法是以一定单位（1、100、1 000）的外国货币为标准来计算应付出多少单位本国货币，如人民币兑美元汇率为 6. 367 7 人民币。在国际外汇市场上，包括中国在内的世界上绝大多数国家目前都采用直接标价法。在直接标价法下，若一定单位的外币折合的本币额多于前期，则说明外币币值上升或本币币值下跌，称为本币贬值；反之，如果要用比原来较少的本币即能兑换到同一数额的外币，说明本币升值或外币贬值。

间接标价法是以一定单位本国货币为标准，来计算应收若干单位的外币。在国际外汇市场上，欧元、英镑、澳大利亚元等均为间接标价法，如欧元 0. 970 5，即 1 欧元兑 0. 970 5 美元。在间接标价法中，本国货币的数额保持不变，外国货币的数额随着本国货币币值的变化而变化。如果一定数额的本币能兑换的外币数额比前期多，这表明外币币值下降，本币升值，即汇率上升；反之，本币币值下降，本币贬值，即汇率下降。

（二）汇率制度

汇率制度是指各国或国际社会对于确定、维持、调整与管理汇率的原则、方法、方式和机构等做出的系统规定。按照汇率变动幅度的大小，汇率制度可分为固定汇率制和浮动汇率制。

固定汇率制度是以本位货币本身或法定含金量为确定汇率的基准，汇率比较稳定的一种汇率制度。在不同的货币制度下具有不同的固定汇率制度。

金本位制度是一种以黄金为中心的国际货币体系，黄金成为两国汇率决定的实在的物质基础。

布雷顿森林体系实行"双挂钩"，即美元与黄金挂钩，其他各国货币与美元挂钩。在"双挂钩"的基础上，《国际货币基金协定》规定，各国货币对美元的汇率一般只能在汇率平价±1%的范围内波动。当某国货币对美元汇率的波动超过这一幅度后，该国货币当局有义务干涉外汇市场。20世纪60年代以后，美元一再贬值，1973年2月美元再次大幅度贬值后，布雷顿森林体系解体，西方各国货币纷纷与美元脱钩，不再实行固定汇率而改用浮动汇率。

浮动汇率是固定汇率的对称，是根据市场供求关系而自由涨跌，货币当局不进行干涉的汇率。在浮动汇率下，金平价已失去实际意义，官方汇率也只起某种参考作用。就浮动形式而言，如果政府对汇率波动不加干预，完全听任供求关系决定汇率，称为自由浮动。但是，各国政府为了维持汇率的稳定，或出于某种政治及经济目的，要使汇率上升或下降，都或多或少地对汇率的波动采取干预措施。这种浮动汇率在国际上通称为管理浮动。1973年固定汇率制度瓦解后，西方国家普遍实行浮动汇率制度。

（三）名义汇率

名义汇率是一个人可以用一国通货交换另一国通货的比率。例如，如果你到银行，你就会看到标出的汇率是80日元兑1美元，即如果你给银行1美元，银行就给你80日元；而如果你给银行80日元，银行会给你1美元。

（四）实际汇率

实际汇率是一个人可以用一国的物品与服务交换另一国的物品与服务的比率。例如，你到商店购物，发现1千克中国大米的价格是1千克美国大米的2倍，那么实际汇率就是1千克美国大米兑1/2千克中国大米。要注意的是，和名义汇率一样，实际汇率也可以用一单位国内东西的外国东西单位量来表示。但在这种情况下，东西是物品，而不是通货。

（五）名义汇率与实际汇率的关系

名义汇率与实际汇率是紧密相关的，我们可以用以下公式来总结名义汇率与实际汇率的关系：

$$实际汇率=\frac{名义汇率\times 国内价格}{国外价格}$$

一国的实际汇率是其物品与劳务净出口的决定因素。若美国的实际汇率下降，这意味着相对于外国商品来说，美国商品变得更便宜了。那么人们就会更多地购买美国商品，这样美国的出口就会增加。而相反，若美国的实际汇率上升，则意味着相对于外国商品来说，美国商品变得更贵了，那么人们就会选择少购买美国的商品，美国的出口就会减少。

二、汇率决定理论

汇率的变动幅度一直很大。如果观察各国的汇率兑换表，你会发现，在同一时期，与某一种货币相比，人民币的价值下降了；但与另一种货币相比，人民币的价值上升了，并且变动的幅度完全不同。那么什么因素可以解释汇率这种大幅度且方向相反的变动呢？经济学家尝试用很多理论来解释。这里我们介绍一种最简单的理论——购买力平价理论。

（一）购买力平价理论

购买力平价理论根据一价定律的原理得出。一价定律认为，一种物品在所有地方都应该按同样的价格出售，否则就有未被利用的可以获取利润的机会。

举个简单的例子来说明，假如湖北大米的售价低于湖南，一个人可以在湖北以5元/千克的价格购买大米，然后在湖南以8元/千克的价格出售，这样他就从这种价格差中获得了每千克3元的利润。利用不同市场上同一种东西的价格差的过程称为套利。若这种现象一直持续，会出现一种趋势，在湖北，大米的需求会增多，在供给不变的情况下，湖北大米的价格会上升；而同时，在湖南，大米的购买量会减少，湖南大米的价格会下降。直到两个市场上大米的价格相等了，这种套利的情况才会结束。

现考虑一价定律如何应用于国际市场。如果1美元在美国可以买到的咖啡比在日本多，国际贸易者就会通过在美国购买咖啡并将其在日本出售而获得利润。这种从美国到日本的咖啡出口会使美国的咖啡价格上升，使日本的咖啡价格下降，最终一价定律告诉我们，在所在国家，1美元必定能买到等量的咖啡。

一个测量购买力平价的简单而幽默的例子就是“巨无霸指数”。这个指标由于《经济学人》杂志的使用而闻名于世。《经济学人》杂志将麦当劳在各国的分店中卖的巨无霸汉堡包的价格进行了比较。如果一个巨无霸汉堡包在美国的价格是4美元，而在英国的价格是3英镑，那么美元与英镑的购买力平价汇率就是3英镑=4美元。

（二）购买力平价理论的局限性

购买力平价理论用很简单的方法向我们解释了现实中各国汇率到底是怎么决定的。但是，这种理论并不一定完全是正确的。事实上，在世界各国，商品的价格并不是完全一样的。购买力平价理论在现实中并不总是能成立的原因在于这一理论有一些局限性。

第一个原因是现实中，很多物品是不容易进行交易的，更不容易进行国际交易。我们刚才提到了一个例子，湖北大米的价格比湖南大米的价格便宜，因此我们可以购买湖北的大米再拿到湖南市场上去出售，从中套利。但在现实中，我们会发现，这一过程比想象中复杂，时间、精力以及最重要的运输费用都是我们要考虑的问题。国内的套利都如此复杂，更何况国际贸易。

第二个原因是消费者的偏好。假如在中国理发要比在美国理发便宜，我们抛开贸易的不可实现性，即消费者可以自由地选择在中国或美国理发。根据购买力平价理论，消费者会更多地选择在中国理发，而不在美国理发，那么最终这两个国家理发的价格应该是相等的。现实是消费者的偏好是不同的，尽管价格不同，但消费者认为这两个市场中服务的质量是不同的，那么这种价格差还会一直存在。

虽然购买力平价理论并不是一种完美的汇率决定理论，但它仍然提供了解释汇率的有用的第一步。

习题

1. 人民币对美元的汇率下降，将使（　　）。
   A. 中国商品相对便宜，美国增加对中国商品的进口
   B. 中国商品相对便宜，中国增加对美国商品的进口
   C. 中国商品相对昂贵，美国增加对中国商品的出口
   D. 中国商品相对昂贵，中国增加对美国商品的出口
2. 如果法郎和美元的交换比率从 5 : 1 变为 4 : 1，则（　　）。
   A. 法郎的汇率由 20 美分上升到 25 美分，美元升值
   B. 法郎的汇率由 20 美分上升到 25 美分，美元贬值
   C. 法郎的汇率由 25 美分下降到 20 美分，美元升值
   D. 法郎的汇率由 25 美分下降到 20 美分，美元贬值
3. 如果德国在美国大量出售股票和债券，然后将资金用于购买本国商品，对美元造成的短期影响是（　　）。
   A. 美国的黄金和外汇储备外流　　B. 美国的黄金和外汇储备增加
   C. 对美国的外汇储备没有影响　　D. 对美国外汇储备的影响是不确定的

第十七章　宏观经济政策

引导案例

2016 年二季度重磅经济数据陆续出炉　积极财政政策继续发力

2016 年二季度经济数据陆续出炉。2016 年 6 月新增信贷有望回升至万亿元，但外贸形势不容乐观，二季度 GDP 同比增长 6.6%保持平稳，2016 年下半年积极财政政策继续发力。

2016 年 6 月财新网制造业采购经理指数（PMI）显示，目前国内外市场需求持续偏弱，实体经济发展动力仍显不足，三季度政府有必要让积极的财政政策更积极，稳健的货币政策继续配合，以避免出现经济过快下行风险。李克强总理近期在达沃斯论坛上也表示，中央政府的债务率还比较低，积极的财政政策仍然可以加力。

国家主席习近平也强调，宏观经济政策要坚持稳中求进的工作总基调，适度扩大总需求，继续实施积极的财政政策和稳健的货币政策；以推进供给侧结构性改革为主线，有力、有度、有效落实好“三去一降一补”重点任务；引导好发展预期，用稳定的宏观经济政策稳定社会预期，用重大改革举措落地增强发展信心。

交通银行首席经济学家连平表示，2016 下半年中国经济运行存在四大不确定性，包括外部环境对中国资本市场和外汇市场带来联动风险隐患；去产能进程可能加重经济下行压力；部分食品和资产价格上涨过快，食品和住房价格事关居民基本生活；债券市场违约风险可能扩散，需要防止引发系统性风险等。

连平建议，当前内外部经济金融形势错综复杂，在货币政策保持稳健中性、确保流动性总体合理宽裕的同时，应积极发挥财政和投资政策对稳增长、调结构的重要作用，有效采取更具针对性、更为精准和差异化的调控举措。

当宏观经济出现波动时，政府会进行干预，那么怎样进行干预，这就是本章要讲述的内容。

教学目的

本章介绍与宏观经济政策有关的几个重要概念。通过本章的学习，要求掌握宏观经济政策目标、财政政策与货币政策的使用。

本章重难点

宏观经济政策目标、财政政策和货币政策的内容及使用、财政政策与货币政策的协调。

第一节　宏观经济政策目标

宏观经济政策是指国家或政府有意识、有计划地运用一定的政策工具，调节控制宏观经济的运行，以达到一定的政策目标。宏观调控是公共财政的基本职责。所谓公共财政，指的是为弥补市场失效、向社会提供公共服务的政府分配行为或其他形式的经济行为。

一般认为，宏观经济政策的目标有以下四个：

一、经济增长

经济增长是指在一个特定时期内经济社会生产的人均产量和人均收入的持续增长。经济增长包括：一是维持一个高经济增长率；二是培育一个经济持续增长的能力。一般认为，经济增长与就业目标是一致的。经济增长通常用一定时期内实际国民生产总值年均增长率来衡量。经济增长会增加社会福利，但并不是增长率越高越好。这是因为经济增长一方面要受到各种资源条件的限制，不可能无限地增长，尤其是对于经济已相当发达的国家来说更是如此。另一方面，经济增长也要付出代价，如造成环境污染、引起各种社会问题等。因此，经济增长就是实现与本国具体情况相符的适度增长率。

二、充分就业

充分就业是指包含劳动在内的一切生产要素都以愿意接受的价格参与生产活动的状态，即所有资源都得到充分利用。需要强调的是充分就业并不是说经济中的所有人都有工作，它是指除了摩擦失业和自愿失业之外，所有愿意接受各种现行工资的人都能找到工作的一种经济状态，即消除了非自愿失业就是充分就业。失业意味着稀缺资源的浪费或闲置，从而使经济总产出下降，社会总福利受损。因此，失业的成本是巨大的，降低失业率，实现充分就业就常常成为西方宏观经济政策的首要目标。

三、物价稳定

物价稳定是指物价总水平的稳定。一般用价格指数来衡量一般价格水平的变化。价格稳定不是指每种商品价格的固定不变，也不是指价格总水平的固定不变，而是指价格指数的相对稳定。关于价格指数，我们在前面的章节已经介绍过有三种，即 CPI、PPI 和 GDP 平减指数。物价稳定并不是通货膨胀率为零，而是允许保持一个低而稳定的通货膨胀率。所谓低，就是通货膨胀率在 1%~3%；所谓稳定，就是在相当时期内能使通货膨胀率维持在大致相等的水平上。这种通货膨胀率能为社会所接受，对经济也不会产生不利的影响。

四、国际收支平衡

国际收支平衡具体分为静态平衡与动态平衡、自主平衡与被动平衡。静态平衡是指一国在一年的年末，国际收支不存在顺差也不存在逆差；动态平衡不强调一年的国际收支平衡，而是以经济实际运行可能实现的计划期为平衡周期，保持计划期内的国际收支均衡。自主平衡是指由自主性交易即基于商业动机，为追求利润或其他利益而独立发生的交易实现的收支平衡；被动平衡是指通过补偿性交易即一国货币当局为弥补自主性交易的不平衡而采取调节性交易达到的收支平衡。

国际收支平衡的目标要求做到汇率稳定，外汇储备有所增加，进出口平衡。国际收支平衡不是消极地使一国在国际收支账户上经常收支和资本收支相抵，也不是消极地防止汇率变动、外汇储备变动，而是使一国外汇储备有所增加。适度增加外汇储备被看成改善国际收支的基本标志。同时，由于一国国际收支状况不仅反映了这个国家的对外经济交往情况，还反映出该国经济的稳定程度。

以上四种目标之间既存在着密切的联系，又存在着矛盾。我们一般认为经济增长和充分就业，有着促进作用，因为要实现充分就业，就必须要促进经济增长。但是经济增长和物价稳定之间就是相互矛盾的，因为经济增长了，物价一般都会上升。而经济增长与国际收支平衡也是矛盾的，因为国民收入增加了，在边际进口倾向不变的情况下，进口必然会增加，从而使国际收支状况恶化。

宏观经济政策目标的相互矛盾，就要求政策制定者在制定经济政策时，必须对经济政策目标进行价值判断，权衡轻重缓急和利弊得失，确定目标的实现顺序和目标指数高低，同时使各个目标能有最佳的匹配组合，使所选择和确定的目标体系成为一个和谐的有机的整体。

第二节 财政政策

财政政策是指政府通过课税以及支出的行为来影响社会的有效需求，促进就业水平的提高，并避免通货膨胀或通货紧缩的发生，从而实现经济稳定增长的一种政策。

一、财政收入政策

财政收入政策主要包括政府的税收政策和政府的公债政策。

（一）税收政策

税收既是当今世界各国财政收入的主要来源，又是各国政府实施财政政策强有力的手段之一。税收政策具有乘数效应（在第十一章中已介绍过），即税收的变动对国民收入的变化具有倍增的作用。

具体来看，税收政策对整个宏观经济的作用主要有以下几点：

第一，税收是国家筹集资金、组织财政收入的主要工具。税收作为一种收入手段，可以将民间的一部分资源转移到政府部门，从而实现资源的重新配置。政府有时需要利用税收的收入手段强制改变资源的配置，以弥补市场机制的缺陷。

第二，税收是调节经济的重要杠杆。税收作为调节手段，一是调节社会总供给和总需求的关系，二是调节收入分配关系。例如，当经济处于繁荣时期，社会总需求大于总供给，国民收入增加，政府可以提高个人所得税税率，减少人们的可支配收入，从而降低消费需求；同时，对企业采取减税政策，刺激企业生产，增加社会总供给。反之，当经济衰退时，社会总供给大于总需求，政府可以相应降低个人所得税税率，增加居民可支配收入，刺激总需求。

（二）公债政策

政府公债的发行，既能作为一种财政政策工具，增加财政收入，影响财政收支，又能对金融市场上的资金状况起到调节作用，从而调节社会的总需求水平。所有公债是政府实施宏观调控的有力的经济政策工具。

公债政策作为一种有效的财政政策，其对经济活动的杠杆作用主要体现在对经济的利率效应上。

利率效应即通过调整公债的利率水平和影响其供求状况来影响金融市场利率变化，从而对经济产生扩张性或抑制性效应。公债政策的利率效应是通过确定公债利率水平和改变公债价格来实现的。当经济萧条时，政府通过调低公债的发行利率，带动金融市场利率水平下降，以刺激投资需求和消费需求；当经济繁荣时，政府通过调高公债的发行利率，推动金融市场利率水平上升，以抑制总需求。公债价格与利率呈反方向变化。而当经济衰退时，政府可以大量买进债券，以刺激公债价格上升，使利率水平降低，产生扩张性效应；在经济繁荣时，政府可以抛售债券，以促使公债价格下跌，使利率水平上升。

应该注意的是，公债政策不仅是一种财政政策工具，还是一种货币政策工具。政府在实现财政政策的目标时，要注意不能与货币政策目标相矛盾，要使财政政策与货币政策协调搭配使用，才能实现共同的经济发展目标。

二、财政支出政策

财政支出政策主要包括政府购买支出政策和政府转移支付政策。

（一）政府购买支出政策

政府购买对于整个社会的总支出水平具有十分重要的调节作用。当经济发展不景气时，政府可以通过基础设施建设等政府购买政策来增加社会的总需求水平，以此来拉动经济；相反，当经济发展过快时，政府可以采取减少政府购买支出的政策，来降低社会的总需求水平，以此来使经济发展速度趋于平稳。因此，政府购买支出政策是实现反经济周期、合理配置资源、稳定物价的强有力的工具。

（二）政府转移支付政策

政府转移支付政策也是一种重要的财政政策工具，但其力度要小于政府购买支出政策。当经济发展不景气时，社会的总支出水平不足，失业会增加，政府可以通过增加社会福利保障支出，提高转移支付水平，增加私人的可支配收入和消费支出水平，从而使社会的总需求增加，刺激经济走出低谷；当经济发展速度过快时，社会的总支出水平过高，政府可以通过减少社会福利保障支出，降低转移支付水平，减少私人的可支配收入和消费支出水平，从而使社会的总需求减少，使经济发展趋于平稳。

三、财政政策实施中的问题

财政政策是通过经济手段来间接调节经济的，这种对经济的间接调节能否达到预期的最终目标呢？这就是政策效应问题。在财政政策的实施过程中有哪些因素会影响到政策的作用呢？在财政政策的实施中应该注意以下问题：

（一）政策效应的时滞

政策时滞是政策从制定到获得主要的或全部的效果所必须经历的一段时间。政策时滞一般分为内在时滞和外在时滞两个阶段。内在时滞是指决定并实施某项政策需要的时间，外在时滞是指政策发生效应需要的时间。

政策时滞的长短对政策的制定与效果有重大的影响，并根据各种不同的政策而有所不同。在研究政策效应问题时必须了解这种时滞的长短与特点，这正是我们现在所要研究的问题。

政策时滞的存在对制定财政政策是十分重要的。如果不存在这种时滞，则对经济中任何变动都可以采取相应的政策。但如果考虑到政策的制定、实施与发挥作用有一定的时滞，那么就不是任何变动都应该采取一定的政策了。这也就是说，如果某种变动是暂时的，对经济的影响不是长久的，那么就可以不采取任何政策，因为与其等政策过一段时间再发挥作用，还不如让经济自行调节。而如果经济变动是重大的，对经济的影响是长期的，尽管政策存在时滞也必须采取相应的政策。

（二）预期

无论是决策者还是公众都要对未来的经济进行预期，并根据这种预期来决定自己的行为。决策者的预期决定了采取的政策措施，公众的预期决定他们对政策的反应，这些都会影响财政政策效应。政府要受预期的影响，同时政策本身也会影响预期。因此，在分析财政政策效应时，预期是一个十分重要的因素。

政府在进行决策时也要对经济形势以及政策效应进行预期，政府预期的方式也与个人相同。而政府对经济形势的判断、对政策效应的预期会和个人的预期一样难免会出现失误，有时甚至是严重的失误。那么，这就会使政府制定出来的政策不一定是完全正确的。例如，经济中只出现了很小的衰退，但政府由于预期失误制定了强有力的拉动经济的措施，其结果只能是适得其反。

财政政策效应如何要取决于公众的配合，而公众是否配合取决于他们的预期，公众的预期在很大程度上要受到政府的影响。例如，政府采取了一项减税政策，政府的本意是希望增加人们的可支配收入，从而刺激消费，达到增加社会总需求的目的，但能否达到这一目标还需要公众的配合。如果公众在政府实行减税之后增加消费，那么政府就达到了目的。如果公众在政府实行减税之后，在可支配收入增加的情况下，没有增加消费反而增加了储蓄，那么政府的目的就没有达到。

公众的预期主要取决于过去的经验，而这种经验很大程度上来源于政府的政策行为。一般来说，如果政府的政策行为有规律性，则公众的预期易于合乎理性；如果政府的行为有突发性，则公众的预期也是多变的。因此，政府在平时要通过规范自己的行为来影响公众预期，以期在发布政策时获得公众合作。

（三）财政政策实施中的实际问题

在财政政策实施中还存在许多实际问题，这些问题都会影响到政策效应。任何一种财政政策在实施的过程中都会产生一些副作用。例如，扩张性财政政策在刺激经济的同时会导致通货膨胀，同时扩张性财政政策还会使利率上升而抵制投资，这就是财政政策的挤出效应，这种挤出效应会减少财政政策对经济的刺激作用。

为了达到某种最终目标，政府往往不会只采用一种政策工具，为了实现最优的政策效应，政府必须将各种财政政策工具配合使用。只有政策的协调与配合得当，才能获得最理想的政策效应。这种协调与配合更多的时候需要根据具体情况相机行事。

以上是财政政策实施中的问题，也是运用财政政策的困难所在。

第三节 货币政策

货币政策是中央银行通过改变货币供应量来影响社会总需求水平进而影响总产出水平的一种政策。货币政策作为一国政府进行宏观调控两大政策工具之一，对一国经济具有十分重要的影响。但是同财政政策相比，货币政策是间接发挥作用的，因为财政政策直接影响总需求的规模，这种直接作用是没有任何中间变量的，而货币政策还要通过利率这种中间目标的变动来对总需求发生影响。

货币政策一般分为扩张性货币政策和紧缩性货币政策。扩张性货币政策是指通过增加货币供给来带动总需求的增长，而紧缩性货币政策是指通过减少货币供给来降低总需求水平。货币政策的实施主要有以下三种具体的方式：

一、公开市场业务

公开市场业务是指中央银行通过买进或卖出有价证券，吞吐基础货币，调节货币供应量的活动。与一般金融机构从事的证券买卖不同，中央银行买卖证券的目的不是为了盈利，而是为了调节货币供应量。根据经济形势的发展，当中央银行认为需要收缩银根时，便卖出证券，相应地收回一部分基础货币，减少金融机构可用资金的数量；相反，当中央银行认为需要放松银根时，便买入证券，扩大基础货币供应，直接增加金融机构可用资金的数量。

公开市场业务与其他货币政策工具相比具有主动性、灵活性和时效性等特点。公开市场业务可以由中央银行充分控制其规模，中央银行有相当大的主动权；公开市场业务是灵活的，多买少卖、多卖少买都可以，对货币供应既可以进行“微调”，也可以进行较大幅度的调整，具有较大的弹性；公开市场业务操作的时效性强，当中央银行发出购买或出售的意向时，交易立即可以执行，参加交易的金融机构的超额储备金相应发生变化；公开市场业务可以经常、连续地操作，必要时还可以逆向操作，由买入有价证券转为卖出有价证券，使该项政策工具不会对整个金融市场产生大的波动。

二、改变贴现率

贴现率是指将未来支付改变为现值所使用的利率，或指持票人以没有到期的票据向银行要求兑现，银行将利息先行扣除所使用的利率。这种贴现率也指再贴现率，即各成员银行将已贴现过的票据作担保，作为向中央银行借款时支付的利息。

换言之，贴现率是指当商业银行需要调节流动性的时候，要向中央银行付出的成本。理论上讲，中央银行通过调整这种利率，可以影响商业银行向中央银行贷款的积极性，从而达到调控整个货币体系利率和资金供应状况的目的，是中央银行调控市场利率的重要工具之一。

贴现率政策是西方国家的主要货币政策。中央银行通过变动贴现率来调节货币供给量和利息率，从而促使经济扩张或收缩。当需要控制通货膨胀时，中央银行提高贴现率，这样商业银行就会减少向中央银行的借款，商业银行的储备金就会减少，而商业银行的利息率将得到提高，从而导致货币供给量减少。当经济萧条时，商业银行就会增加向中央银行的借款，从而储备金增加，利息率下降，扩大了货币供给量，由此起到稳定经济的作用。但如果商业银行已经拥有可供贷款的充足的储备金，则降低贴现率对刺激放款和投资也许不太有效。中央银行的再贴现率确定了商业银行贷款利息的下限。

三、改变存款准备金率

存款准备金率是银行准备金对存款的比例。改变存款准备金率被认为是一项强有力的货币政策手段，由于影响太强烈而不经常使用。

中央银行往往逆经济风向而改变银行存款准备金率。货币当局认为总支出不足因而失业有持续增加的趋势时，可以降低存款准备金率。如果有必要，中央银行可以将存款准备金率一直降到法定的最低限。存款准备金率的下降，使商业银行能够按更低的存款准备金率也就是按更多的倍数来扩大贷款。反之，货币当局认为总支出过多因而物价水平有持续增长的趋势时，可以提高存款准备金率，直到法定最高限。存款准备金率的提高，使商业银行必须按更高的存款准备金率即以较低的倍数扩大贷款。存款准备金率的提高，还使商业银行准备金不足。准备金不足缩小了商业银行扩张货币和信用的基础，减少了贷款能力。

在上述各种货币政策手段中，公开市场业务被认为是最常使用的政策手段。一般来说，以上三项主要手段既可以单独运用，又可以配合使用。在通常情况下，中央银行通过公开市场业务和贴现率的配合来调节宏观经济活动水平。只有在特殊情况下，中央银行才运用存款准备金率政策。

以上我们已经分别介绍了财政政策与货币政策，财政政策与货币政策虽然都能对社会总供给与社会总需求的平衡状况进行调节，但无论是在调节目标的确定、调节方式和手段的选择、调节作用的发挥机制上，还是在调节的侧重点、调节的效果等方面，两者均有很多差别。在许多差别上，两者又往往具有很大的互补性，由此决定了两者既不能相互取代，也不能各行其是，而必须相互配合。财政政策与货币政策的协调配合体现在目标、方向以及力度上的配合。

财政政策目标的重点是通过税收、政府预算和社会保障等手段调节国民收入分配，实现社会总供给与总需求的平衡；通过结构调控以优化资源配置，实现生产结构与消费结构、供给结构与需求结构的协调。货币政策目标的重点是通过调控货币供给量和货币需求量来实现社会总需求与社会总供给的平衡。我们在实际经济生活中，需要通过发挥财政政策和货币政策的互补效应，实现各自的重点目标，最终全面实现宏观经济调控的总体目标。

财政政策与货币政策的调控方向是反经济周期的逆向调节，以熨平经济周期。当社会总需求明显大于社会总供给、经济处于高峰期时，应实行紧的财政政策与紧的货币政策搭配，以抵制社会总需求和通货膨胀；当社会总需求明显小于社会总供给、经济处于低谷期时，应实行松的财政政策与松的货币政策搭配，以刺激社会总需求，抵制通货紧缩；在经济的平稳发展时期或在经济的高峰期与低谷期之间的过渡时期，则可以根据社会总供求的具体情况相机抉择，实行总体上中性的财政政策和货币政策。

总体而言，财政政策与货币政策的方向搭配，主要有以下几种方式，即双紧政策、双松政策和双中性政策。

财政政策和货币政策被人们称为拉动经济的两套马车，两者同向而行，将对经济产生极大的调控效应；两者背道而驰，则作用力相互抵消。

习题

1. 请简要回答宏观经济政策的目标有哪些，这些目标是否是矛盾的。

2. 请回答财政政策和货币政策的具体内容有哪些，以及在不同的阶段政策会如何使用。

3. 中央银行在公开市场上卖出政府债券是企图（　　）。

A. 收集一笔资金帮助政府弥补财政赤字

B. 减少商业银行在中央银行的存款

C. 减少流通中基础货币以减缩货币供给，提高利率

D. 通过买卖债券获取差价利益

参考文献

［1］高鸿业. 西方经济学［M］. 3版. 北京：中国人民大学出版社，2004.

［2］刘有源. 西方经济学［M］. 北京：北京邮电大学出版社，2012.

［3］曼昆. 经济学原理（微观经济学分册）［M］. 7版. 梁小民，梁砾，译. 北京：北京大学出版社，2015.

［4］曼昆. 经济学原理（宏观经济学分册）［M］. 7版. 梁小民，梁砾，译. 北京：北京大学出版社，2015.

［5］袁志刚. 西方经济学［M］. 北京：高等教育出版社，2011.

［6］梁小民. 西方经济学导论［M］. 4版. 北京：北京大学出版社，2014.

［7］尹伯成. 现代西方经济学习题指南（微观经济学）［M］. 8版. 上海：复旦大学出版社，2014.

［8］尹伯成. 现代西方经济学习题指南（宏观经济学）［M］. 8版. 上海：复旦大学出版社，2014.

［9］卢现祥，陈银娥. 微观经济学［M］. 北京：北京大学出版社，2008.

［10］卢现祥，陈银娥. 宏观经济学［M］. 北京：北京大学出版社，2008.

［11］刘静暖. 西方经济学习题集［M］. 北京：中国经济出版社，2012.

［12］尹伯成. 西方经济学简明教程［M］. 8版. 上海：格致出版社，2013.

［13］韩民春. 西方经济学（微观部分）［M］. 北京：北京大学出版社，2007.

［14］刘文波、龚谊承. 西方经济学［M］. 北京：清华大学出版社，2015.

［15］李翀. 现代西方经济学原理［M］. 6版. 广州：中山大学出版社，2014.